中国金融风险报告

China's Financial Risks Report

2021

主　编　胡　滨
副主编　程　炼　郑联盛

中国社会科学出版社

图书在版编目(CIP)数据

中国金融风险报告.2021/胡滨主编.—北京:中国社会科学出版社,2022.6
(中社智库年度报告)
ISBN 978-7-5227-0233-9

Ⅰ.①中… Ⅱ.①胡… Ⅲ.①金融风险防范—研究报告—中国—2021
Ⅳ.①F832.1

中国版本图书馆 CIP 数据核字(2022)第 089122 号

出 版 人	赵剑英
责任编辑	黄 晗
责任校对	杨 林
责任印制	王 超

出　　版	中国社会科学出版社
社　　址	北京鼓楼西大街甲 158 号
邮　　编	100720
网　　址	http://www.csspw.cn
发 行 部	010-84083685
门 市 部	010-84029450
经　　销	新华书店及其他书店

印　　刷	北京君升印刷有限公司
装　　订	廊坊市广阳区广增装订厂
版　　次	2022 年 6 月第 1 版
印　　次	2022 年 6 月第 1 次印刷

开　　本	710×1000　1/16
印　　张	17.25
字　　数	249 千字
定　　价	89.00 元

凡购买中国社会科学出版社图书,如有质量问题请与本社营销中心联系调换
电话:010-84083683
版权所有　侵权必究

序

经过三年金融风险攻坚战，中国系统性金融风险防控取得了阶段性成果，2021年金融系统保持平稳，波动性、传染性和关联性等风险较2020年有所下降。国内重大风险环节的应对和处置较为得当，房地产市场、大型互联网平台以及地方政府债务等主要风险的应对政策合理，没有出现重大的结构性风险。当前中国经济增长速度偏弱，宏观杠杆率仍处于较高水平，市场悲观预期没有得到根本性改善。在此背景下，中国系统性金融风险防范化解仍然任重道远，中国金融体系结构性风险及传染性威胁仍然值得警惕，金融风险应对与金融高质量发展统筹仍然需要强化。

近期，中国金融风险演进主要呈现以下四个方面的特征。一是宏观杠杆率稳中有降，但存在资产负债表衰退迹象。2021年中国宏观杠杆率整体正朝去杠杆方向迈进，政府和企业都呈现去杠杆态势，特别是企业投资意愿下降，主动优先偿还债务，呈现出主动"缩表"行为。这一方面降低了系统性风险，但另一方面也给经济高质量发展埋下隐忧。二是金融部门风险脆弱性有所加大。信用风险已在债券市场持续暴露，违约债券数量进一步上升，违约债券余额再创新高，同时，信托公司频繁爆雷，以信托计划为支撑的多主体信用风险传染进一步加剧。三是房地产市场风险溢出效应较为显著。由于房地产企业违约事件爆发，房地产企业融资可得性受到重大约束，房地产市场流动性风险加速暴露。特别是部分大中型高杠杆房地产企业的债务风险迅速暴露并逐步扩大，甚至呈现出转化为系统性风险的迹象。2021年大型房地产企业违约风险可以看作房地产部门系统性冲击的一次"压力测试"。四是外部金融市场波动对中国外溢冲击较为明显。美国实施"平均通胀目标制",进行巨量的资产购买计划,并使得全球主要债券收益率降至历史最低水平,造成了流动性泛滥和资产价格泡沫。特别是,国际原材料价格持续上涨给中国工业品价格带来严重的"输入性"成本压力,并对产业链造成严重的扭曲效应。

未来,中国更加需要有效统筹金融发展与风险应对。在强化上述风险应对和安全威胁处置的同时,还需要通过强化金融高质量发展来缓释金融风险压力。在金融高质量发展和金融改革上,以金融要素价格市场化改革、金融机构市场化主体建设、金融市场资源配置机制完善为"三支柱",进一步发挥金融市场在储蓄投资转换以及资源要素配置中的决定性作用。

在金融要素市场化改革上,一是要强化货币市场短期利率的基础地位,逐步弱化甚至取消存贷款基准利率,消除信贷市场利率和货币市场利率的"双轨制",重点平滑短期利率波动、发挥国债收益率长期利率决定功能,形成顺畅的利率传导机制。二是要继续改革人民币汇率中间价报价机制以提升汇率定价市场化水平,尝试建立年度宽幅汇率目标区,基于贸易权重的货币篮子来完善人民币汇率形成机制以改变刻意维系美元汇率的稳定性,稳步推进外汇市场开放。三是扩大国债市场规模夯实国债收益率曲线完善的"物质基础",确定国债收益率作为无风险收益率的"政策定位",逐步强化其长期利率的"政策锚"。强化国债收益率作为无风险收益率的"市场定位",发挥其对金融风险的定价引导功能。

在金融机构体系高质量发展改革上,首先,重点发展多层次、差异化的存款性金融机构,尤其是构建多层次、广覆盖、有差异的银行机构体系,避免简单的网点扩张而非功能拓展;其次,借力新兴技术构建技术水平强、覆盖广度全、服务效率高、商业可持续好的数字普惠金融机构体系;最后,大力发展并发挥专业性金融服务机构的供给,尤其是着重提高法律、会计、审计、评级等专业服务的市场约束力。

在金融市场体系高质量发展上，需要强化四个任务。一是坚持市场中性原则，对不同经济体给予同等的市场主体地位。二是优化间接融资和直接融资、股权融资与债券融资结构，推进科创板和注册制试点，建设多层次资本市场体系。三是重点突破信贷市场、货币市场、债券市场分割，形成统一的市场体系。四是深化金融市场功能定位、机构退出破产、信息披露机制、市场惩戒体系、监督管理体制等改革，夯实市场运行的法律约束与制度基础。

最后，金融风险防范和金融高质量发展要取得有效平衡，亟待构建一个完备的金融稳定政策体系。一是金融体系每个部分的稳健性需要与最低审慎标准相匹配。二是针对金融机构、结构、市场和设施的微观有效监管，在约束风险头寸和限制风险承担的同时，保证金融服务功能的有效发挥。三是运用动态有效的宏观审慎政策，重点监控顺周期效应和系统重要性机构，确保不出现系统性风险。四是构建货币政策、宏观审慎和微观监管的内在链接机制，统筹货币政策、宏观审慎和微观监管的内在关联和目标权衡关系。

是为序。

胡滨

2022 年 3 月 20 日

目　　录

2021 年中国金融风险主报告 ………………………………（1）
 一　2021 年中国金融风险总体判断 ……………………（1）
 二　2021 年中国金融风险演进：
   系统性风险视角 …………………………………（4）
 三　2021 年中国重点风险领域分析 ……………………（33）
 四　2022 年金融风险演进趋势 …………………………（38）

2021 年宏观金融风险分析 ………………………………（41）
 一　宏观金融风险的整体状况和特征 …………………（41）
 二　宏观金融的风险点分析 ……………………………（44）
 三　展望与政策建议 ……………………………………（64）

2021 年全球金融市场风险分析 …………………………（67）
 一　2021 年全球金融市场运行中的
   风险表现 …………………………………………（67）
 二　下一步值得关注的风险变化 ………………………（88）
 三　应对策略 ……………………………………………（96）

2021 年银行业金融风险分析 ……………………………（100）
 一　银行业风险特征 ……………………………………（100）

二　银行业面临的主要风险 …………………………………… (107)
　　三　展望与政策建议 ………………………………………… (120)

2021年资本市场风险分析 ……………………………………… (125)
　　一　资本市场整体风险状况 ………………………………… (125)
　　二　资本市场重大风险点及特征 …………………………… (135)
　　三　2022年资本市场重要风险演进趋势
　　　　及政策建议 ………………………………………………… (148)

2021年保险业风险分析 ………………………………………… (152)
　　一　保险业运行状况及风险特征 …………………………… (152)
　　二　保险业若干风险领域的分析 …………………………… (166)
　　三　保险业风险管理展望及分析 …………………………… (173)

2021年房地产金融风险分析 …………………………………… (178)
　　一　房地产市场形势及房地产
　　　　金融风险概览 ……………………………………………… (180)
　　二　房地产金融主要风险点及原因分析 …………………… (196)
　　三　未来风险演进趋势及政策建议 ………………………… (209)

2021年人民币汇率与国际收支稳定性分析 ………………… (211)
　　一　人民币汇率波动与国际收支再平衡 …………………… (211)
　　二　汇率的基本面与预期因素情景分析 …………………… (226)
　　三　未来发展与政策建议 …………………………………… (234)

2021年金融科技领域风险分析 ………………………………… (236)
　　一　2021年金融科技风险总体态势 ………………………… (236)

二　2021年金融科技领域主要风险问题 …………………………（237）
三　未来展望与监管建议 ……………………………………………（257）

参考文献 ……………………………………………………………（260）

后　记 ………………………………………………………………（264）

2021年中国金融风险主报告[*]

一 2021年中国金融风险总体判断

从总量看，经过三年金融风险攻坚战，中国系统性金融风险应对取得了阶段性成果，2021年中国金融体系整体保持稳定。2021年重大金融风险应对延续前期政策框架，系统性金融风险没有出现重大的冲击。相对于2020年3—4月全球濒临新冠肺炎疫情冲击和系统性风险威胁的悲观预期，2021年中国金融市场预期相对平稳，金融风险总体状况有所好转。2021年中国经济发展总基调是稳中求进，经济增长保持相对平稳，但是，在第三季度和第四季度中国经济增长速度偏弱，宏观杠杆率仍处于较高水平，市场悲观预期没有得到根本性改善，在此背景下，中国系统性金融风险防控仍然任重道远。

从结构看，2021年国内重大风险环节的应对和处置较为得当，房地产市场、大型互联网平台以及地方政府债务等重大风险的应对政策总体合理。但是，由于疫情冲击的持续性影响，外加结构调整深化以及企业投资意愿下降，中国金融体系的结构性风险及其进一步传染扩大的威胁仍然值得警惕。2021年中国金融风险演进主要呈现以下五个方面的特征。

一是宏观杠杆率稳中有降，但是，资产负债表衰退风险值得重点关

---

[*] 执笔人：胡滨，中国社会科学院金融研究所党委书记兼副所长、研究员；郑联盛，中国社会科学院金融研究所金融风险与金融监管研究室主任、研究员；李俊成，中国社会科学院金融研究所金融风险与金融监管研究室助理研究员。

注。2021年末中国宏观杠杆率为263.8%，相比上年末减少6.3个百分点，整体正朝去杠杆方向迈进。近三个季度，货币政策进行前瞻性、结构性预调微调，在政策性去杠杆的演进中，企业和家庭部门都进行了适应性调整，特别是主动进行去杠杆，这是宏观杠杆率稳中有降的主要原因。2020年新冠肺炎疫情冲击下，中国宏观杠杆率急速攀升，特别是政府部门杠杆率快速上行。2021年全年宏观杠杆率稳中有降，政府部门和企业部门都呈现去杠杆，特别是企业投资意愿下降，存在主动去杠杆的行为。从全年企业经营情况来看，2021年企业收入和利润表现尚可，但是，企业投资意愿反而下降，同时主动优先偿还债务，呈现出主动"缩表"的行为，从整个经济系统看则出现了"资产负债表衰退"的迹象。从短期来看，非金融企业部门主动去杠杆使得债务与金融风险有所缓解，但是，站在长期角度，这会导致整个社会经济链条的萎缩和萧条。在疫情冲击、结构调整和外部冲击的大背景下，资产负债表衰退的隐患需要格外警惕。

二是金融部门脆弱性进一步加大。信用风险已在债券市场持续暴露，违约债券数量进一步上升，违约债券余额再创新高，同时，信托公司频繁爆雷，以信托计划为支撑的多主体信用风险传染进一步加剧。2021年中国金融市场的脆弱性呈现出新的结构特点。首先，在地方政府风险管控下，政府国有企业违约率有所下降，但民企债违约率呈反弹趋势。其次，新增违约主体违约的原因较多是受到新冠肺炎疫情影响经营遇困、资不抵债的偿付问题，而不仅仅是期限错配导致的流动性问题。最后，部分领域的风险溢出效应比市场预期的要更为严重。比如，房地产市场调控、大型互联网平台监管、中小银行风险暴露以及中概股退市威胁等。

三是房地产市场风险溢出效应逐步深化。2021年中国仍然坚持房住不炒的政策趋势，房地产企业在金融机构和金融市场的融资可得性受到重大的约束，房地产市场特别是房地产企业的流动性风险加速暴露，并逐步深化为具有系统重要性的重大风险。在个人住房金融方面，从增量和存量来看，2021年末，购房贷款余额仍处于高位，但由于贷款市场利率短期稳定、银行业金融机构房地产贷款集中管理制度的全面实施，个人住房贷款增速明显下降，出现新增个人住房贷款额度不足的现象。从保障情况来看，受益于较高的首付比例、较低的贷款价值比（LTV），目前中国新增的个人住房贷款抵押物保障程度较高，个人住房贷款整体风险处于可控局面。但是，在房地产企业方面，随着2020年出台的房企"三道红线"融资规则以及银行业房地产贷款集中度管理等房地产金融审慎管理制度的实施和深化，房地产外源性融资和所需资金供需两端均被严格控制，受此影响，部分高杠杆房地产企业的债务风险迅速暴露，并逐步扩大至其他房地产企业以及整个产业链，房地产市场整体风险以及地方政府基金性收入风险加快累积，甚至呈现系统性风险的迹象。

四是国内金融市场波动烈度有所缓解。2021年国内金融各市场风险传染波动性较大，但市场波动烈度有所降低，整体状况较2020年有所改善。就波动幅度而言，股票市场面临的风险最高，商品期货市场次之，债券市场风险最小。就时间维度来看，债券市场波动主要集中在第三季度，期货市场集中在第二季度，股票市场在第一季度和第三季度波动较为突出。2021年全年国内各金融市场风险传染波动性均较大。就风险传染的正负相关性来看，股票市场与债券市场以及债券市场和期货市场均存在负向相关关系，而债券市场和期货市场存在正向相关关系。

五是外部金融市场波动对中国外溢冲击仍然明显。就波动变化幅度而言，美国商品期货市场面临的风险最高，股票市场、债券市场次之，汇率市场最小。从波动变化的时间维度来看，受今年美国宏观经济、债务风险、原材料价格等多方面不确定性因素的影响，期货市场和股票市场在2021年全年均有较大起伏，在3月初和7月底与国内市场波动存在一定共振关系；债券市场全年在高位震荡，两次大幅波动分别出现在3月初和7月底；汇率市场则全年均在低位震荡，整体较为稳定。需要注意的是，2021年国外市场对国内市场外溢冲击相对于2020年有所弱化，但是，国际原材料价格持续上涨给中国工业品价格带来严重的"输入性"成本压力，并对产业链造成严重的破坏。更重要的是，随着美联储货币政策的调整，国外金融市场波动对国内金融经济体系稳定性的冲击值得重点关注。

二 2021年中国金融风险演进：系统性风险视角

根据系统性金融风险演进的梳理，本节延续《金融风险报告（2020）》的研究框架，选取宏观杠杆率、流动性、脆弱性、跨市场金融风险传染和国际金融风险外溢五个结构性指标对中国金融体系的系统性风险水平进行较为全面的评估。

（一）宏观杠杆率

2021年宏观杠杆率小幅下降但仍保持高位。宏观杠杆率是指债务总规模与GDP的比值，通常被作为判断经济风险的重要指标。2020年受疫情影响，中国宏观杠杆率急剧攀升，特别是政府部门杠杆率上升更快。2021年全年，受益于经济复苏，2020年底宏观去杠杆的趋势得以延续，宏观杠杆率每季度均有所下降，但整体下降幅度较小。截至2021年9月底，中国宏观杠杆率仍高于2020年第一季度水平。分部门看，由于政府债务支出手段受限以及受制于收入压力，政府部门杠杆率呈下降趋势。受房地产贷款政策影响，居民部门杠杆率基本趋于平稳，但仍然接近警戒水平，居民杠杆率较高的潜在风险仍需要警惕。非金融企业部门杠杆率连续五个季度下行，既有经济复苏的"分母因素"，也存在投资意愿下降、融资需求减少和主动缩表去杠杆的"分子因素"，对于后者，需要特别警惕资产负债表衰退。

1. 宏观杠杆率仍处于较高水平

宏观杠杆率上升意味着负债收入比上升，经济主体的债务负担加重，违约风险也随之上升，宏观杠杆率通常被作为判断经济风险的重要指标。中国社会科学院国家金融与发展实验室数据显示，2021年末中国宏观杠杆率为263.8%，低于上年末270.1%的水平。当然，考虑到2020年中国受疫情冲击影响较大，政府多方面纾困政策的出台，拉升了宏观杠杆率，可比性较差。疫情前杠杆率更具可比价值。2019年末中国宏观杠杆率为246.5%，远低于2021年末水平，可见当下中国宏观杠杆率较快上升的趋势虽有所缓解，但处于风险高位，仍需警惕。

从宏观杠杆率的分季度变动幅度来看，全年宏观杠杆率均呈现出稳中下降的趋势。2021年四个季度，分别下降2.3个、2.4个、0.6个和1个百分点，具有一定程度的去杠杆趋势，但是，相比于2021年上半年，下半年宏观杠杆率下降的幅度有所减弱，预计未来宏观杠杆率将以稳定为主。

此轮宏观杠杆率的下降既有经济复苏因素，也有债务增速偏低的原因。影响宏观杠杆率变化的因素包括分子因素（债务增速）和分母因素（名义GDP增速）。2021年第一季度债务环比增速3.5%，与同期水平基本一致，但名义GDP增速高达20.8%。2021年第二季度债务环比增速2.2%，与2018年和2019年第二季度水平持平，但名义GDP单季度同比增速达到13.4%，导致宏观杠杆率进一步下降。2021年第三季度，GDP增速表现较差，同比增长只有9.7%，经济增速明显放缓，但债务方面，债务规模环比增速仅为2.1%，同比增速也只有9.7%。2021年第四季度，经济有所恢复，但依旧疲软，GDP同比增长与第三季度持平为9.7%，债务规模增长方面进一步萎缩，环比增速下降到2.0%。2021年全年，三部门整体债务共上升了10.0%，接近于1991年以来的最低债务增速（2018年最低，为9.6%），因此宏观杠杆率整体略有下降（见图1-1）。

2. 企业杠杆率呈下降趋势

疫情对企业杠杆率的影响在深化，企业部门进行适应性调整，一方面在宏观经济和政策调整过程中受到被迫去杠杆的压力，另一方面也在疫情冲击、结构调整和政策调控中主动去杠杆，使得企业部门杠杆率有所下行。2021年末，非金融企业部门杠杆率为154.8%，与上年同期相

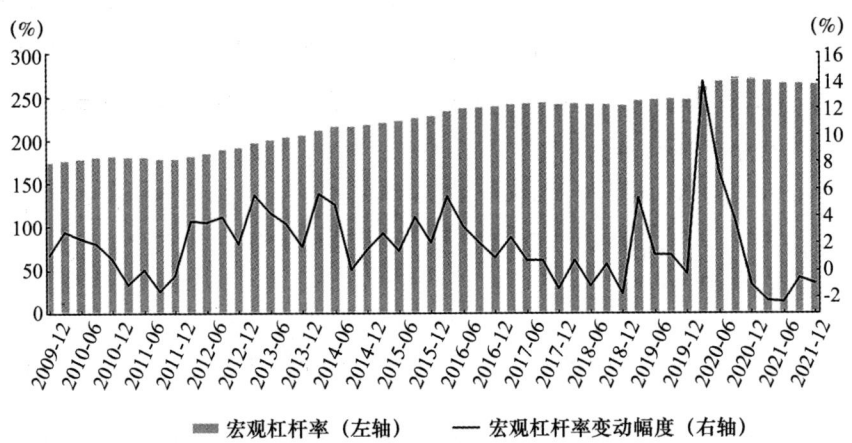

图1-1 中国宏观杠杆率走势（2009Q4—2021Q4）

资料来源：中国社会科学院国家金融与发展实验室。

比下降7.5个百分点。宏观杠杆率较上年同期的6.3个百分点的降幅中，非金融企业部门的贡献率最突出，而政府部门和居民部门杠杆率均有小幅度增长（见图1-2）。主动进行缩表操作、投资意愿下降和融资需求受到抑制是近期非金融企业部门杠杆率下降的主要原因。2021年全年固定资产投资累计增速仅为4.9%，而在收入方面，工业企业的收入和利润累计同比分别增长19.4%和34.3%。在收入和利润上涨的同时，企业投资意愿下降，导致企业融资需求进一步降低。当然，金融部门监管政策强化使得企业部门融资渠道相对缩窄也是企业部门杠杆率下降的重要原因，比如，信托贷款、委托贷款、票据融资等均呈现不同程度的下行趋势（见图1-3）。2020年第四季度以来，企业部门一直呈现去杠杆的趋势，这对企业部门杠杆率下降是有利的，但也弱化了宏观经济未来增长的动力基础。

3. 政府杠杆率趋于平稳

政府部门杠杆率从2020年末的45.6%上升到2021年末的46.8%，整体趋于平稳。在政府部门杠杆的变动中，中央政府和地方政府呈现不同的变化趋势，即中央政府整体呈现去杠杆状态，而地方政府则仍然处于加杠杆进程之中。中央政府杠杆率从 2020 年末的 20.3% 下降到

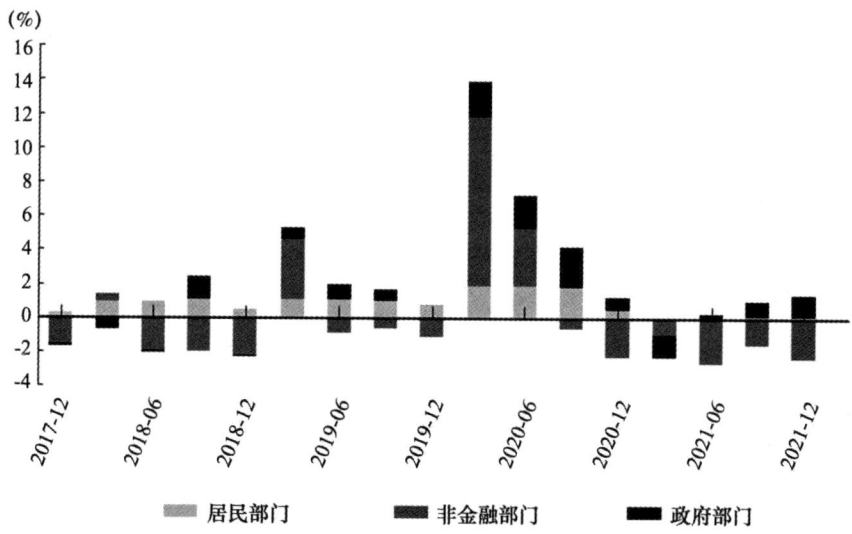

图 1-2 非金融企业杠杆率变动

资料来源：中国社会科学院国家金融与发展实验室。

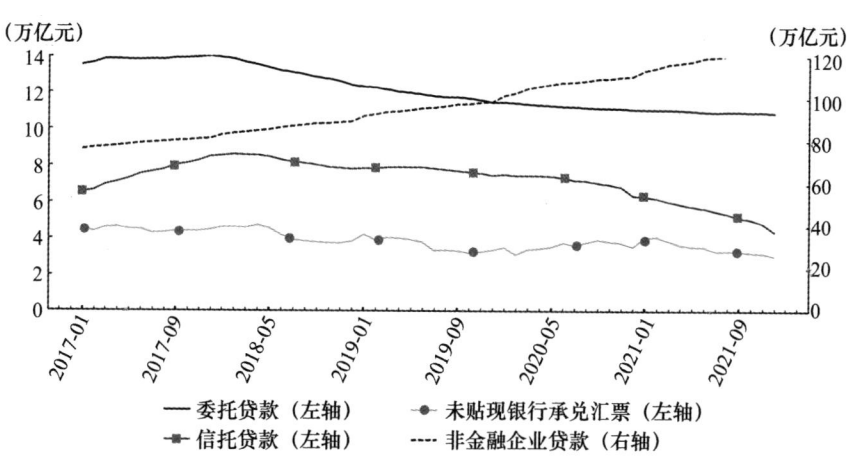

图 1-3 非金融企业融资规模

资料来源：中国社会科学院国家金融与发展实验室。

20.2%，下降 0.1 个百分点；而地方政府杠杆率从 2020 年末的 25.3% 增长至 26.6%，增长 1.3 个百分点。分季度来看，政府杠杆率呈现先下降后上升的现象，但每季度变动均不大。2021 年第一季度，政府杠杆率下降 1.3 个百分点，随后在第二季度、第三季度和第四季度分别增长 0.3 个、0.9 个和 1.3 个百分点。具体到中央政府和地方政府，2021 年第一季度，中央政府和地方政府杠杆率分别下降 0.7 个和 0.6 个百分点；2021 年第二季度，中央政府杠杆率继续下降 0.2 个百分点达到 19.4%，而地方政府杠杆率则增长 0.5 个百分点达到 25.2%；2021 年第三季度，中央政府和地方政府则分别增长 0.3 个和 0.6 个百分点。而到了第四季度，中央政府和地方政府分别增长 0.5 个和 0.8 个百分点，有较大幅度提升（见图 1-4）。

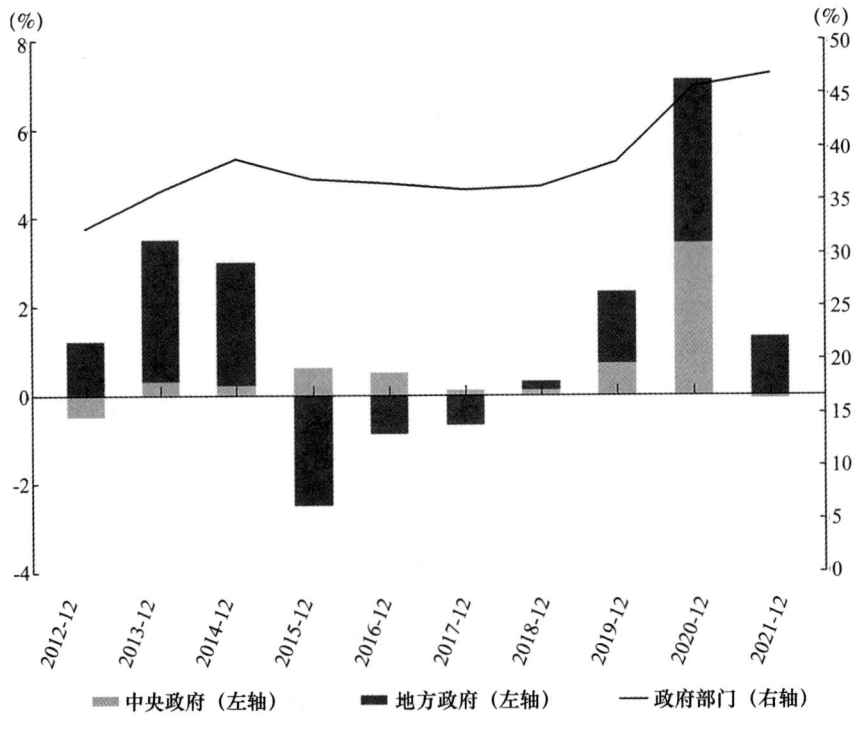

图 1-4 政府杠杆率变动

资料来源：中国社会科学院国家金融与发展实验室。

2021年政府收支结构的变化使得杠杆率整体保持平稳。虽然，面对新冠肺炎疫情冲击深化以及较大经济下行压力，但是，中央财政收支缺口在全年呈现放大态势，整体呈现收入增速快于支出增速的状况。虽然第四季度中央财政收入同比下降14.34%，但纵观2021年全年，中央政府财政收入全年增长了10.5%，而中央财政本级支出却下降了0.1%（见图1-5）。从央行资产负债表上看，当前政府存款水平较高，2021年末政府财政存款5.1万亿元，占GDP的4.4%；机关事业单位存款31.2万亿元，占GDP的27.2%。当然，地方政府财政收支紧张的状况没有得到改善，地方政府仍然有较大的资金缺口，融资问题仍然是地方政府最为重要的政策任务，地方政府整体仍在加杠杆。当然，相对于2020年，地方政府杠杆率上升速度已大大放缓。

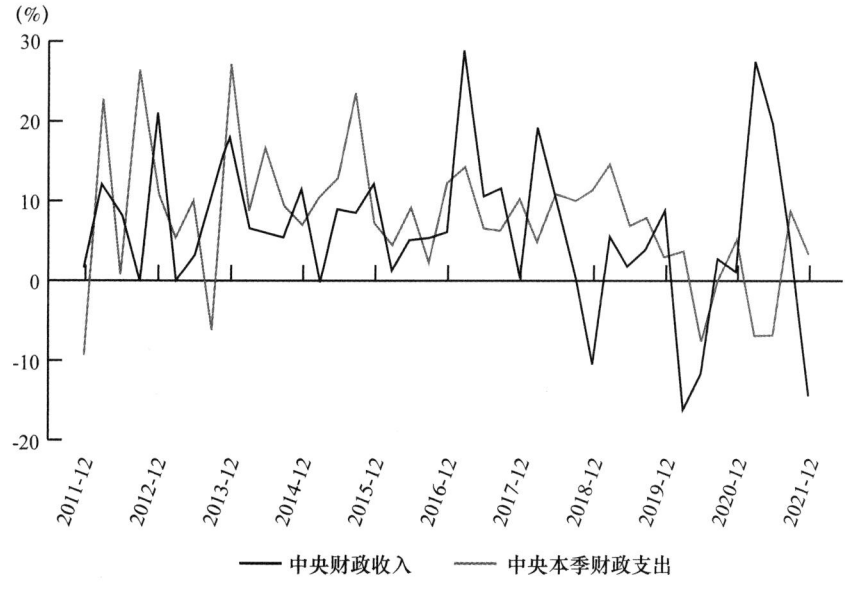

图1-5 中央政府收入与支出增长（同比）

资料来源：Wind。

4. 居民杠杆率趋于平稳，但仍处较高水平

居民部门杠杆率2021年保持稳定，维持在62.2%。2021年四个季度分别变化-0.1个、-0.1个、0.1个和0.1个百分点，整体变化不大。但是，居民部门62.2%的杠杆率仍处于较高的水平（见图1-6）。国际货币基金组织认为，居民部门杠杆率高于30%时，该国中期经济增长将会受到影响；而当居民部门杠杆率超过65%时，将会影响到该国金融稳定。由此看来，中国居民部门杠杆率虽在安全范围内，但已处于高位。

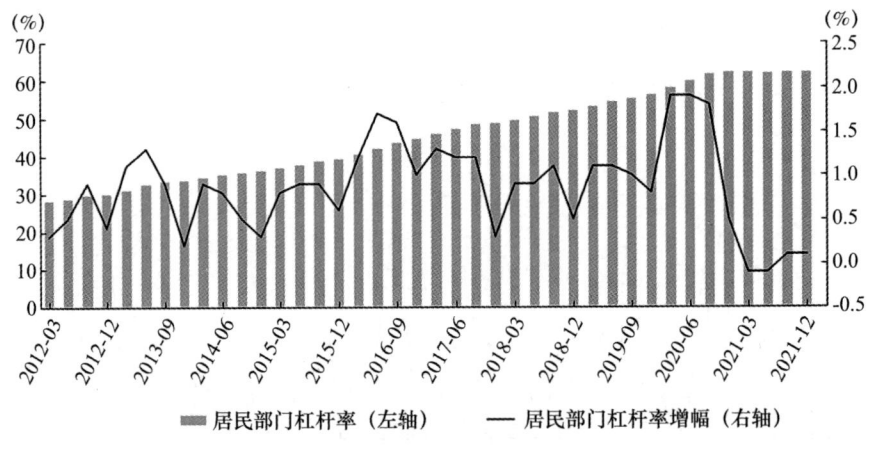

图1-6 居民部门杠杆率变动

资料来源：中国社会科学院国家金融与发展实验室。

就2021年的情况来看，2021年第一季度和第二季度居民部门杠杆率轻微下降，这与商业银行收缩房贷导致的住房贷款下降有关。随后在第三季度和第四季度，经营性贷款的正向拉升作用导致民间杠杆率轻微上升。就居民杠杆率驱动因素来看，2021年全年，居民部门经营性贷款保持上升态势，而住房贷款与消费贷款具有下降趋势。居民债务结构变化一定程度上体现出金融服务实体经济的成效，对于缓解居民债务风险是有利的。

（二）流动性

1. 货币环境整体积极稳健

货币供应量有所回落，货币环境整体稳健。2021年货币政策整体稳健，流动性保持平稳，与宏观经济环境保持较好匹配性。截至2021年末，流通中现金（M0）余额9.1万亿元，相比上年同期增长7.72%，增速比上年末下降1.5个百分点；狭义货币（M1）余额64.7万亿元，相比上年同期增长3.49%，增速比上年末下降5.1个百分点；广义货币（M2）余额238.3万亿元，相比上年同期增长9.0%，增速比上年同期下降1个百分点。

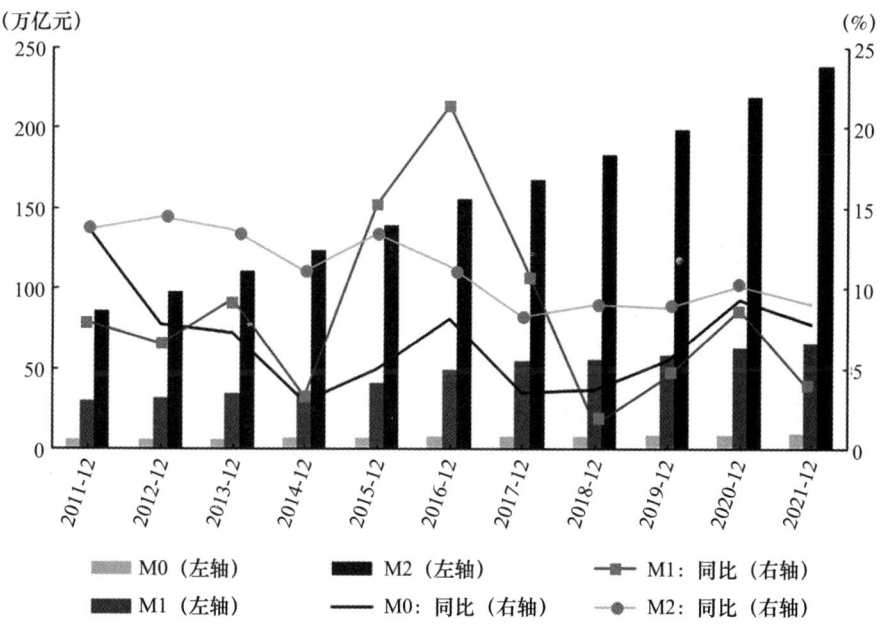

图1-7 货币总量同比增速

资料来源：Wind。

社会融资规模增量稳定，结构变化较为明显。2021年全年社会融资规模增量为21.96万亿元，低于2020年全年的24.19万亿元，但高于

2019年的18.68万亿元水平。从增量结构看,一是新增人民币贷款增长明显,成为社会融资增量的主导领域。2021年全年新增人民币贷款19.94万亿元,占2021年全年社会融资规模增量的90.80%。二是企业直接融资占比小幅上升,2021年全年非金融企业境内债券和股票合计融资4.52万亿元,占全年社会融资规模增量的20.6%。三是委托贷款、信托贷款进一步减少,资金在金融部门内部流转进一步减少。2021年全年委托贷款和信托贷款合计融资减少2.18万亿元,占社会融资规模增量的-9.9%。四是新增未贴现银行承兑汇票由正转负。

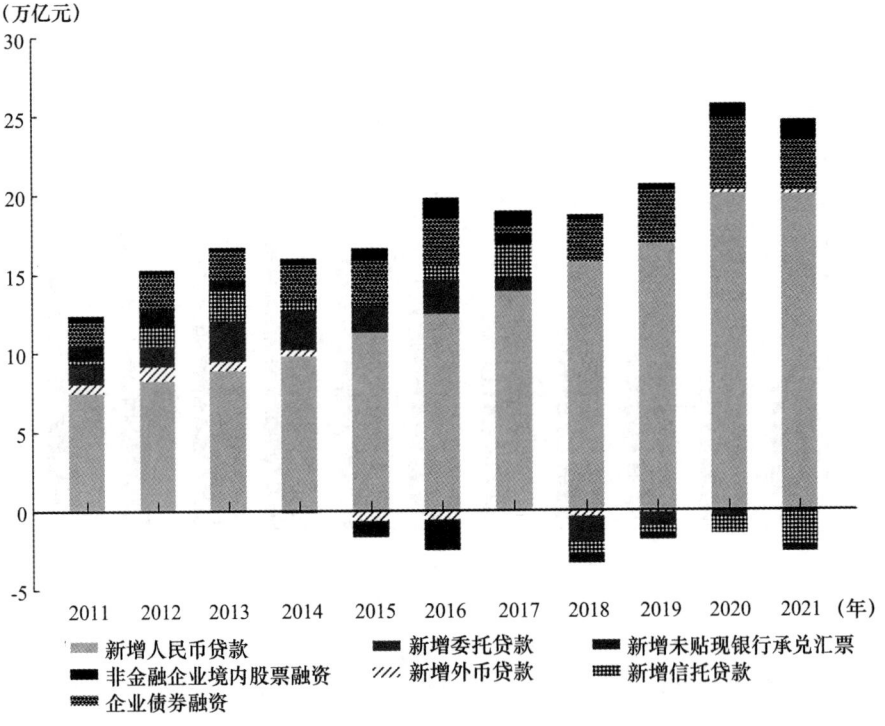

图1-8 社会融资规模增量

资料来源：Wind。

2. 银行体系流动性合理充裕

银行间市场流动性合理充裕，货币市场利率平稳。2021年全年银行间同业拆借7天加权利率在2.0%—3.9%区间呈现震荡态势，最高点为3.83%（2021年2月1日），最低点为2.04%（2021年1月7日）。2021年银行间质押式回购7天加权利率在1.8%—4.9%的区间运行，最高点为4.83%（2021年1月28日），最低点为1.82%（2021年5月8日）。相较于2020年，2021年全年银行间同业拆借7天加权利率和银行间质押式回购7天加权利率波动幅度均有所下降，但利率中枢略有上行。

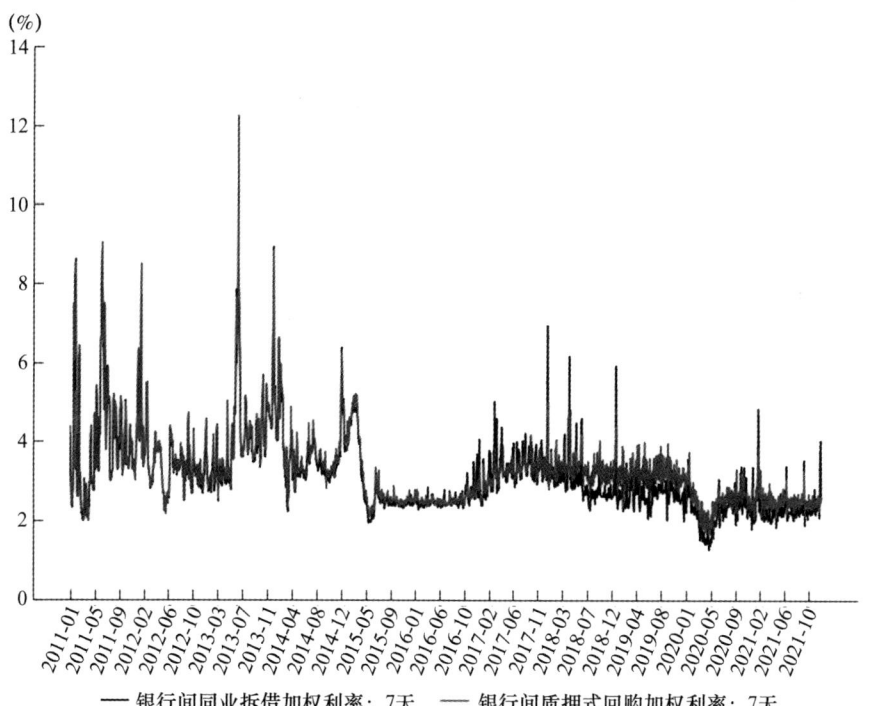

图1-9 货币市场利率走势

资料来源：Wind。

银行间回购和拆借交易活跃。2021年,银行间质押式回购累计成交1043.6万亿元,日均成交4.2万亿元,全年累计成交和日均成交同比增长9.54%和8.65%;银行间债券现券交易低迷,全年只有37天成交记录,累计成交27万亿元,日均成交0.7万亿元,全年累计成交和日均成交同比减少88.48%和22.34%;银行间买断式回购累计成交4.76万亿元,日均成交0.02万亿元,全年累计成交和日均成交同比减少32.48%和32.76%;银行间同业拆借累计成交118.8万亿元,日均成交0.48万亿元,全年累计成交和日均成交同比减少19.25%和19.57%。

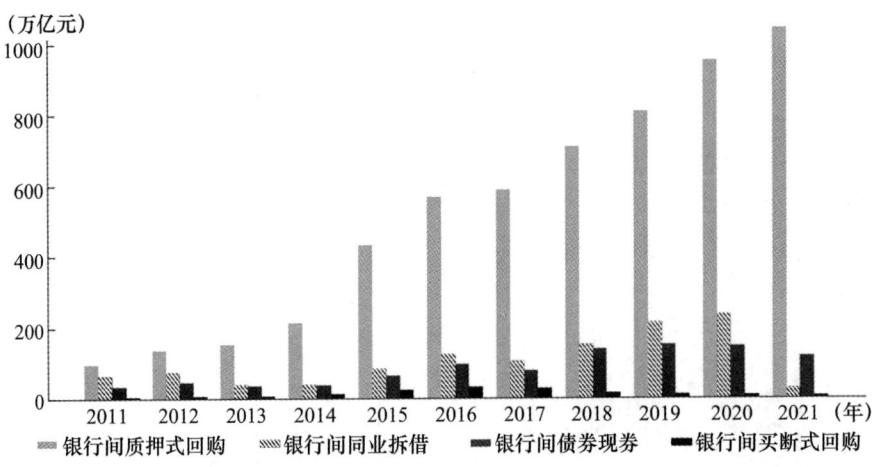

图1-10 银行间回购和拆借交易规模

资料来源：Wind。

2021年全年金融机构的超额存款准备金率呈下降走势。2020年末中国银行部门超额存款准备金率有所上升。步入2021年,央行"把好货币总闸门"、不搞"大水漫灌",同时科学进行预调微调的思路较为坚定,2021年全年超额存款准备金率下降明显。上半年央行对流动性投放基本维持稳定审慎,第二季度末商业银行的超额备付金率仅为1.52%,金融机构的超额准备金率仅为1.2%,都处于历史低点。面对经济增长下行压力，2021年7月央行下调存款准备金率，释放资金约1万亿元。在降准的同时，央行在8—9月加大中期借贷便利（MLF）投放量各6000亿元，保持中期借款便利余额5.2万亿元左右。

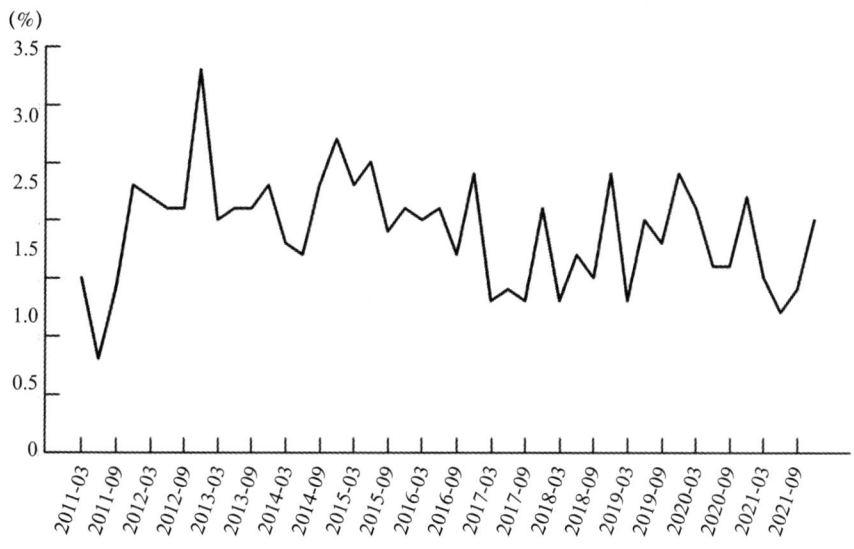

图1-11　超额存款准备金率走势

资料来源：Wind。

3. 创新型货币政策工具精准提供流动性补充

由常备借贷便利（SLF）设定SLF利率，在同业市场发生资金供需紧张时，金融机构可以按照SLF利率向央行申请抵押贷款，使央行可以"一对一"地精准投放流动性。2021年全年，累计开展常备借贷便利操作1048.7亿元。中期借贷便利（MLF）通过发挥中期政策利率信号作用和利率引导功能，实现中长期流动性合理供给。2021年全年，央行累计开展中期借贷便利操作12次，共计7万亿元，期限均为1年。

4. 金融体系流动性向实体经济传导存在一定程度的梗阻

为进一步促进经济复苏，央行通过降低存款准备金以及公开市场操作等方式向金融体系注入大量流动性，在整体稳健的货币环境下，银行间回购和拆借交易活跃，银行体系流动性合理充裕。但需注意的是，受银行风险偏好等影响，金融体系流动性向实体经济的传导可能存在一定程度的梗阻。从金融机构贷款平均利率来看，2021年金融机构贷款平均利率在4.76%—5.1%范围内波动，相比于2020年的水平有所下降，特别是2021年末达到最低点。2021年全年温州地区民间融资综合利率均值为14.66%，民间利率并未因为总量宽松的货币政策而呈现明显的下行趋势。2021年全年不同评级的城投债信用利差同样显示，2021年城投债信用利差不断上升，且在第三季度达到峰值，这与城投债信用风险加大相关，但也从侧面显示出金融市场流动性传导顺畅性仍有进一步提高的空间。

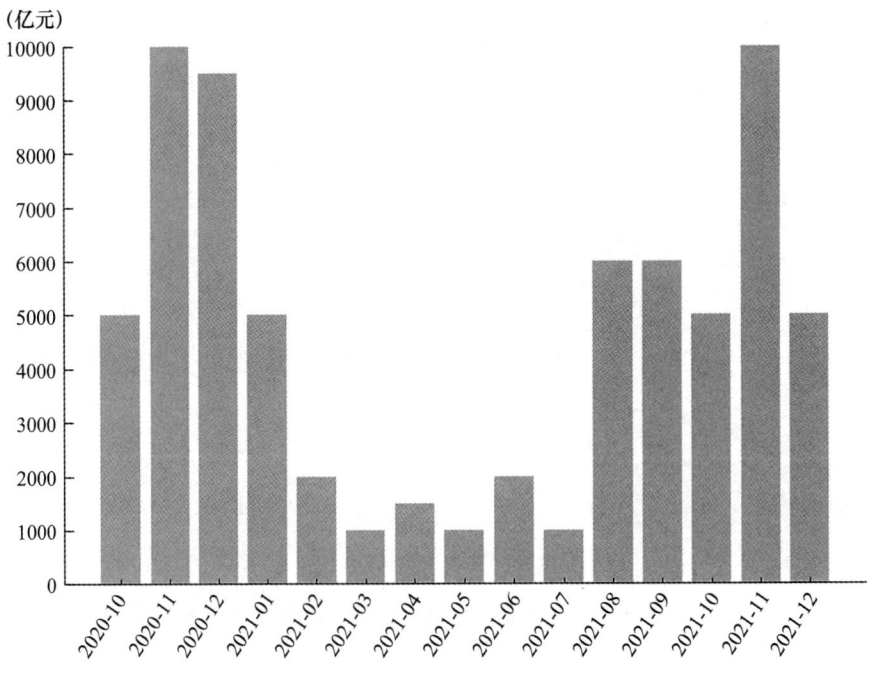

图1-12　中期借款便利规模

资料来源：中国人民银行。

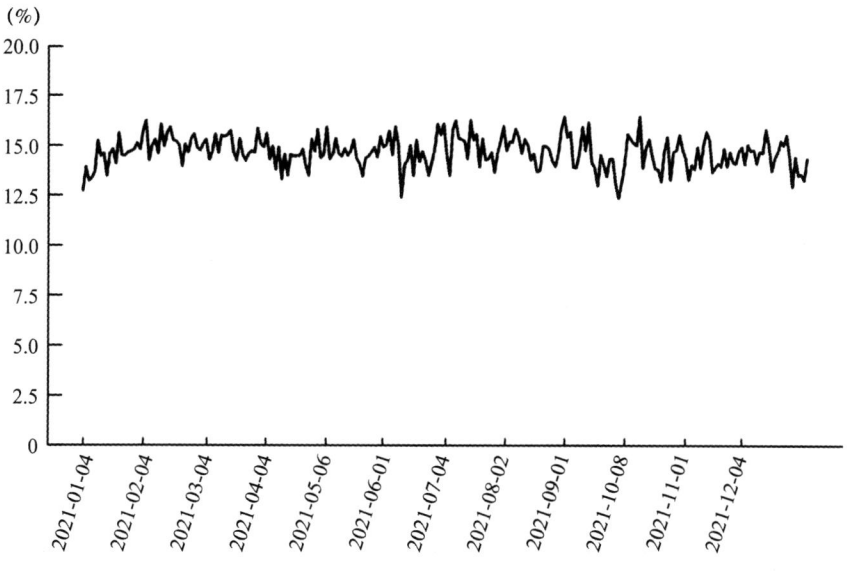

图 1-13 温州民间综合利率

资料来源：Wind。

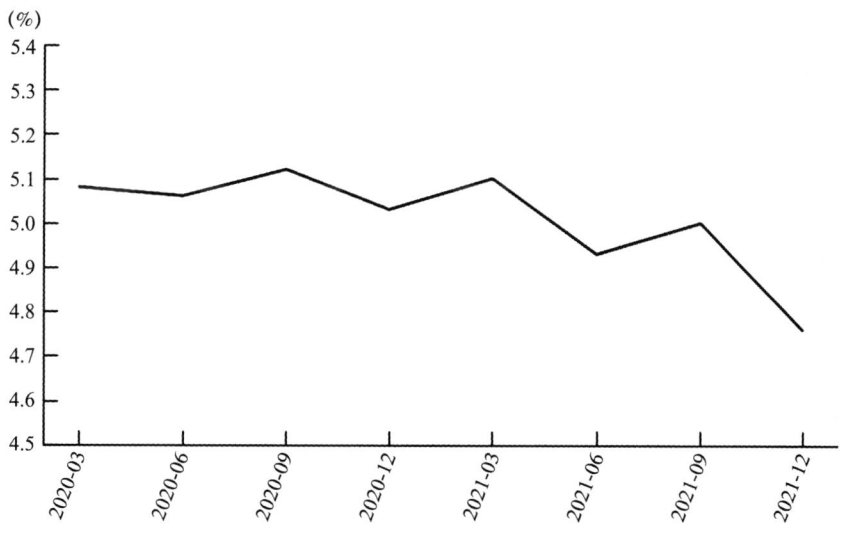

图 1-14 金融机构贷款平均利率

资料来源：Wind。

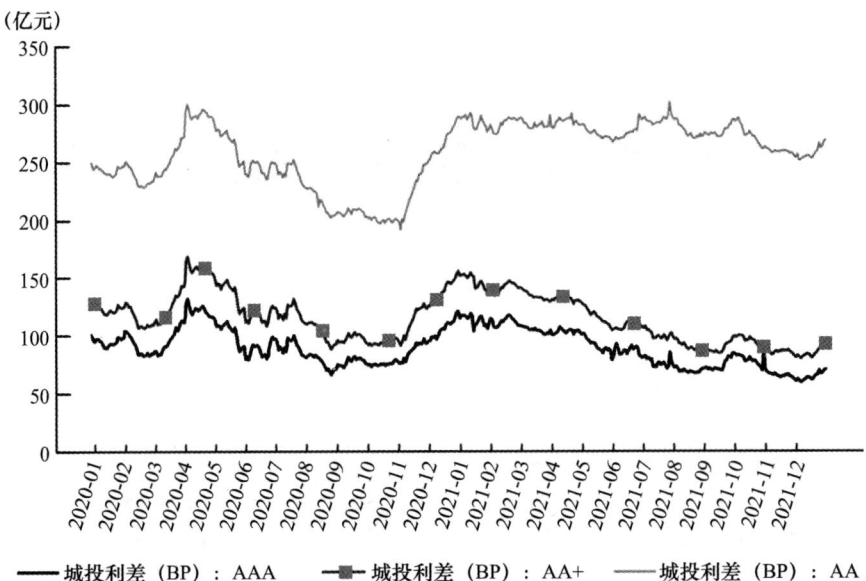

图 1-15　城投债信用利差

资料来源：Wind。

（三）脆弱性

金融机构脆弱性最基本的衡量指标是清偿力，违约情况可以被认为是观察金融体系脆弱性的良好指标。不良贷款率是衡量银行金融脆弱性的主要指标，违约率是反映债券市场风险的重要指标。

1. 债券市场信用风险进一步暴露

2021年中国债券市场违约债券数量下降，违约债券余额创新高。Wind统计数据显示，2021年全年共有154只债券发生实质违约（包括金融债、企业债、公司债、中期票据、短期融资券、资产支持证券、定向工具等），违约时的债券余额合计1701.81亿元，涉及的违约主体共有54家，其中16家是首次违约。违约债券数量和债券余额超过2020年全年水平的135只和1429.53亿元。就过去5年的情况来看，2020年违约债券数量、违约主体个数、新增首次违约主体个数开始下降，但到了

2021年便呈现反弹趋势,甚至从全年来看,除新增首次违约主体外,违约债券数量与违约主体个数均十分接近2019年历史峰值(违约债券158只,违约主体66个,新增首次违约46个)。这说明债券市场信用风险仍然较为突出,且随着新冠肺炎疫情冲击深化、经济下行压力加大以及金融市场环境变化可能进一步加速暴露。

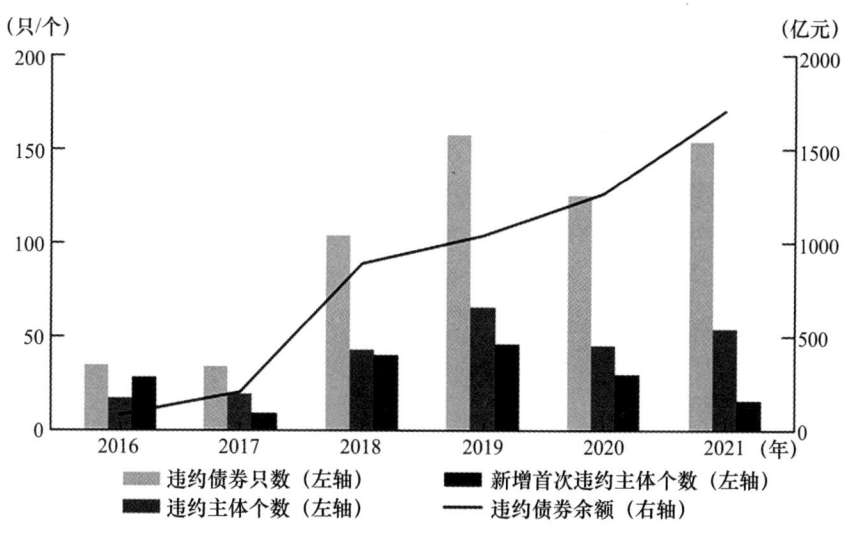

图1-16 债券违约情况

资料来源:Wind。

2. 国企债违约收敛,民企违约率攀升

2020年受疫情冲击影响,国企债由于无法依靠自身利润弥补现金流的短缺,国企"刚兑信仰"受到较大冲击。2021年由于国资委加强风险管控,国企债券违约有着明显好转。2021年共有28只国企债违约,占全年违约债券的18.1%,包括13只央企债和15只地方国企债,债券违约以地方国企债居多。在2021年全年的16家首次违约的主体中,有5家国企(2家央企和3家地方国企),占首次违约主体的31.25%。2021年全年国企债违约余额为383.80亿元,相比上年同期减少了41.57%,增速比上年同期下降371.63个百分点。2020年民企债违约率增速边际

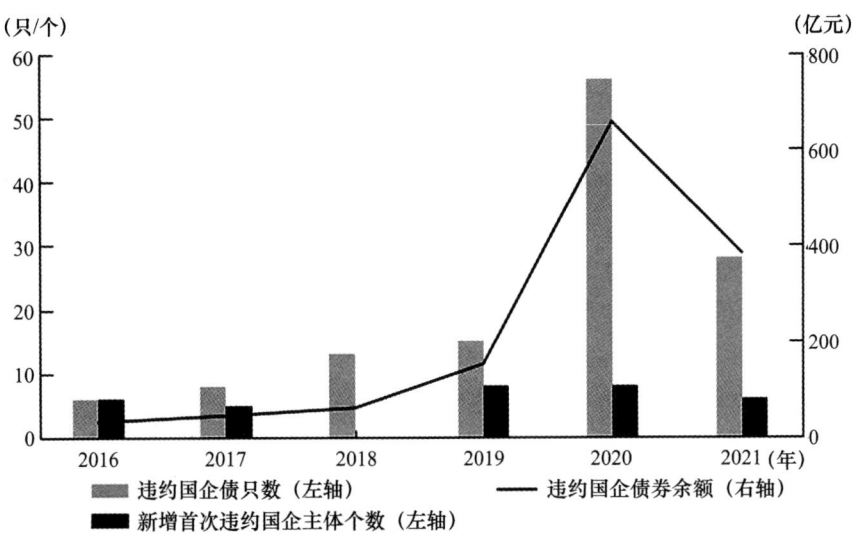

图1-17 国企债违约情况

资料来源：Wind。

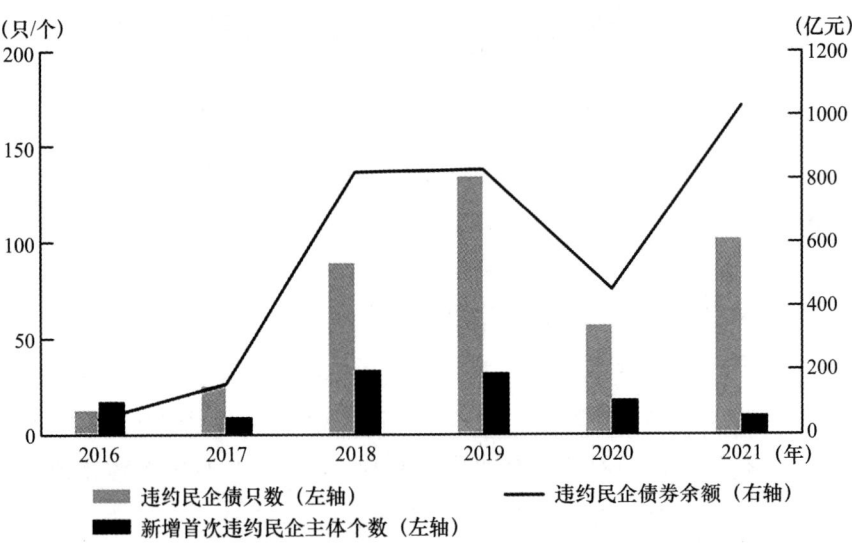

图1-18 民企债违约情况

资料来源：Wind。

放缓,反观2021年民企债违约率呈现反弹趋势。2021年全年共有102只民企债违约,占全年违约债券的66.23%。在2021年新增的16家首次违约的主体中,有10家民企,占首次违约主体的62.5%。2021年民企债违约余额为1024.25亿元,远超2020年全年民企债违约450.70亿元水平,相比上年同期增加了127.26%,违约风险急剧上升。

3. 疫情冲击仍然是2021年度债券违约的重要原因

与以往发行人违约原因相比,2021年新增违约主体更多归因于经营层面和破产重组。在2021年新增的16家违约主体中,有12家违约主体披露了债券违约的原因。其中,排除5家破产重组公司外,在7家违约公司中,有4家公司仍然受到疫情冲击影响,分别是山东岚桥、四川蓝光发展、华夏幸福基金和同济堂医药(见表1-1)。

表1-1　　　　　　　2021年新增违约主体的违约原因

债券简称	发行人	首次债券违约日期	违约原因
18岚桥MTN001	山东岚桥集团有限公司	2021-11-06	受疫情等多种原因影响,再融资受阻
18泛海MTN001	泛海控股股份有限公司	2021-08-30	未披露原因
15宜华01	宜华生活科技股份有限公司	2021-07-16	经营不善
19蓝光MTN001	四川蓝光发展股份有限公司	2021-07-12	受疫情等多种原因影响,再融资受阻
20华EB02	华夏幸福基业控股股份公司	2021-06-15	多轮疫情影响,流动性紧张
16隆鑫MTN001	隆鑫控股有限公司	2021-05-06	过度投资,流动性紧张
18紫光通信PPN001	北京紫光通信科技集团有限公司	2021-04-26	流动性紧张

续表

债券简称	发行人	首次债券违约日期	违约原因
18 同济 02	同济堂医药有限公司	2021-04-26	疫情原因导致流动性紧张
20 华夏幸福 MTN001	华夏幸福基业股份有限公司	2021-03-23	未披露原因
16 天津航空 MTN001	天津航空有限责任公司	2021-03-13	破产重整
18 协信 01	重庆协信远创实业有限公司	2021-03-09	未披露原因
16 海航集团可续期债 01	海航集团有限公司	2021-02-10	申请破产
17 祥鹏 MTN001	云南祥鹏航空有限责任公司	2021-02-10	破产重整
17 凤凰 MTN001	三亚凤凰国际机场有限责任公司	2021-02-10	破产重整
11 海航 02	海南航空控股股份有限公司	2021-02-10	破产重整

资料来源：笔者根据公开资料整理。

表 1-2　　　　　　　　　**不同性质企业债券违约情况**

企业性质	违约本息（亿元）	兑付本息（亿元）	回收率（%）
地方国有企业	154	82.59	53.6
中央国有企业	40	21.79	54.5
民营企业	631.95	224.05	35.4
其他企业	311.71	76.85	24.7
合计	1137.66	405.28	35.6

资料来源：Wind。

违约后债务处置情况有所好转。从过去 5 年（2017—2021 年）违约债券的偿付情况来看，共有 75 只债券的 119 笔兑付记录。违约债券总违约本息 0.11 万亿元，兑付本息 0.041 万亿元，总回收率为 35.6%，其中中央国有企业回收率最高，达 54.5%，其次是地方国有企业，为 53.6%，民企债回收率为 35.4%，包括中外合资企业在内的其他企业回收率最低，为 24.7%。

4. 商业银行不良贷款率下降，不良贷款余额趋于稳定

2021 年在企业债信用风险进一步突出的环境下，商业银行风险防控方面表现较好。商业银行不良贷款 2021 年有所下降，2021 年末，商业银行不良贷款比率 1.73%，同比下降 6.1%，不良贷款余额为 28470 亿元，高于 2020 年末的 27014 亿元，同比上升 5.39%。分时间段来看，2021 年全年四季度商业银行不良贷款余额分别为 27882 亿元、27907 亿元、28334 亿元和 28470 亿元，不良贷款率分别为 1.80%、1.76%、1.75% 和 1.73%，整体趋于稳定。分析其中原因，2021 年商业银行不良贷款的改善，一定程度上得益于银行经营业绩改善与信贷投放逆周期扩张，但更大程度上还是来自商业银行加大了不良贷款的核销力度。

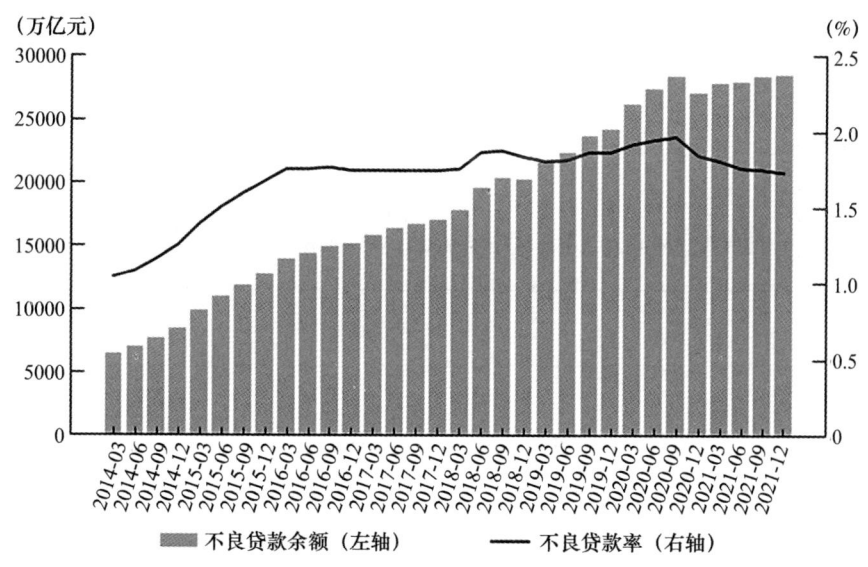

图 1-19 商业银行不良贷款余额与不良贷款率

资料来源：Wind。

(四)传染性

1. 国内金融市场整体保持相对平稳

2021年各市场波动性较2020年有所下降。2021年全年债券市场共发行各类债券61.9万亿元,同比增长8.0%;债券市场总托管量达到133.5万亿元,同比增加16.5万亿元,同比增长14.1%。2021年前两个季度,债券市场收益率较为平稳,但从7月开始,由于疫情反复、汛情频发等因素,债券市场有较大波动。随后虽然面临全球债券市场利率上行、"双控"政策、大宗商品价格持续上涨等因素的影响,但是,债券收益率趋于平稳。就各市场比较而言,债券市场波动率是各市场波动率均值中最低的,这从侧面显示出债券市场的相对稳健性。

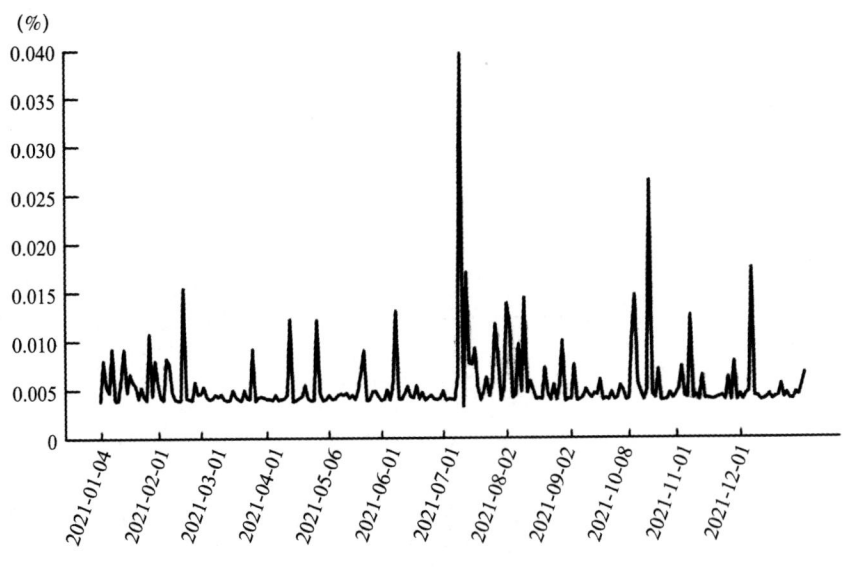

图1-20 债券市场波动率

注:单个金融市场自身风险变量用动态波动率来刻画,由笔者采用单变量GARCH(1,1)模型测算得到。

2021年全年A股市场筹资额为6.23万亿元,同比上升6.8%。2021

年全年股票市场成交金额达257.97万亿元，同比增长24.79%。2021年全年上证综指和深证成指分别上涨6.60%和2.67%，创业板指数上涨12.01%。2021年第一季度，受疫情和政策调整等多重因素影响，股票市场波动较大。在第二季度市场企稳，波动回到正常区间。但到了第三季度，大型互联网平台反垄断政策出台以及美国强化对中概股监管等因素加剧了市场波动。

2021年全年期货市场累计成交75.1亿手，相比上年增加13.6亿手，同比增长22.11%；2021年全年期货市场累计成交额581.2万亿元，相比上年增加143.67万亿元，同比上升32.8%。从时间角度来看，期货市场整体波动较为平稳。就各市场比较而言，商品期货市场波动率仅次于股票市场，市场波动情况较为突出。

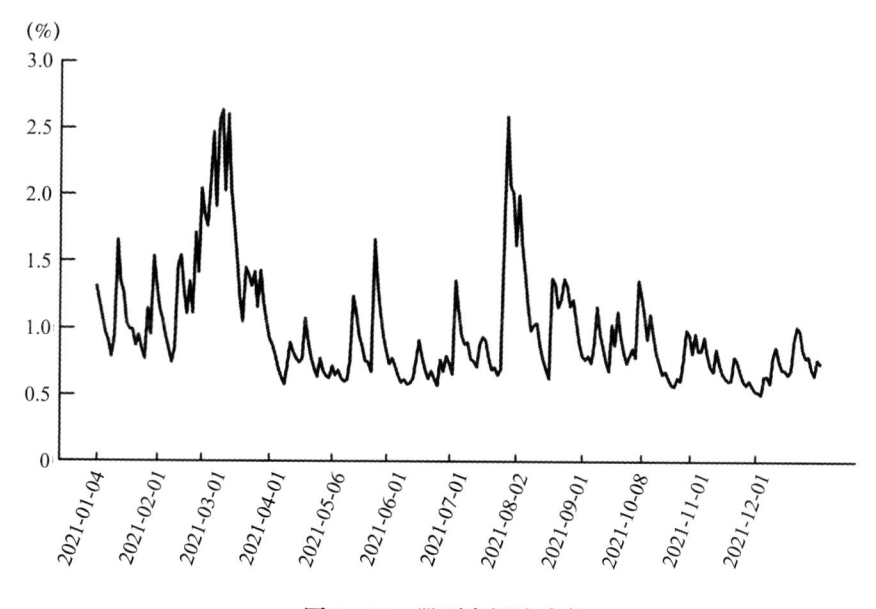

图1-21 股票市场波动率

注：单个金融市场自身风险变量用动态波动率来刻画，由笔者采用单变量GARCH（1, 1）模型测算得到。

比较国内各金融市场的风险情况可以发现：就波动幅度而言，股票市场面临的风险最高，商品期货市场次之，债券市场风险最小。就时间维度来看，受宏观政策的影响，股票市场、债券市场风险在第三季度出现一定的震荡。期货市场的最大波动发生在第二季度，这主要是因为大宗商品价格上涨。

2. 国内各金融市场风险传染显著增强

观察各金融市场间的风险溢出可以发现：就时间维度来看，各金融市场之间的动态相关性在全年波动较大，绝大部分市场间风险溢出的峰值都出现在第一季度，各金融市场之间的动态相关性达到最强。就各市场之间的传染关系的方向而言，股票市场与期货市场呈正相关关系，而股票市场与债券市场、债券市场与期货市场呈负相关关系。

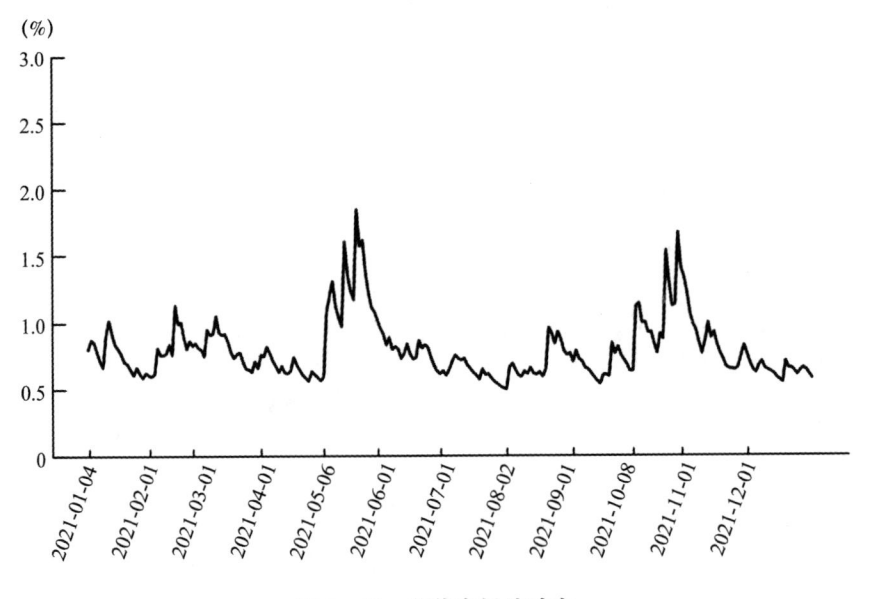

图1-22　期货市场波动率

注：单个金融市场自身风险变量用动态波动率来刻画，由笔者采用单变量 GARCH（1，1）模型测算得到。

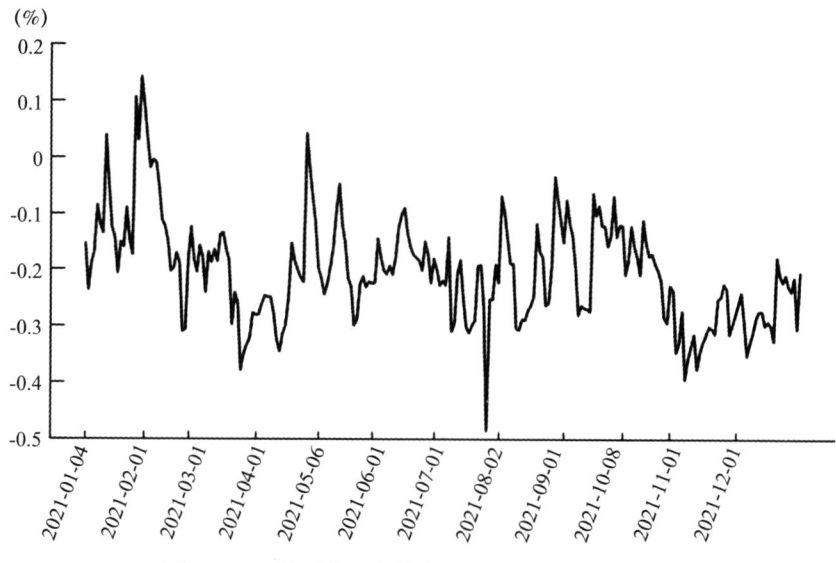

图 1-23　股票市场和债券市场之间风险传染走势

注：金融市场的风险溢出由笔者基于动态相关系数自回归条件异波动率（DCC-GARCH）模型测算得到。

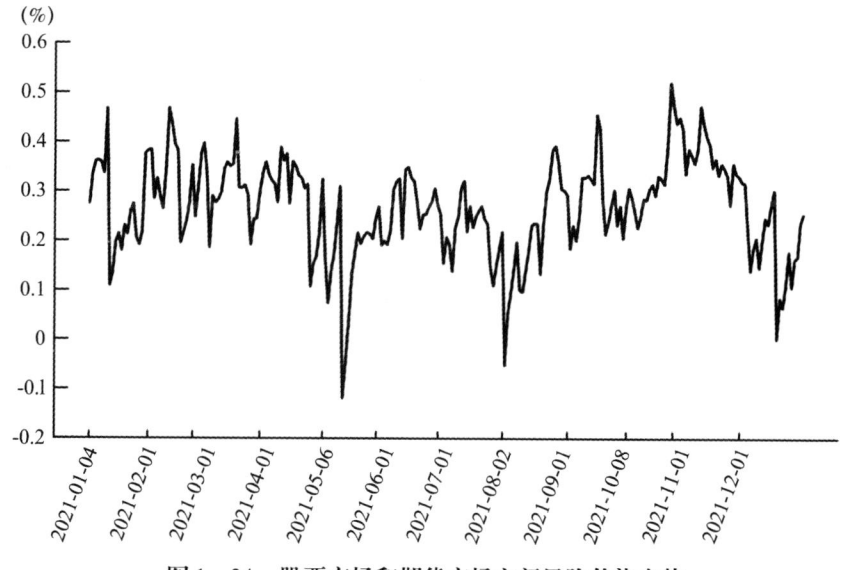

图 1-24　股票市场和期货市场之间风险传染走势

注：金融市场的风险溢出由笔者基于动态相关系数自回归条件异波动率（DCC-GARCH）模型测算得到。

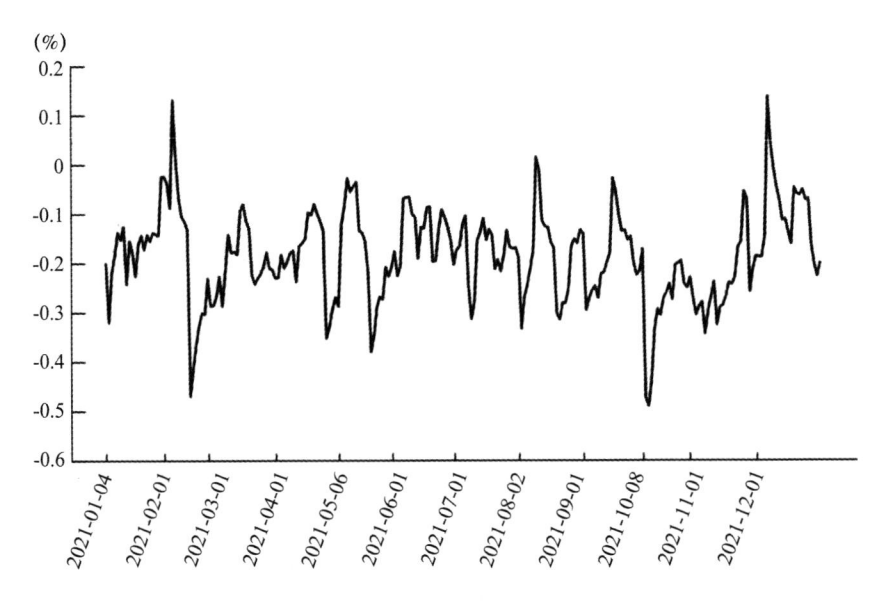

图 1-25　债券市场和期货市场之间风险传染走势

注：金融市场的风险溢出由笔者基于动态相关系数自回归条件异波动率（DCC-GARCH）模型测算得到。

（五）外溢性

1. 美国金融市场整体稳定

美国国债市场保持稳定，全年 10 年期收益率有所提高。分段来看，2021 年第一季度，拜登政府上台，推动全国大规模疫苗接种，同时在国会纾困救助法案的刺激下，美国经济复苏强劲，引导 10 年期美国国债收益率从 2020 年底的 0.90% 升至 1.74%。2021 年第二季度，美国经济复苏强度有所弱化，同时在市场交易层面，财政存款由 2 月的 1.6 万亿美元缩减至 6 月的 8000 亿美元左右，导致美元流动性过剩，在上述综合因素影响下，10 年期美国国债收益率降至 1.45%。步入第三季度，受美国政府债务上限问题影响，美国 10 年期国债小幅上涨至 1.52%。第四季度，美国 10 年期国债小幅上升后开始下落，最终与第三季度末持平。考虑到通货膨胀高企的因素，2021 年全年美国国债实际收益率继续下行，10 年期美国国债实际收益率日度均值从 2020 年的 -0.6% 下降至 2021

年末的-1.04%。就各市场比较而言，债券市场波动率是美国各市场波动率均值中最低的，这也从侧面显示出债券市场的相对稳健性。

2021年美国股票市场保持上升态势。股票市场方面，受益于疫情冲击缓释、疫苗接种快速推进以及大规模经济刺激政策，美国经济呈现较为强劲的复苏态势，随之2021全年美国道琼斯工业平均指数、标普500指数和纳斯达克指数分别上涨18.8%、26.9%和21.4%。

2021年美元指数整体保持相对稳定，呈现小幅升值态势。2021年第一季度，随着新政府财政刺激政策和疫情防控措施的推出，加上中美关系和地缘政治事件的抬升，美元指数从1月6日的89.42点一路升至3月底93.1的高点，季度涨幅达3.68%。2021年第二季度，美国经济复苏步伐放缓，劳动力市场面临较大问题，在整个季度内，美元指数呈现"V"形走势，4月初至5月25日，美元指数由93.1点降至89.6点，贬值3.77%，随后反弹至6月底的92.3点，升值3.05%。2021年第三季度，美元指数呈现温和上升趋势。2021年6月30日至9月30日，美元指数由92.3点升至94.2点，上升2.06%。美元指数保持相对稳定主要在于美国经济相对强劲复苏使美元获得一定的支撑力。2021年第四季度，在美联储史无前例的扩张性政策刺激下，美元指数上升至2021年末的95.97点。但是，美联储过度宽松的货币政策特别是超大规模的量化宽松政策使得美元难以获得强势。随着美联储调整货币政策特别是逐步退出量化宽松政策，美元指数仍有一定的升温空间。

在美国经济复苏和美元流动性过剩的影响下，外加全球供需失衡，商品期货市场一反2020年下跌颓势。2021年第二季度，大宗商品价格大幅上涨，伦敦金属交易所（LME）3个月期铜价格5月5日一度上涨0.7%，至每吨10040美元，为2011年2月以来的次高水平，盘中该合约触及每吨10190美元的纪录高位。同时，国际油价也呈上涨趋势，纽约商品交易所6月交货的轻质原油期货价格升至接近每桶66美元，7月交货的伦敦布伦特原油期货价格逼近每桶70美元关口，是2020年4月平均价格的3倍之多。

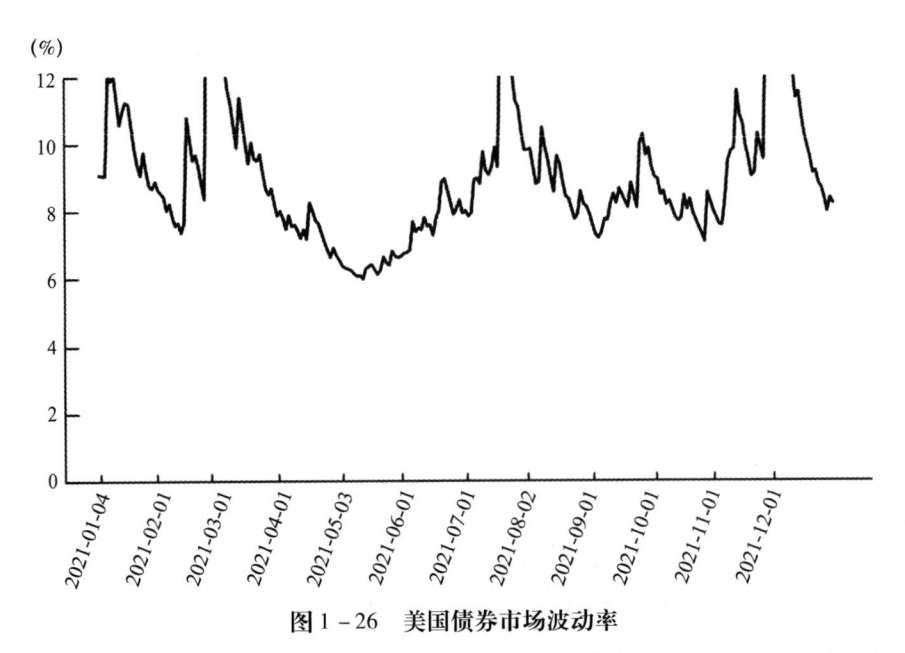

图1-26 美国债券市场波动率

注：单个金融市场自身风险变量用动态波动率来刻画，由笔者采用单变量GARCH（1，1）模型测算得到。

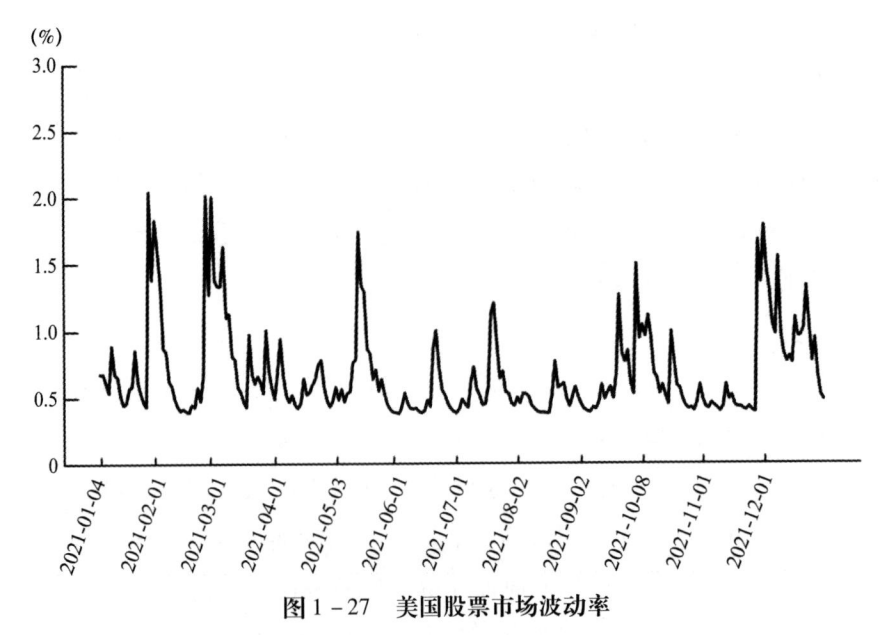

图1-27 美国股票市场波动率

注：单个金融市场自身风险变量用动态波动率来刻画，由笔者采用单变量GARCH（1，1）模型测算得到。

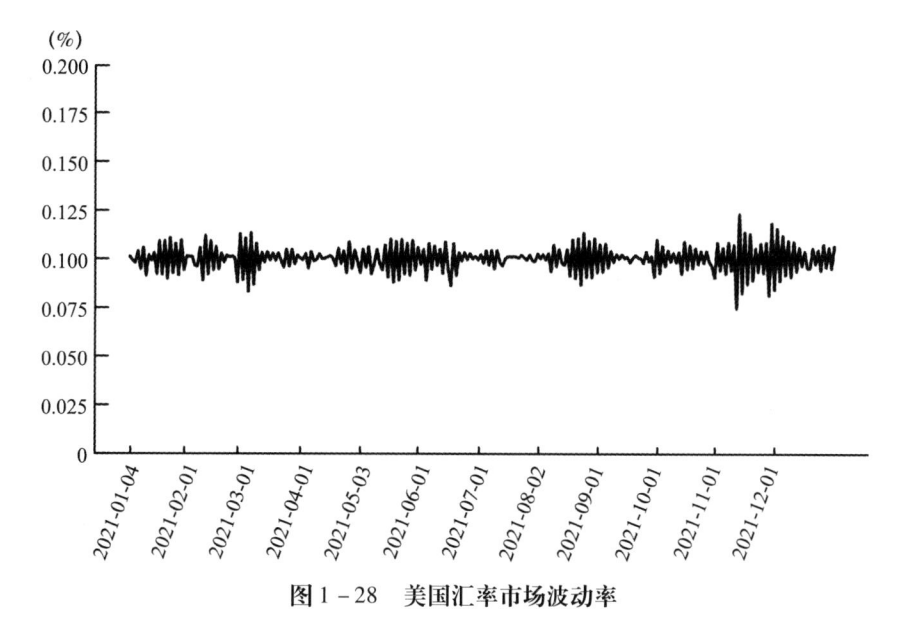

图1-28 美国汇率市场波动率

注：单个金融市场自身风险变量用动态波动率来刻画，由笔者采用单变量GARCH（1，1）模型测算得到。

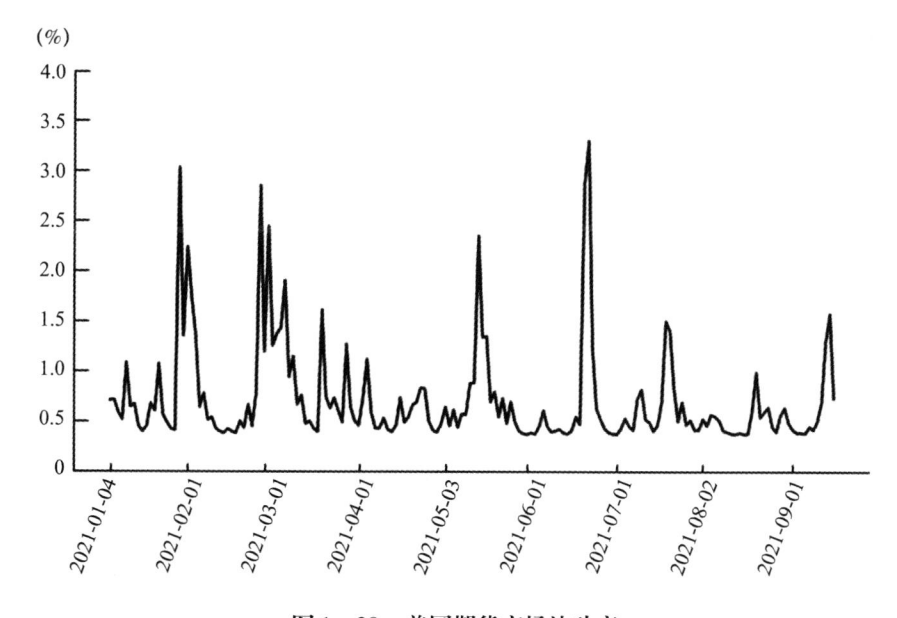

图1-29 美国期货市场波动率

注：单个金融市场自身风险变量用动态波动率来刻画，由笔者采用单变量GARCH（1，1）模型测算得到。

比较美国各金融市场的风险情况可以发现：从波动变化幅度来看，商品期货市场面临的风险最高，股票市场、债券市场其次，汇率市场最小。从波动变化的时间维度来看，受2021年美国宏观经济、债务风险和原材料价格等多方不确定性因素的影响，期货市场和股票市场在2021年全年均有较大起伏；债券市场全年整体保持相对稳定，两次较大幅波动分别出现在3月初和7月底，恰逢美国经济复苏政策出台和政府债务上限问题的关键时间；汇率市场则全年均在低位震荡。

2. 内外金融市场仍然存在共振关系

2020年在新冠肺炎疫情的冲击下，各国间的跨境金融风险关联显著加强，资产价格和资金流动的同频共振特征比正常时期更显著。2021年，这种趋势并没有因为疫情的缓解和国际经济复苏步伐加快而减弱。再加上美联储势在必行的缩减购债政策（Taper）和国际原材料价格的上涨等多种因素，维护国内金融市场稳定仍需密切关注国际市场动向。

中美股票市场在3月初和7月底均发生较大幅度波动，就国内市场而言，既有国家宏观政策变化的内因，也有美国经济政策不确定的外因。在两次大幅波动中，一次临近拜登政府上台，大力推进全国疫苗接种，助力经济复苏，另一次临近美国政府债务上限风险时期。虽然2021年国内外市场共振关系不如2020年2月疫情暴发期间显著，但国际市场尤其是美国经济政策不确定性对国内市场的影响仍然不可忽视。

近期，美联储缩减购债政策再度出台，2021年9月美联储议息会议明确指出缩减购债将在2022年年中完成。对比2013年5月，时任美联储主席伯南克宣布缩减购债时，金融市场发生了短期重大波动，股票市场和债券市场都出现了剧烈而急促的下跌，历史上将这一事件称为缩减恐慌。对于此次美联储货币政策，虽然市场早有预期，但当前全球经济仍处于恢复的初期阶段，复苏的可持续性仍有待进一步观察，缩减购债政策可能将推动接下来一段时期美元走强，对人民币汇率形成一定的压力。同时，美联储政策调整的预期会带来美债长端利率的上升，有可能造成国内资本外逃的风险，同时抬高中国债券市场中长期收益率水平。

三 2021年中国重点风险领域分析

银行、证券、保险是中国的三个基础性金融部门，而财政金融（尤其是债务问题）、外汇市场和房地产市场等则是风险监测的重点领域，特别是房地产市场风险是2021年系统性金融风险防控的重要环节。2021年美国强化对中国境外上市公司的监管，这使得中概股面临重大的政策风险。

（一）房地产市场：系统性风险的重大威胁

2021年房地产市场进入重大调整阶段。一是房地产市场价格出现更为显著的结构分化，三、四线城市房地产价格下跌较为明显，较大部分二线城市房地产价格也有所下跌。房地产价格下行使得房地产市场赚钱效应明显减弱，房地产市场成交迅速回落。2021年商品住宅销售同比增速持续下降，至第三季度转为负增长；70个城市商品住宅销售价格涨幅持续回落，至9月涨幅首次转负。二是房地产企业融资受到较大的约束。随着房企的"三道红线"融资规则、银行业房地产贷款集中度管理等房地产金融审慎管理制度的实施和完善，房企外源性融资所需资金的供需两端均被严控。金融机构和金融市场投资者对房企的金融支持力度产生更大分化，主要融资渠道更为偏好经营风格稳健、财务杠杆率合理的房企。三是部分房地产企业出现严重的流动性风险。受融资收紧影响，部分大型房企因长期杠杆经营进而爆发流动性风险。以恒大集团为典型代表的流动性危机使得房地产市场出现重大的风险及其显著的传染效应，房企债券信用利差迅速扩大、房企股票大幅震动、评级机构也纷纷调低各类房企的评级，多家房地产企业迅速遭遇流动性风险。

房地产企业的流动性危机存在风险传染扩大的可能性，是系统性金融风险的重要环节。房地产企业违约风险以及房地产市场重大调整可能引发金融市场风险溢价提高、银行部门面临资产重估、外部融资陷入困境以及地方政府债务风险加速暴露等问题，将给宏观经济稳定性带来重大的挑战和威胁。

首先，大中型房地产企业流动性危机使得金融市场风险溢价提高，债务市场波动性显著增加，市场风险将加速凸显。从存量来看，2021年末房企境内信用债待还余额为1.82万亿元，同比下降6.83%，其中1.06万亿元为在3年内到期债券。随着房企进入偿债高峰期，债券发行募集的资金将主要用于借新还旧，但受房地产金融审慎管理制度的影响，境内信用债存量规模已经开始压缩，借新还旧难以为继。

其次，房地产市场风险将迅速传导至银行系统，将对银行资产负债表产生实质性影响。房地产开发商开发贷款和居民住房抵押贷款在过去很长时间内都是银行的优质资产，房地产开发商的困境将使得银行面临重大的信用风险，同时房地产市场行情下行可能使得抵押资产风险出现实质性重估。2021年末房地产开发贷款余额为12.01万亿元，占全部信贷余额的比例为6.23%，同比下降0.66个百分点，从余额增速来看，2021年房地产开发贷款余额同比增速持续回落，除第一季度增长0.51万亿元外，第二季度、第三季度和第四季度分别下降0.12万亿元、0.14万亿元和0.15万亿元。

最后，房地产市场风险可能使得中国经济部门的融资可得性特别是境外融资可得性面临新的风险。2021年末房企境内、境外信用债融资规模合计超过0.93万亿元，同比下降15.33%，下降幅度较大。从境外信用债发行情况来看，2021年全年房企境外债发行规模0.04万亿美元（约为0.25万亿元人民币），同比下降31.19%，平均票面利率为8%。截至2021年末，房企境外债存量余额为0.20万亿美元（约为1.25万亿元人民币）。

值得注意的是，房地产部门上下游产业链较长，其风险将会直接外溢至上下游，特别是房地产消费部门的权益保障将是一个重大的政策挑战。而房地产上游部门的经营发展同样将面临较大的风险，部分上游企业的应收账款可能遭遇损失。为此，如果处置不当，房地产市场的风险将可能呈现出金融、经济和社会多维度共振的状况。

更进一步，房地产市场调控和房地产风险应对本质上还是一个经济发展模式问题。过去近20年来，依托房地产市场的"土地财政"是地方经济社会发展的重要资金来源，本质是将居民的储蓄转化为房地产投资，带来固定资产投资增长以及政府财政收入增长。但是，由于房地产价格长期上行，居民储蓄的有限性就日益凸显，宏观表征就是居民部门储蓄率下降、杠杆率加速上升。房地产市场"房住不炒"调控政策主要目标是稳定房价，同时防止居民过度加杠杆并为中长期投资夯实资金基础，但是，短期必然会导致固定资产投资、经济增长和财政收入的下降。这种短期下行压力加剧和中长期稳健发展的平衡是2021年及其后一段时间房地产市场的政策挑战。

（二）地方融资平台债务风险未实质性缓释

2021年，面对新冠肺炎疫情的持续冲击，国内经济增长面临更大的压力，经济复苏步伐放缓，加之房地产企业由于贷款集中管理制度的全面实施，风险凸显，地方融资平台资产负债表可能恶化，地方政府隐性债务的风险将加速累积，地方政府收支错配将进一步恶化，部分收益性较差甚至没有现金流的债券将面临较为严重的流动性压力，地方融资平台城投债与地方国有企业债券潜在的违约风险将进一步显性化。

财政政策致力于权衡逆周期与防风险。2021年中国地方公共债务总体呈现放缓态势，财政收支缺口缩小，相较于2020年，财政政策边际收紧，体现了地方公共债务在稳增长和防风险的平衡问题上开始向防风险倾斜。一方面，财政政策致力于稳定经济增长，希望通过相对积极的财政政策来应对经济下行，同时通过扩张公共服务来防控新冠肺炎疫情；另一方面，财政当局面临支出刚性以及临时支出扩大而收入明显减少，特别是基金性收入大幅下降的困境，需要着重防控财政收支以及流动性管理的风险。

地方公共债务风险主要体现于三个方面。一是显性债务风险。地方政府自身显性债务在新冠肺炎疫情冲击、经济增长下行以及外部合作受阻所显现出的收入减少和支出扩张的缺口风险以及期限错配的流动性风险。二是隐性债务风险。地方政府隐性债务问题持续累积，以地方平台公司为核心的隐性债务问题在2018年以来虽有所缓解，但是，由于平台公司固定资产投资的绩效较差，平台公司及隐性债务仍然呈现持续累积的状态。三是流动性风险与偿付风险。地方政府对债务流动性风险的警惕程度非常之高，这种警惕性不仅来自债务流动性风险，而且来自部分地方政府及其平台公司潜在的偿付风险。一旦地方政府流动性风险暴露，则随之而来的可能就是偿付风险，而偿付风险一旦触发则可能引发地方政府债务问题的系统性冲击。通过短期流动性风险的有效处置，包括地方政府债务期限拉长，能够为中长期偿付能力建设赢得空间，但是，这种时间换空间能否成功的关键是财政支出的绩效。

2021年地方融资平台公司和国有企业的债务风险开始加速累积。以地方融资平台公司债券（城投债）为例，存量规模超过11万亿元的城投债在中国地方经济发展中发挥了重要作用，但是，城投债复杂性高、关联性强、潜在风险大，是系统性金融风险的重要环节之一。各地方融资平台公司的状况差异较大，既有城投债的普遍性风险，又有城投债的个性化风险。地方政府隐性担保或刚性兑付使得城投债风险可能存在系统性低估，部分虚高的信用评级、成本收益较差的经营状况和不透明的财务信息则使得城投债风险存在技术性低估。更重要的是，城投债募集、使用、投资和偿付等活动将融资平台、地方政府、商业银行紧密关联在一起，城投债潜在的违约风险不仅会直接恶化融资平台和地方政府的债务风险，而且会使得商业银行特别是地方中小银行的资产负债表迅速恶化，进而带来更大的风险传染效应。为此，地方融资平台公司及地方国有企业的债务风险问题应该提高至系统性风险的高度加以应对。

（三）中小金融机构：受城投债违约风险的影响加剧

2021年以来，中国银行业盈利状况逐渐从疫情冲击中修复，不过由于银行之间分化程度的加大，在不平衡中复苏成为行业真实写照。国有大行受疫情冲击最小，且恢复快，而股份行受到的冲击较大，至今尚未恢复，城商行和农商行中营收高增长与低或负增长并存，分化程度是所有银行类型中最大的。一方面，国有大型商业银行营收增长在5%—10%，整体较2020年抬高的同时分化不大；另一方面，国有大型商业银行中的不良贷款率位于1.43%—1.47%，相较于2020年有小幅的下降。绝大部分股份制商业银行的营收增速高于2020年同期水平；并且，股份制商业银行整体的不良贷款率相较于2020年有所下滑。城商行、农商行净利润分别为1917.55亿元和1807.58亿元，较2020年同期分别增长0.3%、8.3%，较2019年同期分别下降5.7%、4.2%，盈利水平仍低于疫情前；与此同时，城商行、农商行的不良贷款余额分别为4131.24亿元和7456.05亿元，较2020年同期分别下降8.4%、0.7%，较2019年同期分别下降1.96%和增长21.31%。可见，城商不良贷款余额相比于疫情前有所缓解，但农商行不良贷款余额仍高于疫情前。

中国人民银行于2021年第二季度对4400家银行业金融机构开展了金融机构评级。评级结果显示，大型银行评级结果较好，部分农村中小金融机构存在一定风险。具体来看，大型银行中评级结果为1级的1家，2级的12家，3级的8家，4级的2家，7级的1家。中小银行中，外资银行和民营银行的评级结果较好，分别有93%、65%的机构分布于风险相对较低的"绿区"，并且没有高风险机构；城市商业银行的评级结果次之，有73%的机构分布于"绿区"，但也有10%的机构为高风险机构；农合机构（包括农村商业银行、农村合作银行、农村信用社）和村镇银行风险最高，高风险机构数量分别为271家和122家，数量占全部高风险机构的93%。由此可见，现阶段中小银行的风险总体上要高于大型银行。

一方面，中小金融机构是目前低评级城投债的主要投资群体之一；另一方面，中小金融机构也是目前高收益债的主要代持机构之一。中小银行主要通过"非标"等融资产品以及购买平台债为平台公司提供资金。"非标"产品易使银行"多头授信"，从而产生共债风险。同时，平台公司主要通过土地转让收入和各级政府补贴收入维持运营、归还银行贷款和偿付平台债券，而当前突出的财政收支矛盾也使得平台公司的债务面临巨大的违约风险。

四 2022年金融风险演进趋势

2021年，伴随着疫情的有效控制和经济的持续复苏，中国宏观经济金融形势有所好转，中国金融风险趋于收敛，整体可控。但是，当前经济金融形势仍存在较大不确定性，尤其是伴随着原材料价格不断上涨，企业投资意愿下降，美联储量化宽松政策调整，2022年未来金融风险防范任务仍然十分艰巨，特别是宏观杠杆率较高、房地产部门风险凸显、地方政府债务问题（包括城投债潜在违约）、金融科技风险以及内外金融风险共振等问题仍需要得到及时有效的应对与处置。

（一）经济增长不确定性是系统性金融风险的最大隐忧

2021年中国经济增长呈前高后低走势，第一、第二、第三季度GDP当季同比分别增长18.3%、7.9%和4.9%。特别值得关注的是，进入第三季度后，由于需求收缩、供给冲击、预期转弱等多重因素叠加，经济景气度明显下降，下行压力显著增大。2022年，新冠肺炎疫情走向的高度不确定性使得经济恢复进程变得更不确定。一方面，新冠肺炎疫情的不断反复使得全球产业链、供应链修复变得困难重重。受疫情冲击的影响，部分生产要素的供应减少或中断，进而影响产品或者服务的供给价格，并通过产业链的传导，产生连锁反应，甚至已由局部的冲击演变成对全球经济的影响，造成成本推动型的通货膨胀，严重影响全球经济运行和稳定。另一方面，各国为应对疫情采取的"大封锁"，让消费、投资、生产及其他经济活动几近停滞，世界经济大衰退导致中国外部需求崩塌，并将通过贸易、投资等渠道，内溢至国内，加大中国经济下行压力。从全局看，疫情发展不确定性带来的经济增长的不确定性是系统性金融风险的最大隐忧。

（二）宽货币到宽信用或存梗阻

随着经济面临的需求收缩、供给冲击和预期转弱三重压力，中央经济工作会议把"稳字当头、稳中求进"定为2022年中国经济工作的主基调，意味着2022年的宏观政策也将更为积极。中国人民银行提出，"为保市场主体稳就业营造了适宜的货币金融环境"，预示2022年的货币环境或将更为宽松。需警惕的是，在2021年企业及居民已出现一定的资产负债表恶化迹象。一方面，面对经济增长的高度不确定性，银行放贷能力及意愿均不足；另一方面，企业和居民对债务风险产生厌恶情绪，缺乏借贷意愿。因此，宽货币到宽信用或存梗阻，宽松政策对冲经济下行的效果有待观察。

（三）债务脆弱性进一步加剧

尽管当期疫情得到了有效防控，但宏观经济运行并没有完全脱离疫情的影响。随着政策结构性调整和市场预期改变，金融风险敏感度提高，金融风险承受度降低，金融资产质量问题将逐步显性化，被延后的企业违约风险将进一步暴露，或对金融体系的稳定性造成冲击。2021年第三季度，信用风险已在债券市场等领域显现。频发的违约事件，特别是民企债和信托行业堡垒等事件引发了市场的动荡。并且伴随着中国经济增速下滑，房地产部门风险暴露，地方政府偿债压力增大，未来债务脆弱性可能进一步提高。

（四）国际金融市场波动性或加大

新冠肺炎疫情暴发以来，美国已实施三轮财政刺激计划。同时，美联储积极配合财政政策的实施，将联邦基准利率降至零，并推出无限量化宽松政策，运用多种工具为财政救助资金提供融资，向市场注入巨额流动性。极低的美元实际利率，不仅助推了资产价格的快速上涨，也带来了严重的通胀问题。2022年，由于严重的通胀问题，如果美联储大幅收紧货币政策，或使国际资本流动形势发生逆转，由于前期流入中国的国际资本规模较高，短期内资本外流的规模也可能相对较高。同时，美联储政策调整使得国债收益率快速上升，美元升值，相应中国国债和其他债券收益率被迫拉高，同时人民币贬值，房地产及金融资产出现负向估值效应。

2021年宏观金融风险分析[*]

新冠肺炎疫情以来，受益于对疫情的有效防控和逆周期调节政策的对冲，中国经济快速反弹，并在2021年上半年持续改善。在此背景下，宏观经济政策逐步退出"逆周期"调控，并着力于"跨周期"调节：从2020年上半年的"松货币、宽信用"，到2020年下半年的"紧货币、宽信用"，再到2021年上半年的"紧货币、紧信用"。宏观经济政策的有序衔接，为中国经济的持续复苏营造了适宜的货币金融环境。但是，进入2021年下半年，在国内经济下行压力加大、叠加美联储加息预期提前等因素的影响下，宏观经济政策需要在短期稳增长、防范外部风险冲击和中长期可持续发展等多重目标中寻求平衡。

一 宏观金融风险的整体状况和特征

为了应对新冠肺炎疫情冲击，主要经济体纷纷祭出各种类型的经济刺激政策，其结果虽然实现了2020年下半年以来全球经济的弱复苏，但超级宽松的货币政策和无边界扩张的财政政策加剧了全球金融体系的脆弱性。受疫情冲击和全球金融市场剧烈震荡的影响，中国货币金融形势（以下简称金融形势）在2020年也呈现大幅波动的特征。但是，得益于中国对疫情的有效控制、逆周期调控政策的有效对冲和跨周期调节的有

---

[*] 执笔人：费兆奇，中国社会科学院金融研究所货币理论与货币政策研究室主任、研究员；陆洪，中国社会科学院研究生院金融系博士研究生。

序衔接，中国金融形势的波动特征在2021年呈现逐步收敛的态势。为了从整体视角分析国内的货币金融形势，本节通过估算高频宏观金融形势指数（以下简称金融指数），描述货币金融的整体演进特征。金融指数是围绕零值波动的曲线，当指数围绕零值小幅波动，意味着金融形势在总体上保持相对中性。当指数正向偏离零值时，意味着金融形势转向宽松；反之意味着逐步偏紧。金融指数并非越大越好，当指数正向偏离 +1 值时，意味着金融形势过度宽松，极易催生资产泡沫；但当指数负向偏离 -1 值时，通常伴随着流动性危机或金融危机。与西方主要经济体极度宽松的货币金融环境不同，中国的金融指数在经历了2020年的剧烈波动之后，从2021年初的最高值2.52逐步回落至第四季度的0值附近，意味着金融形势从极度宽松逐步回归至相对中性的水平。

其一，金融指数在2021年第一季度由高位（大于1值）回落至 [0，1] 区间，意味着宏观金融形势由极度宽松回落至适度宽松。主要原因包括：一是人民币有效汇率呈现显著上行的趋势，支持金融指数收紧；二是股市在2021年2月下旬出现向下调整，支持金融指数收紧；三是短期利率在春节前飙升，虽然节后快速回落，但由于上升水平过高（最高值达到4.83），触发金融指数收紧。

其二，金融指数在2021年3月初至5月中旬的波动中枢位于 [0，1] 区间之内，意味着宏观金融形势整体上处于稳健偏宽松状态。主要原因包括：一是在国务院推动大宗商品保供稳价的背景下，大宗商品价格快速上行的趋势得到了控制；二是在各种房地产监管政策的综合施策之下，房地产价格指数在第二季度以来有所回落；三是股市在第二季度运行相对平稳。

其三，需要关注的是金融指数在2021年5月下旬至8月落入0值下方且波动中枢处于 [-1，0] 区间，意味着宏观金融形势在当前处于偏紧状态。主要原因包括：一是房地产价格指数在5月回落，支持金融指数收紧；二是人民币汇率在5月以来升值的速度有所加快，作为反向指标，人民币汇率的单边快速升值对金融形势具有显著的紧缩效应，支持金融指数收紧。

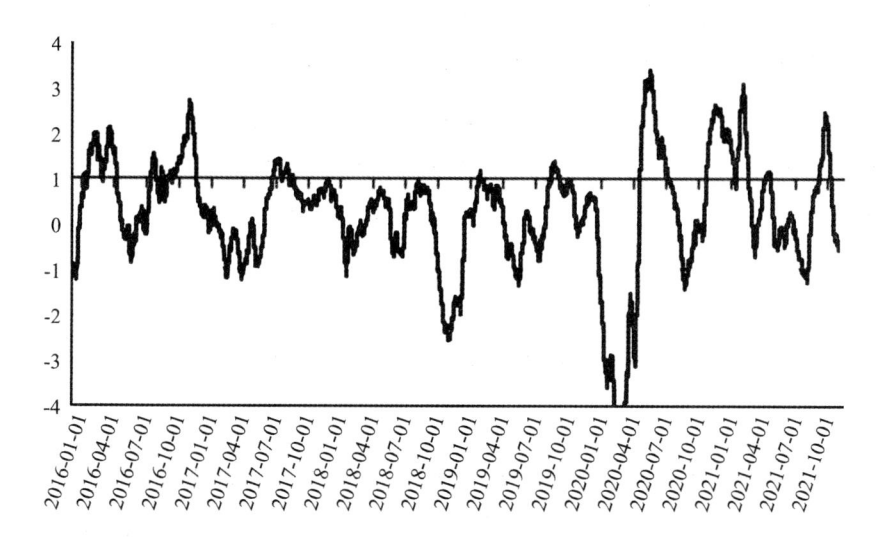

(a) 宏观金融形势指数

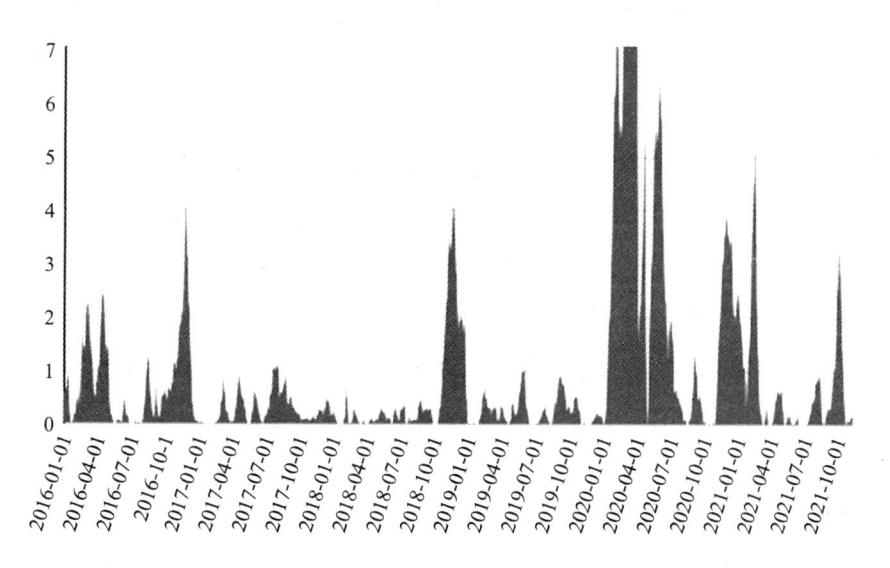

(b) 宏观金融形势指数波动率

图 2-1　宏观金融形势及其波动率

注：估算宏观金融形势指数的指标包括短期利率、汇率、股价、房价和大宗商品价格；宏观金融形势指数的估算模型为动态因子模型；为了判别指数的波动特征，笔者对指数进行了标准化处理。

其四，金融指数在 2021 年 9 月至 10 月的波动幅度有所放大：一是主要受国内大宗商品价格自 8 月中旬至 10 月中旬加速上涨的影响，金融指数快速回升至宽松状态。二是国内大宗商品价格受国内、国际多重因素的影响自 10 月下旬持续回落；叠加人民币汇率在 10 月下旬的升值速度有所加快等因素的影响，金融指数又呈现出快速回落的特征，并在 10 月末落入 0 值附近区间。

二 宏观金融的风险点分析

（一）M1 增速快速下行背景下的 M2、M1 剪刀差持续扩大

M2（广义货币供应量）和 M1（狭义货币供应量）作为货币政策的数量型中介目标，其数量和结构变化对宏观经济均有较大影响。2020 年以来，中国的 M2、M1 增速之差（也称剪刀差）出现了大幅波动，其中，M1 增速波动较大，但 M2 和准货币增速相对稳定，由此，M2、M1 剪刀差的走势主要取决于 M1 增速的变化。具体表现为：一是 M1 增速在 2020 年从低位持续上行而 M2 增速相对平稳，使得 M1、M2 的剪刀差在 2020 年全年快速收窄，并在 2021 年 1 月由负转正。二是 M1 增速在 2021 年 1 月之后快速下降而 M2 增速下降较慢，使得 M1、M2 剪刀差自 2021 年 2 月以来再次持续扩大。

从 2021 年的情形来看，M1 增速在 1 月出现飙升，导致 M1、M2 剪刀差在当月由负转正。原因有二：一是企业部门在春节前通常会给居民部门发钱，从而使得企业和居民部门的活期存款增多。2021 年 1 月春节和 2020 年 2 月春节的"春节错位"，是 M1 增速在 2021 年 1 月高增，但在 2 月大降的重要原因。二是受基数效应影响较大，M1 增速在 2020 年 1 月仅为 0%，从而推升了 M1 在 2021 年 1 月的增速。如果从绝对值分析，1 月 M1 供应量实际上与 2020 年 12 月基本持平。

M1 增速自 2021 年 2 月起持续回落，导致 M1、M2 剪刀差再次扩大。原因有三：一是本轮经济反弹在 2021 年有所回落，具体表现是经济增速

逐季下行。经济下行压力使得实体经济的即期有效需求下降，企业和居民部门的经济活动和相关交易趋于冷淡，流动性较高的货币从实体经济中沉淀下来，M1增速呈现下行趋势。二是在财政收入压力较大的约束下，2021年的财政政策逐步回归常态，且支出节奏整体偏慢，从而大幅削弱了对M1增速的贡献。三是在房地产调控背景下，全国商品房销售增速逐月下滑，企业活期存款向居民储蓄存款转移。2020年的情形是商品房销售会导致居民储蓄存款向企业部门的活期存款转移，包括开发商、供应商账户等，因此M1增速持续上升；2021年和2020年的情形相反。

M1增速的持续、快速下行意味着活期存款增速趋势性下降，企业、居民的即期交易需求降低，微观主体盈利能力较弱，资金从实体经济中沉淀下来，经济回落压力加大。

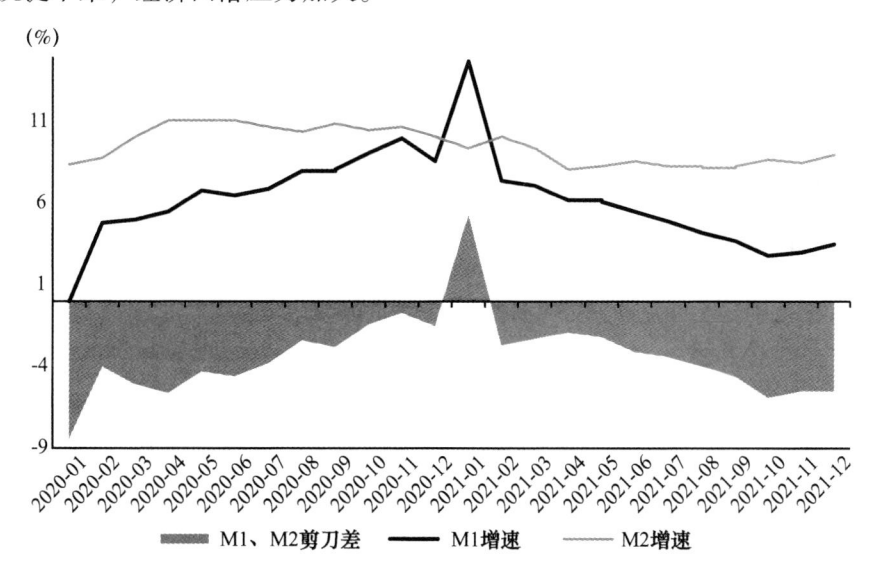

图 2-2 M1、M2 剪刀差走势

资料来源：Wind。

（二）社融、信贷增速下行

社融增速下行。2021年社融合计增量为31.35万亿元，相比2020年同期减少10.74%，其中3—5月、7—9月社融月增量显著低于2020

年同期。全年社融增速从2020年末高点持续下降，9月、10月增速分别为10.00%和10.03%，是2019年以来同期最低值。从结构看，表外融资规模、政府债务显著收缩。仅有表内融资数量（见图2-4）与2020

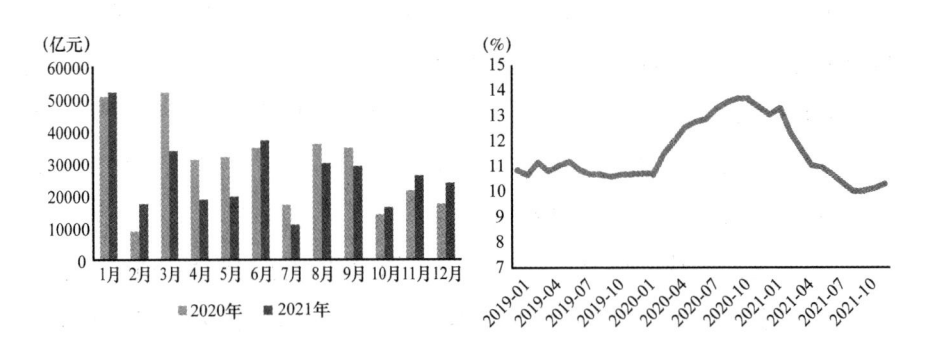

社会融资规模：当月值　　　　　　社融存量增速

图 2-3　社会融资规模

资料来源：国家统计局。

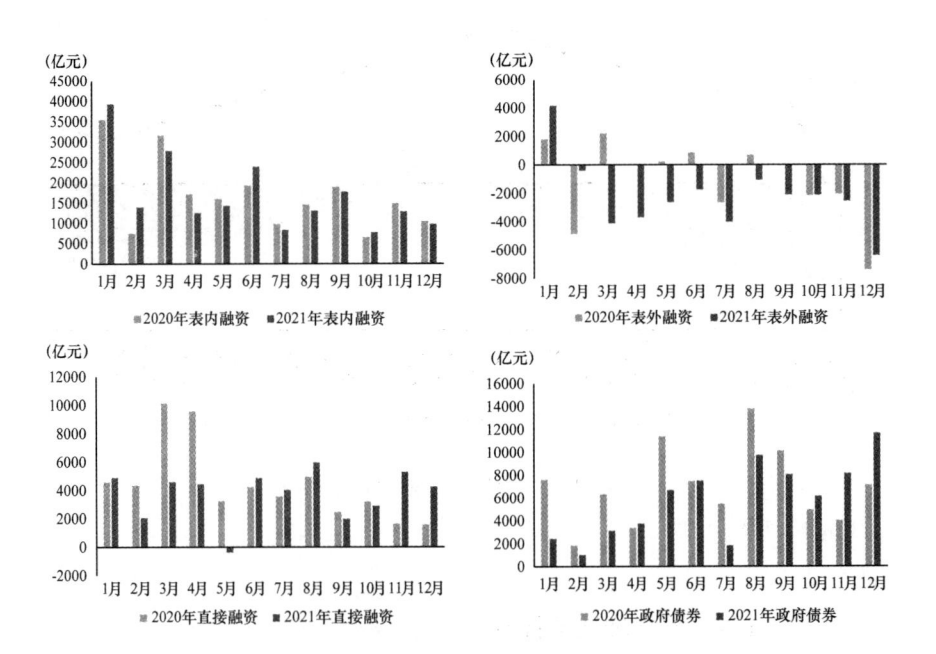

图 2-4　社会融资规模分项数据

资料来源：国家统计局。

年同期持平；表外融资、直接融资与政府债券相比2020年同期总量下降，三者是导致社融增量缺口的主要原因。其中，表外融资总量降幅最大（仅1月表外融资净值为正，2—12月净值为负），反映出资管新规过渡期临近结束非标融资总量大幅压降；而直接融资总量下降可归因于2020年3月、4月高基数影响。综上，从社融结构角度分析，2021年社融增量滑坡、增速不及预期，既存在2020年高基数效应的影响，也反映了金融严监管和政府专项债务发行不及预期的叠加效应。

新增信贷总量持平、先高后低。2021年金融机构新增人民币贷款与2020年同期持平，居民部门、企业部门的中长期贷款构成信贷总量的主要支撑；其中，居民部门短期贷款略低于2020年同期，中长期贷款略高于2020年同期；企业部门短期贷款低于同期，中长期贷款和票据融资高于同期。虽然2021年新增贷款总量与2020年持平，但是从月度变化角度分析，新增贷款增速表现出先快后慢、先高后低最后转为同比负增长的趋势。增速变化说明疫情后经济复苏进度由快转慢。以居民部门短期贷款为例，与2020年同期相比，2021年第一季度贷款总量相比2020年同期有所增加，第二、第三、第四季度贷款总量明显减少、增速转负，短期贷款供给呈现先高后低走势，反映居民消费需求由强转弱。类似地，居民部门长期贷款和企业中长期贷款都表现出"先高后低"趋势，上述指标综合说明实体经济融资需求不足，投资、消费不振的趋势正在加剧。

2021年社融、信贷增速下行，反映出宏观经济整体动能不足：供给侧虽然高科技制造业维持韧性，但是传统制造业企业生产放缓、房地产行业持续降温；需求侧住房、汽车消费拖累整体需求修复。2021年受多种因素影响，大宗商品上游出厂价格快速上涨，由于资源密集型中下游企业无法将边际成本增加完全向需求侧转嫁，所以传统制造业企业利润受到原料涨价影响较大；叠加限产限电冲击、疫情零星反复和汛情扰动，导致工业生产放缓幅度超过预期、传统制造业产能低于历史中枢水平。高技术制造业中计算机及办公设备制造、航空航天器及设备制造等领域在政策支持下表现稳健，但是受制于总体规模，高科技制造业对宏观经济稳定的支撑作用仍然有限。房地产行业持续降温,土地市场成交量、房地产建安投资总量、商品房销售增速全面下降,连带对原材料、能源、建材、家具家电行业的生产、销售形成拖累。第三产业中餐饮和在线销售已从疫情状态恢复,第三产业整体有所改善,但是旅游业仍受部分地区疫情反复的影响,未能恢复至潜在水平。宏观经济需求侧,2021年居民人均可支配收入实际值两年平均增长6.9%,略低于同期GDP增速,需求增长动力远非充沛。随着国内疫情进入常态化防控阶段,居民食品、饮料和餐饮消费需求已接近修复;大额消费方面,受制于房地产"限购、限贷"政策,居民部门购房及装修、家电消费有所减少;而全球缺芯限制了汽车行业产能,导致汽车消费增速下滑。综上,2021年内中国宏观经济供给侧传统制造业生产受到能源、原材料涨价的短期干扰,高技术制造业发展处于爬坡阶段,供给侧整体承压;需求侧逐步修复但大

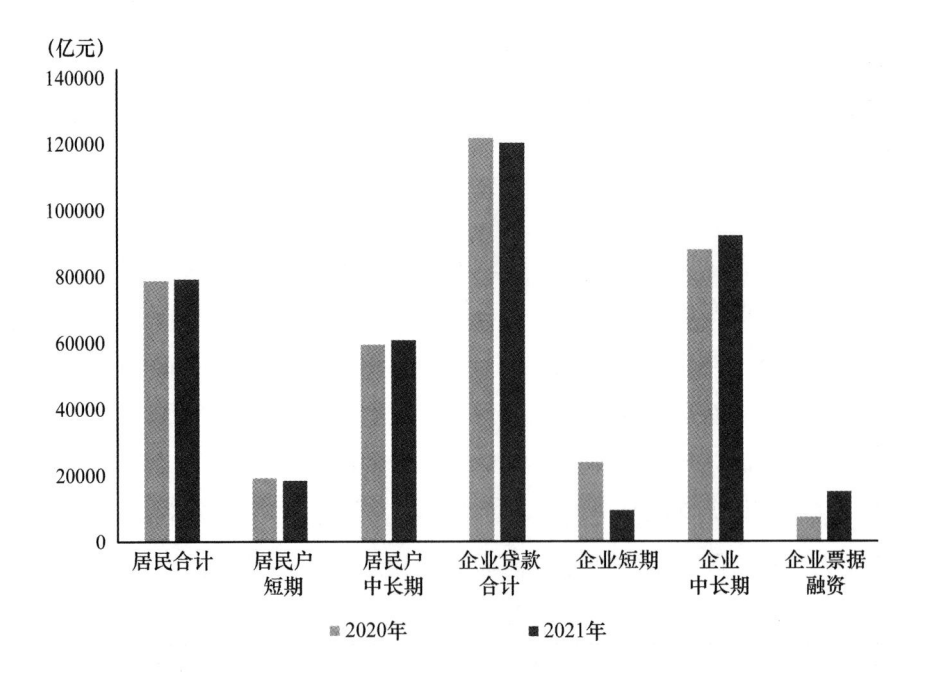

图 2-5 金融机构新增人民币贷款

资料来源:国家统计局。

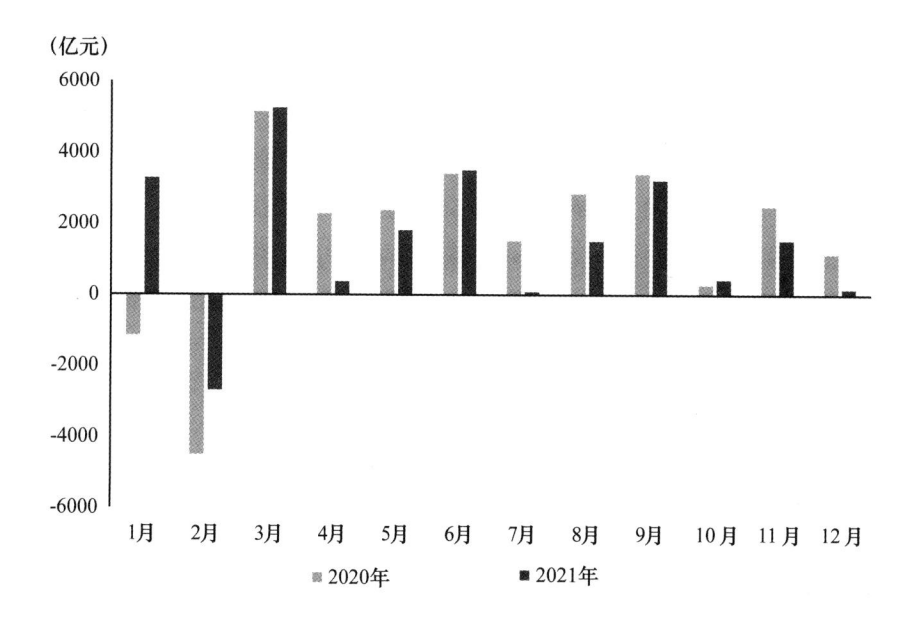

图 2-6 金融机构新增人民币贷款：居民部门短期贷款

资料来源：国家统计局。

额消费动力不足。在此情况下，需要通过积极财政政策发挥逆周期调节作用，加大财政资金投入、加快专项债发行速度以带动和补充实体经济投资，提升宏观经济动能。

（三）房地产市场承压

2021年以来，房地产市场承压主要表现在以下三个方面：其一，土地供应、开工竣工面积减少。2021年房地产市场总体保持平稳，住房价格非理性上涨的趋势得到遏制。土地供应端，集中供地政策调整了土地出让节奏、限制了土地溢价上限，2021年土地购置面积同比下降10.09%（如图2-7所示）；成交土地面积缩量向房地产市场新开工、施工和销售面积传导，房地产开工、施工、竣工面积同比增速均呈现下行趋势（如图2-8所示）。其二，涉房融资增速下行。房企融资端受到资金监测和融资管理规则（"三道红线"）直接限制，2021年房地产开发投资完成额同比增速、房地产开发贷款余额同比增速持续下行。居民部门受"限购限贷"政策影响获得个人住房贷款总量减少，贷款余额同比增速也持续走低。其三，部分房企出现经营困难。受地产调控政策边际收紧影响，少数过度依赖高负债、高周转战略的房企出现一定程度经营困难：恒大集团出现境外公开市场债务违约，国际评级机构将其评级下调至CC。此外，泰禾集团、华夏幸福、蓝光集团等年销售规模逾千亿元中大型房企相继出现违约。

导致房地产市场承压的短期因素，是构建长效机制过程中的调整成本。2020年下半年以来，同时针对房企、购房人、金融机构和地方政府的政策"组合拳"构成房地产行业快速扩张的紧约束：银行、信托等金融机构的贷款集中度要求限制了银行贷款非标融资供给；资金监测和融资管理规则（"三道红线"）为房企融资设置了总量上限；"22城供地两集中"政策制约了地方政府的供地冲动；因城施策的限购（限贷）政策

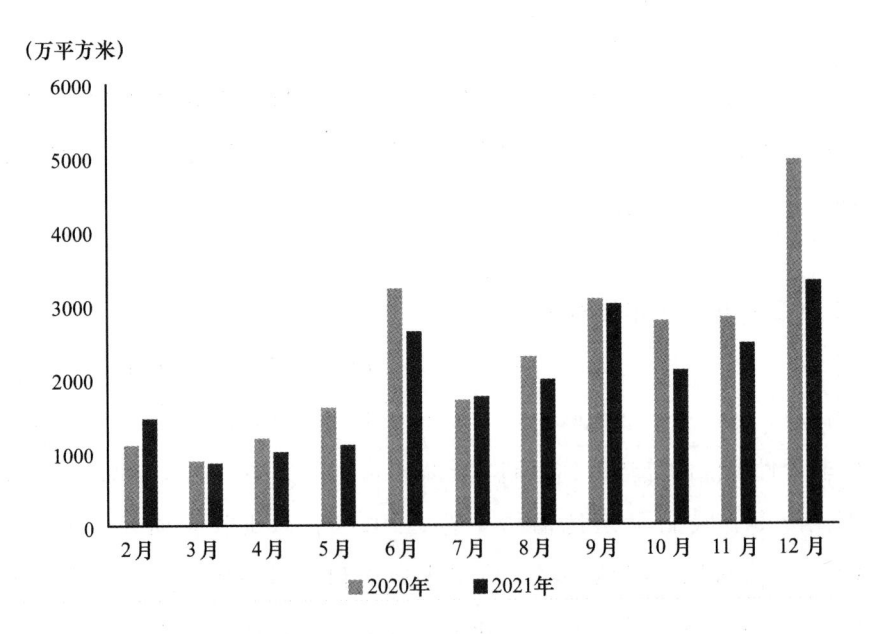

图 2-7 购置土地面积当月值

注：2021年相对2019年复合同比计算，其他年份为正常同比增速，以下同。

资料来源：Wind。

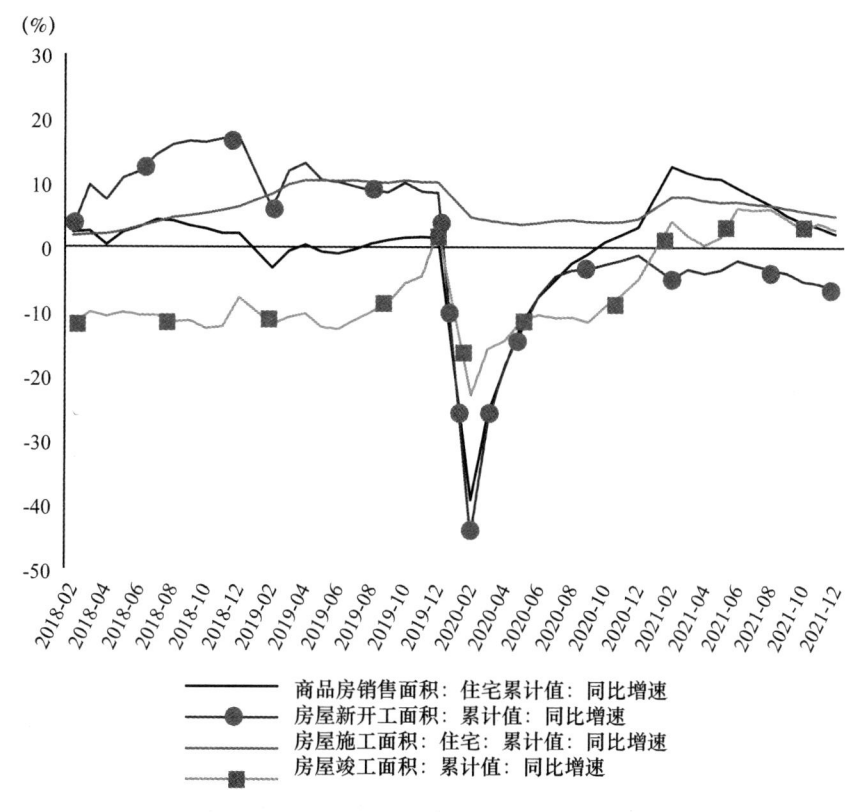

图 2-8 房屋新开工、施工、竣工面积及销售面积增速

资料来源：Wind。

限制了居民部门杠杆率的进一步提升。本轮政策收紧将房地产开发"全生命周期"（拿地—开工—预售—竣工）纳入监管视野，在"限售限贷"以外加入新的政策工具，调控思路从过往"短期刺激/限制"转向构建房地产稳定健康发展的长效机制。房企在指挥棒下调整经营目标和心理预期、改变增长模式、优化资产负债结构是宏观政策的题中之义，在此过程中房企承担的短期经营压力属于转型过程中的调整成本（摩擦成本）；除少部分前期过于激进或杠杆极高的企业外，多数房企融资虽然不容乐观，但是年内全行业破产房企数量并无显著上升。[1]

---

[1] 基于公开信息2021年全年房企破产数量约为340家，低于2020年同期水平（近500家）。

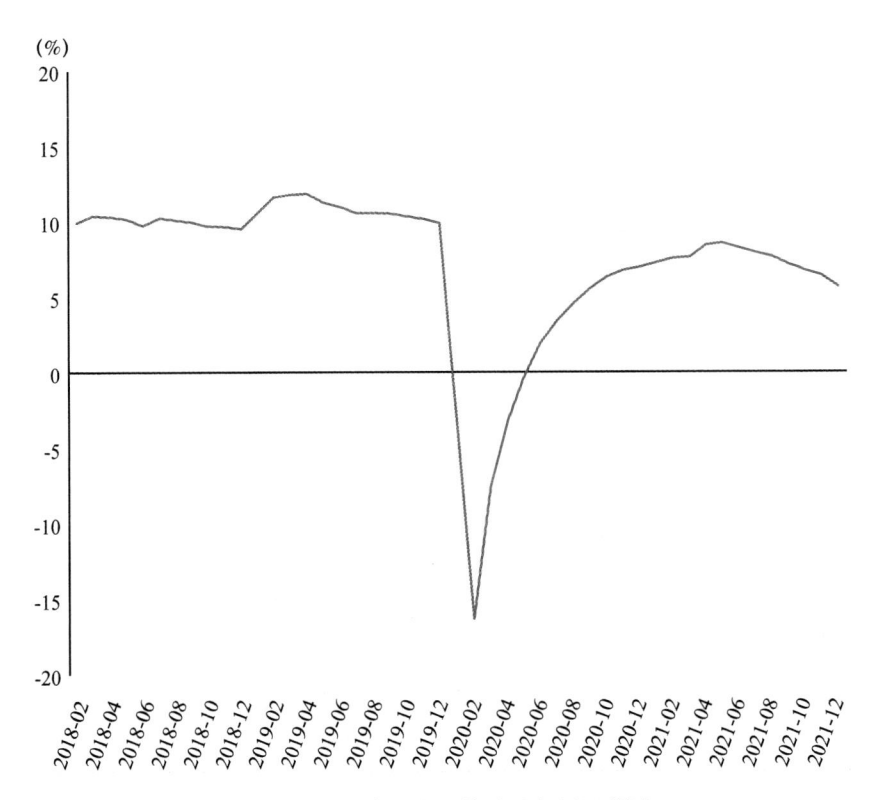

图 2-9 房地产开发投资完成额同比增速

资料来源：Wind。

长期因素是人口结构性变化。基于发达经济体的发展经验，产业政策仅调节房地产行业短期供求关系，而人口结构和城镇化进程则制约房地产市场扩张的长期边界。根据第七次人口普查数据，2020 年中国人口达 14.1 亿，人口结构出现少子化、老龄化[①]特点。少子化家庭在人均住房面积不变的前提下，对住房总面积需求有所下降；老龄化导致劳动力供给萎缩、劳动成本上升、边际消费倾向降低，对住房、汽车和高端消费的需求下降，生产部门将面临劳动力成本增加、需求减少的不利局面。

---

① 根据第七次人口普查数据，2020 年新出生人口较 2019 年下降 18%，家庭少子化加剧。与 2010 年相比，2020 年 15—59 岁人口占比下降 6.79%，65 岁及以上人口占比达到 13.5%。

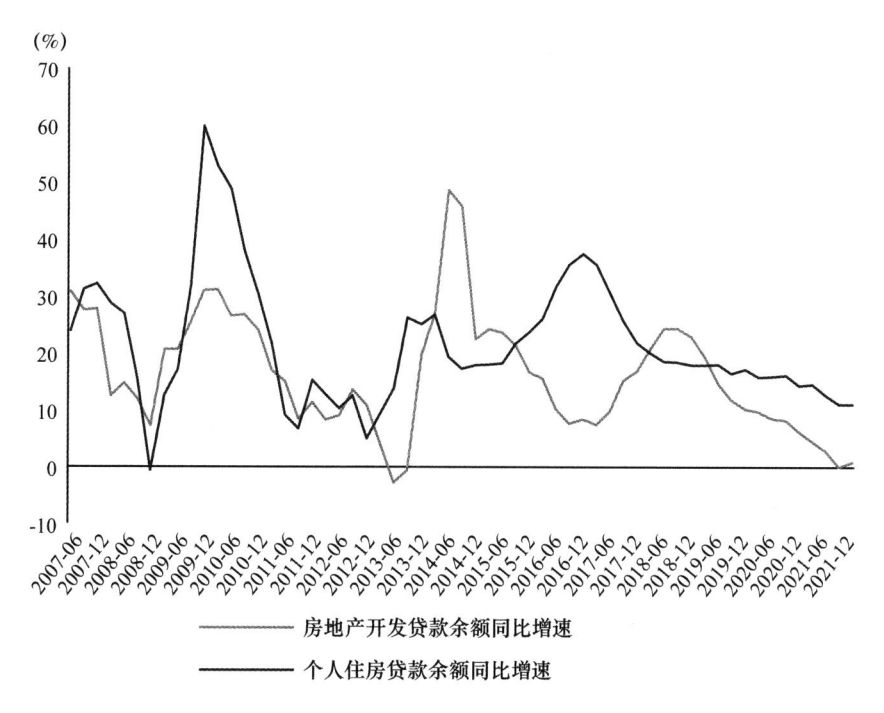

图 2-10 房地产开发贷款余额、个人住房贷款余额同比增速

资料来源：Wind。

人口结构中少子化与老龄化趋势同时制约了住房长期需求，成为影响中国房地产行业增速的长期、决定性因素。

　　房地产行业是国民经济的支柱产业之一，房地产投资能够直接或间接拉动钢铁、能源、建材、家具家电等上下游产业。因此，房地产行业增速放缓，对上游、下游行业需求存在抑制作用。对于地方政府而言，一方面，土地集中出让政策削弱了来自"土地财政"的收入，增加了财政收支平衡的压力。另一方面，控制金融机构的涉房资金投放，重新配置稀缺信贷资源，以资金价格、数量信号作为抓手引导社会资本流向其他生产、制造部门，有助于高科技制造业的长期发展。控制房贷在居民部门的比重，减少长期贷款对当期消费的挤出效应影响，有助于促进居民部门当期消费。

（四）股票市场震荡偏弱、行业分化加剧

以2021年第一个交易日股票指数价格为基期，计算中、美、英、德、法五国股市代表指数增长率（见图2-11）：与2021年初相比，上证综指小幅上涨2.68%，深证成指与年初相比下跌1.17%，美、英、德、法四国股市12月末股指均显著高于基期；其中，法国CAC40指数和美国SP500指数上涨幅度最为明显，分别为30.88%和23.73%。

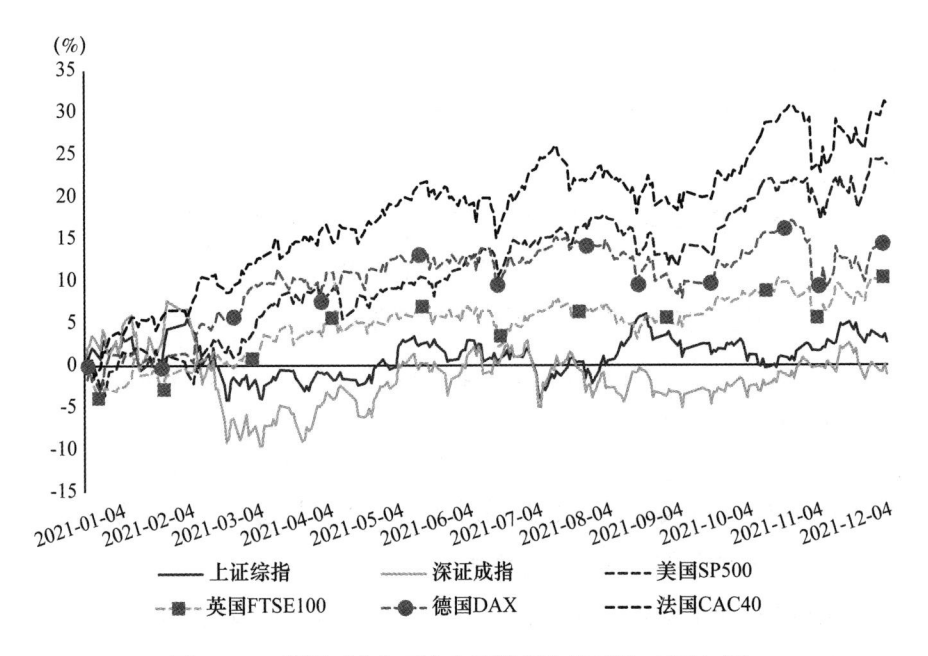

图2-11 沪深两市与西方主要股指走势对比（2021年）

注：各国股票指数选择依次为：上证综指（中国），深证成指（中国），SP500（美国），FTSE100（英国），DAX（德国），CAC40（法国）。

资料来源：Wind；WSJ Market。

分别计算同期五国股指每日增长率变动的标准差，结果如图2-12所示：深证成指波动性最大；A股的波动性显著高于美、英、法市场。综上，2021年A股指数与其他主要发达经济体相比表现出收益率低（股

指增长率小幅下跌）、波动性大（标准差最大）的特点。在美欧主要经济体股市大幅飙升时，A股指数震荡偏弱、围绕年初价格上下波动、波动性较大。与美欧相比，A股走势反映了疫情大背景下，内生不确定性因素与宏观经济供需因素的综合影响。

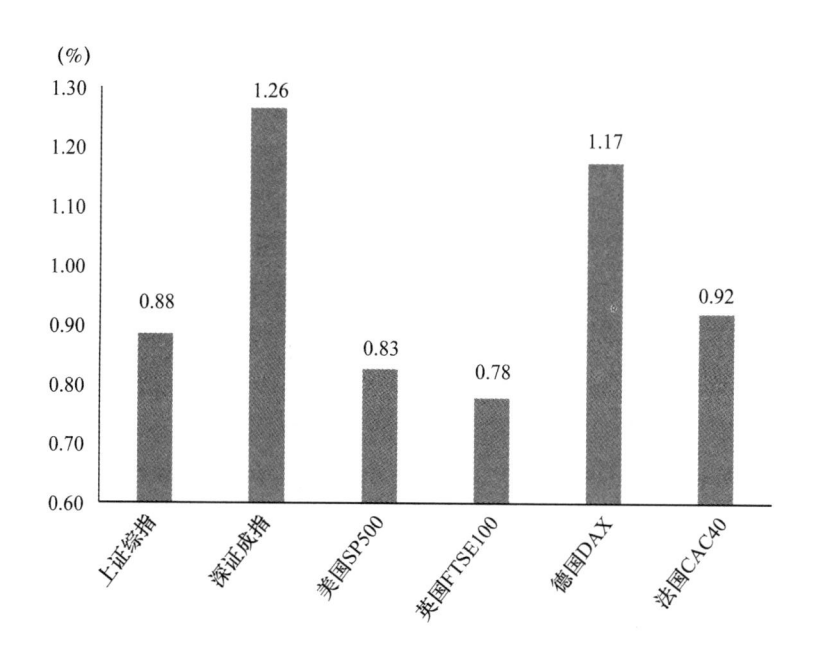

图 2-12　沪深两市与西方主要股指波动性对比（2021年）

资料来源：Wind；WSJ Market。

不确定性冲击造成震荡加剧、行业分化。疫情零星反复和短期政策调整构成影响2021年A股市场主要不确定性因素，造成A股整体走势震荡加剧和行业走势分化。一是疫情零星冲击。2021年，中国处于"外防输入、内防反弹"的疫情防控常态化阶段。虽然整体防控应对得力、效果稳健，但是阶段性零星疫情偶有反复。疫情冲击抑制了短期需求和供给，对部分地区、市场的消费、出行、外出务工产生干扰效果，影响了市场信心，造成了实体经济价格波动和资本市场的指数震荡。二是短期政策调整引致不确定性。地产调控、反垄断政策、教培行业政策调整、能耗双控政策等对部分行业施以直接影响，产生了短期不确定性，造成上游原材料、下游制造业企业、房地产、教育培训、互联网等行业板块走势分化。2021年地产调控趋紧，以"三道红线"、集中供地制度为代表的销售、供地、融资政策边际收紧；房地产行业供地数量、融资金额下降，部分头部房企因前期过度扩张出现违约风险，并对上游原材料、下游家电以及合作金融机构产生连带影响，造成资本市场波动。各地政府执行能耗双控政策的态度趋严，相关企业对政策落地的预期不断提升；叠加"后疫情新常态"下国内对煤炭、钢铁、铝、水泥等原材料需求补偿性扩张与短期供给不足，上游工业品出厂生产成本、出厂价格快速提高，直接增加了中下游企业的成本压力，由于中下游企业调价能力有限，企业短期盈利预期转弱。因此上游行业在2021年前三季度出现上涨行情，中下游能源密集型制造业企业股价不振。三是其他因素。近期量化交易对A股波动性增加也起到推波助澜的作用。量化交易事先确定交易规则，借助自然语言处理技术分析市场大数据信息后对股票价格实时预判，并自动执行交易。量化交易在成熟市场已比较普遍，在A股市场量化交易虽然起步晚但是发展较快。A股市场日均交易总量中量化交易占比仍缺乏权威统计，综合券商研究机构的估计占比在10%—20%之间。由于量化交易的策略相近，因此当市场冲击出现后，不同机构在短期会同时做出买入、卖出交易决定，交易趋同进一步放大了市场冲击的影响，增加了个股波动性。

（五）大宗商品价格飙升

2021年在全球主要经济体异步复苏背景下，国际、国内大宗商品市场中能源和工业品（黑色金属和有色金属）出现大幅上涨行情。以代表性大宗商品1月期货结算价格作为基准绘制价格走势图，2021年内动力煤和天然气最高涨幅分别超过110%和85%，原油价格涨幅接近50%。

国内市场能源、工业品价格与国际市场走势相似：动力煤、硅铁期货价格峰值涨幅达到170%（图2-14），焦煤、铝、螺纹钢等价格也出现不同幅度上涨。与国际市场天然气、铜、铝价格持续保持高位不同，10月中国"稳价保供"措施执行后，国内煤炭价格从高峰进入快速下降通道，并带动其他能源、工业品价格回到或接近第一季度水平。

导致大宗商品价格飙升的主因包括三类：其一，供需因素。新冠肺炎疫情在全球扩散后，中国率先进入"疫后新常态"，逐步恢复对大宗商品的需求；进入2021年，美国、西欧等发达经济体也相继开始复工复产，陆续填回前期断崖式下滑的需求缺口，大宗商品市场中对能源、有色金属的需求量在短时间内快速向疫情前水平收敛。反观大宗商品供给端，一方面，受劳动力不足、地缘政治、极端天气、产业政策等多重负

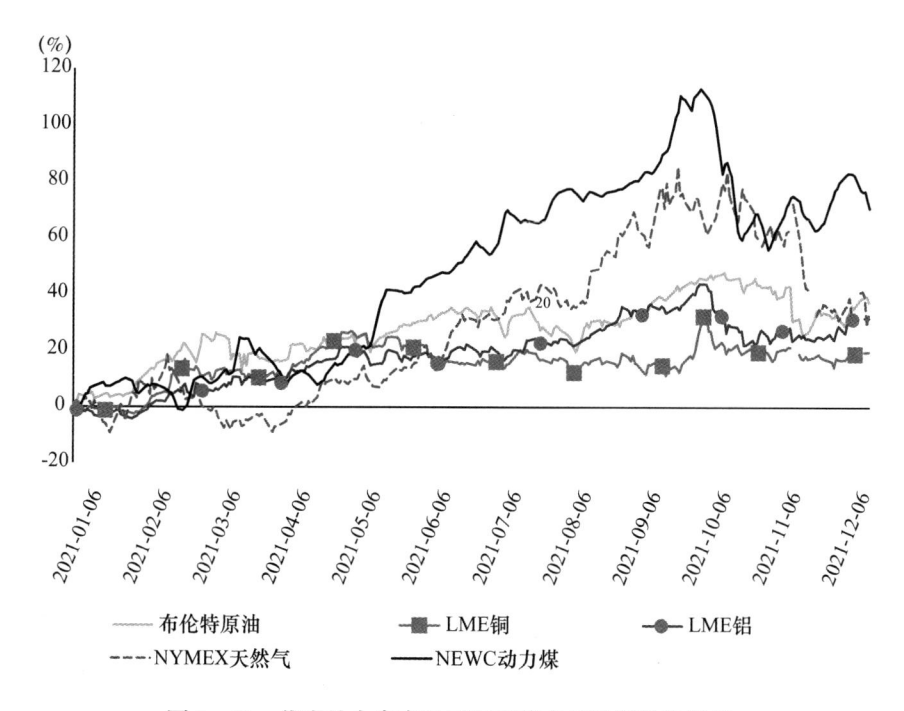

图 2-13 代表性大宗商品国际期货市场结算价格涨幅

注：代表性大宗商品选择依次为：布伦特原油期货结算价（连续）、伦敦商品交易所铜期货结算价、伦敦商品交易所铝期货收盘价、纽约商品交易所天然气期货收盘价和纽卡斯尔动力煤现货价。

资料来源：Wind。

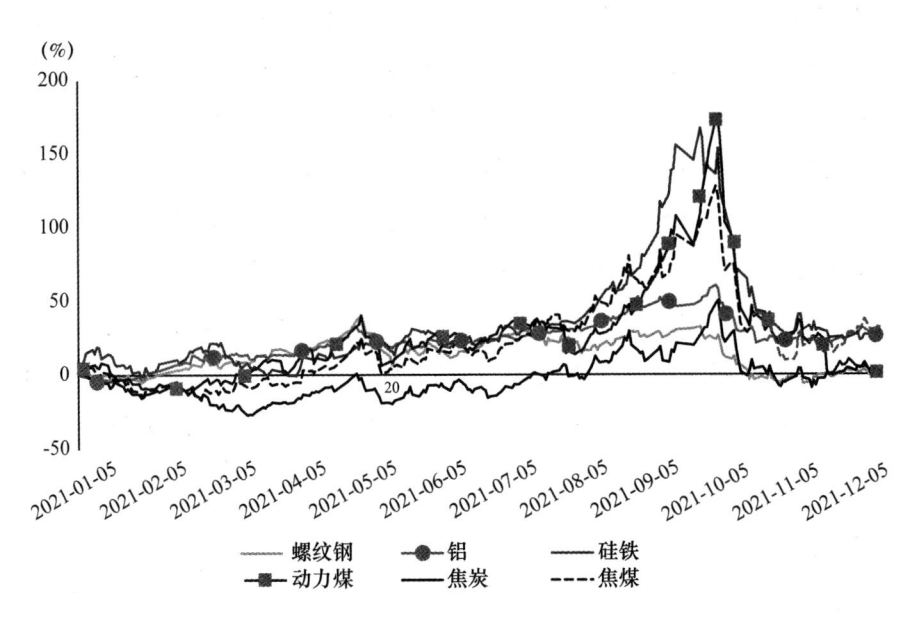

图 2-14 大宗商品国内期货市场结算价格涨幅

注：代表性大宗商品选择依次为：螺纹钢、铝、硅铁、动力煤、焦炭、焦煤。

资料来源：Wind。

面冲击，全球总产能未完全修复；另一方面，航运业亦面临港口阻塞、运费剧增、集装箱短缺、运力不足等短期困难，加剧了大宗商品供给不足。其二，金融因素。主要发达经济体在疫情暴发后主动实施了极为宽松的货币政策：2020 年 3 月以来美联储通过两次大幅降息将政策利率推低至零，并配以总额不设限的资产购买计划。"零利率"叠加量化宽松操作导致通胀预期上升、美元指数走低，以美元计价的大宗商品价格节节攀升。此外，大宗商品具有一定的价值贮藏职能且受到供给端刚性约束，在流动性充裕的市场环境下，国际投资人对能源、贵金属商品的投机进一步推高价格。其三，双碳政策因素。在"碳中和、碳达峰"目标全球普遍实施大背景下，各国开始向新能源、电气化转型，对高能耗、高排放行业的准入门槛和生产要求不断提高。能源、煤炭、工业金属铜、铝等大宗商品面临直接约束（生产配额）和间接约束（碳能耗成本），成本曲线被动推升，并最终反映在大宗商品价格的提高上。综上，需求修复、供应不足和运输瓶颈造成的结构性短缺叠加美元走低、资本投机构成驱动国际大宗商品价格上涨的主要因素。对于中国而言，部分依赖进口的能源、金属商品受输入型价格上涨压力影响明显；依靠国内供给、定价"以为我主"的商品市场受到疫情反复、政策调整和恶性气候冲击，因此国内部分大宗商品在2021年前三季度出现价格快速上涨；10月稳价保供政策执行后，上述市场短期、局部性供给错配已得到纠正。

大宗商品价格飙升，一方面，挤压中下游企业利润，加大财政压力。上游产品价格抬升，中下游企业缺乏溢价能力、短期内无法立即同步提价，无法在产业链条中转移价格成本，中下游企业利润空间缩小、盈利能力减弱，企业间竞争加剧。对于大量消耗能源的公用事业部门、企业而言，能源价格上涨，公用事业成本增加，运营压力向地方财政主体传导，地方财政出现赤字的风险增加。另一方面，国际市场涨价的输入型压力。本轮国际大宗商品价格上涨不仅幅度大，而且驱动因素具有持续性：一是因全球疫情反复导致的劳动力不足、运力瓶颈等限制因素长期存在，在未来一段时间将会持续干扰大宗商品供给端，部分商品供需错配仍会发生；二是在现有能源生产技术约束下，双碳政策的执行将全球高能耗行业的成本曲线维持在高位，并不断向下游行业传导价格压力；三是部分区域的气候异常、地缘政治风险和行政干预等会增加能源、贵金属价格上涨的短期概率。以上因素在全球与国内市场交替出现或产生共振，叠加发达经济体货币政策外溢性影响和国际市场资本投机干扰，增加了国际市场向国内市场输入大宗商品通胀的压力。

（六）财政收支紧平衡加剧与地方财政可持续性堪忧

其一，财政收支紧平衡加剧。一是财政收入增长放缓。2021年全国公共财政收入的两年复合增长率为3.1%，显著高于2020年同期（-3.9%），略低于2019年同期水平（3.8%）。从收入分项上看，各主要税种收入相比2020年疫情期间均由负转正或增速加快；与2019年相比，增值税、消费税收入增速下降，企业所得税、个人所得税收入增速上升，说明2021年国内疫情对实体经济的边际影响有所减弱，宏观经济中第二、第三产业逐步企稳，企业利润和个人收入的部分缺口已被修复，由此经济复苏进程带动税收收入增加。2021年下半年以来，新冠肺炎疫情新型变异毒株在境外蔓延，受疫情波动与外部市场环境恶化双重影响，国内经济增长速度趋缓、稳增长压力不断积累，在税收收入上表现为增速逐渐放缓：2021年第一季度财政收入因2020年的低基期效应，收入增速最快；第二季度后财政收入增速持续走弱，11月开始财政收入同比增速甚至进入负增长区间（见图2-15）。二是财政支出温和提速。2021年全国公共财政支出两年年均复合增长率为1.6%，相比2020年同期下降1.3%；其中10月和11月财政支出明显提速，12月支出增速回到负增长区间；其中11月当月同比增速从2.9%回升到8.5%，两年平均复合增速从10.7%提高到12.1%，是2021年初至今增速最高的一个月（见图2-16）。

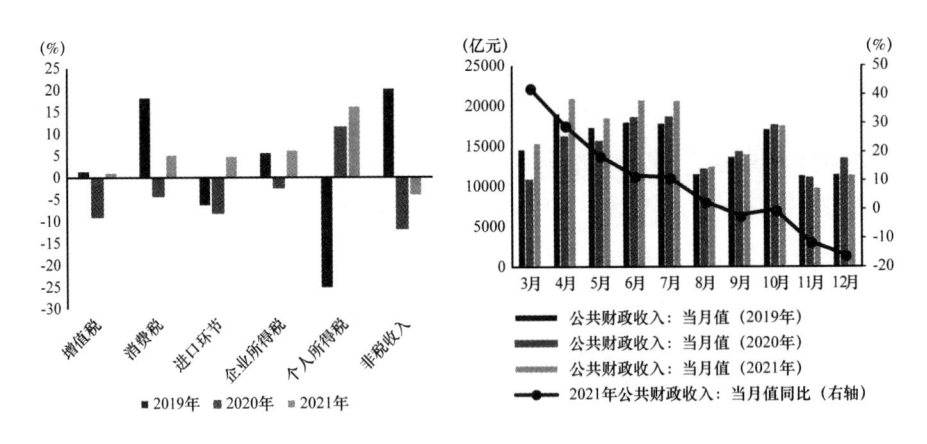

图2-15　2019—2021年公共财政收入

注：左图为累计同比；右图为当月值和当月同比。

资料来源：Wind。

收入增长放缓与支出温和提速叠加，增加了各级政府的财政收支压

图 2-16　2019—2021 年公共财政支出

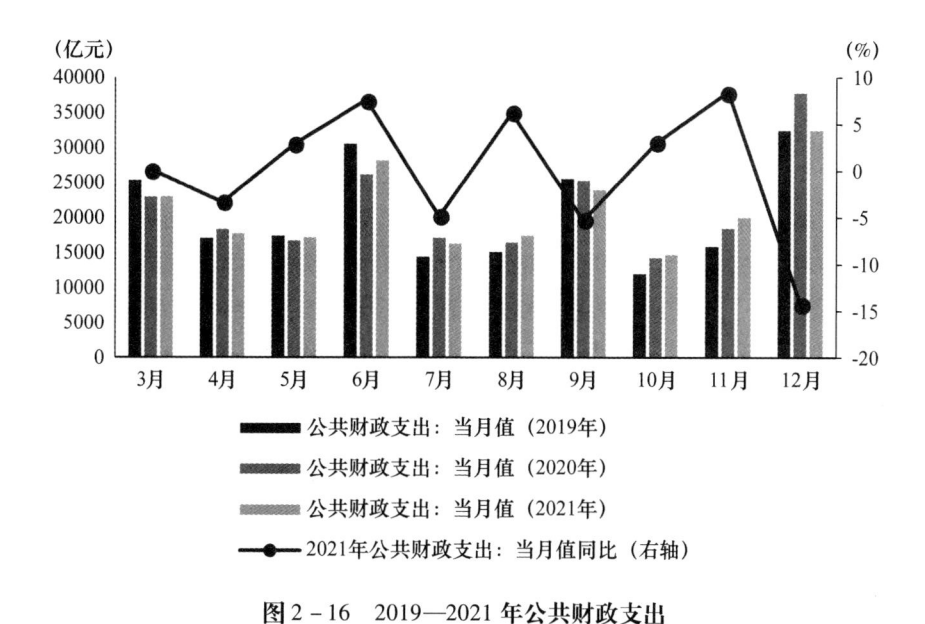

资料来源：Wind。

力，挤压了政策腾挪的操作空间。在未来一段时间内，影响宏观经济发展的疫情冲击、外部环境冲击等负面因素仍可能出现，为稳增长目标托底的财政支出扩张亦需要继续保持，因此财政收支紧平衡的状况可能进一步加剧。

其二，地方财政可持续性堪忧。地方财政不平衡问题既存在历史和制度原因，也受到经济发展水平、经济周期、疫情冲击等外因影响。一方面表现为中央、地方财政收支不平衡，另一方面表现为地方政府财政负担在不同区域的非均匀分布。一是中央、地方财政收支不平衡问题。新冠肺炎疫情发生后，地方政府本级财政收入有所减少、抗疫相关事权大大增加，导致地方各级政府财政压力骤增、债务余额和政府部门杠杆率快速上升。如图 2-17 所示，地方政府债务余额逐年增加，其中 2021 年、2020 年末地方政府债务余额与上年同期相比增长显著，分别达到 18.7% 和 20.4%；地方政府杠杆率与中央政府杠杆率缺口也由 2019 年底的4.7%上升到2021年的6.4%，呈放大趋势。

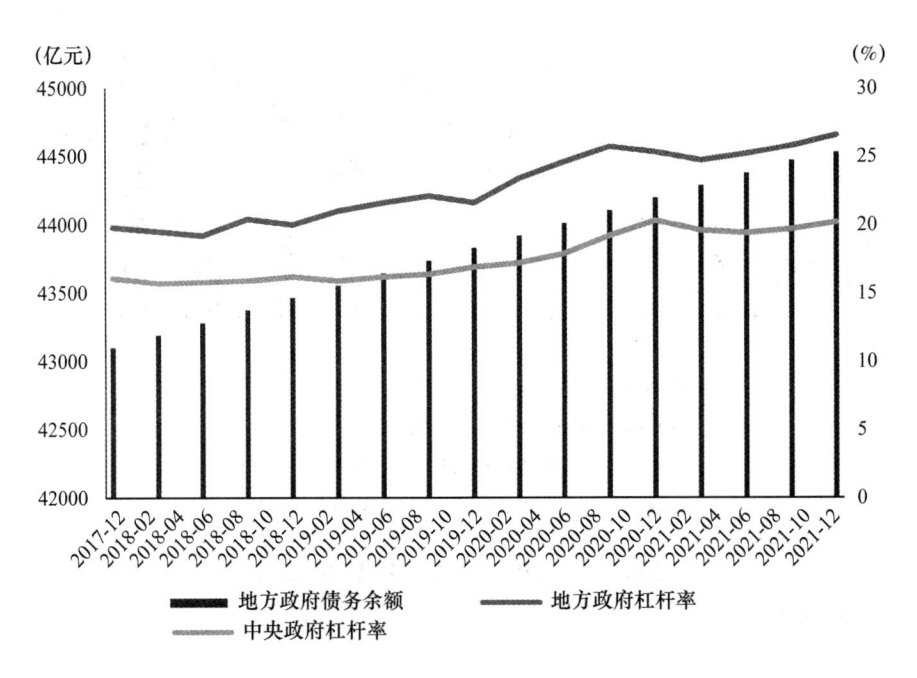

图2-17 地方政府债务余额及政府杠杆率

资料来源：Wind、国家金融与发展实验室。

二是地方财政负担区域分布不均匀。以财政赤字/GDP作为各地政府债务负担衡量标尺，政府债务负担差异较大，整体分布呈现出西北部地区重、东南沿海地区轻的特点：经济发达的中东部地区财政自给能力强、对上级财政转移支付依赖程度低，经济欠发达的西北部地区财政自给能力差，经济建设需求与本级财政实力难以匹配。如图2-18所示，截至2021年末，西藏、青海、甘肃、黑龙江等地财政赤字占GDP的比重超过10%；同期上海、北京、福建、浙江、江苏等地财政赤字占GDP的比重最低。区域经济发展速度和政府债务负担轻重直接影响地方政府的融资成本，债务负担较重的东北地区、西南地区，城投债信用利差普遍在300BP以上，部分地区甚至达到500BP，经济欠发达地区的债务偿还压

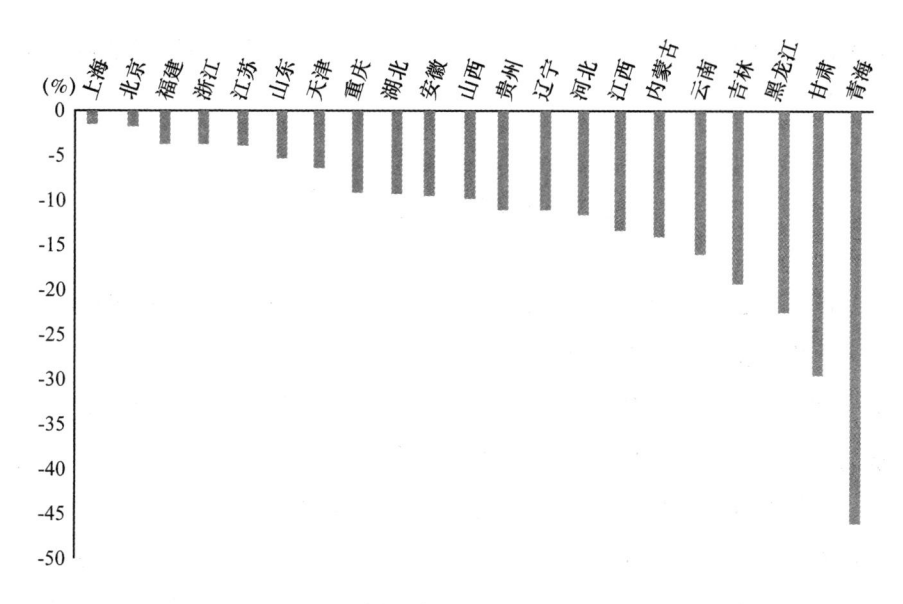

图 2-18　2021 年第四季度各省、自治区、直辖市财政赤字/GDP

注：部分省份的公开数据中缺少财政收入、财政支出、GDP 中一项或多项，故未列入统计。

资料来源：Wind。

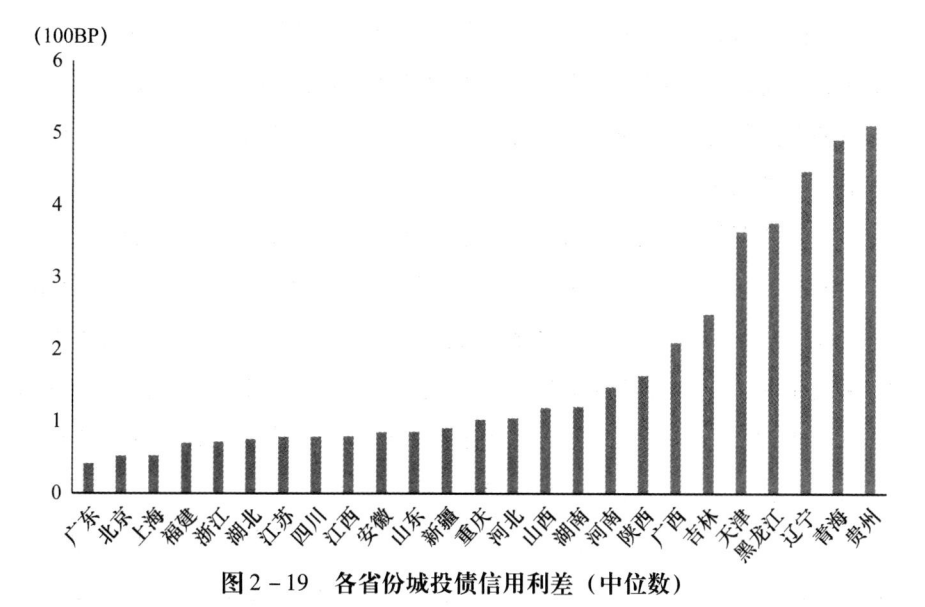

图 2-19　各省份城投债信用利差（中位数）

资料来源：Wind。

力本已非常突出，债务融资成本的上升进一步加剧了这些地区的政府债务可持续性问题。

三　展望与政策建议

进入2022年，国内金融体系可能面临的风险主要体现在两个方面，一是国内经济增长失速的风险；二是美联储加息引致的全球金融市场动荡。其一，受疫情反复、房地产需求快速下降和出口增长不可持续等因素的影响，国内经济的下行压力将持续存在。问题在于，经济平稳运行是金融体系保持稳定、健康发展的根基；经济增长失速会为整个金融体系带来诸多挑战：一是将被动推高国内各部门的宏观杠杆率；二是财政收入下降将加剧地方政府的债务风险；三是将对银行业（特别是中小银行业）的资产质量、盈利能力、流动性等方面造成多维度冲击；四是从企业基本面的角度对以股市为代表的权益性市场造成冲击；五是从宏观基本面的角度对人民币汇率带来下行压力，以及资本外流的压力等。其二，美国通胀持续走高将加速美联储货币政策正常化的进程，Taper启动在即和加息预期提前或引发全球金融市场剧烈震荡；美国触发并上调政府债务上限将导致市场避险情绪升温，资产价格波动加剧，从而对中国金融市场造成冲击。

在上述背景下，国内的宏观经济政策应着力于以下三个方面。

第一，在短期稳增长和可持续增长双重目标下，加强跨周期调节。一方面，2021年下半年以来的国内经济下行压力陡增，适度加大短期的需求端刺激，稳住经济的周期性下行是题中应有之义。短期稳增长的着力点在于加大基建投资，稳定房地产投资和促进国内消费回升。货币政策的重心在于降低实体的融资成本，满足房地产市场各方主体的合理融资需求；财政政策的重心是结构性减税，需要对财政支出结构进行合理调整，确保减税的直达性和可持续性。对于货币政策而言，人民银行已经在2021年12月以来相继降准、降息，旨在通过总量适度宽松的货币政策，拉动经济增长。主要原因在于：一是在整体消费需求偏弱的背景下，核心CPI已显疲态，此外随着PPI高点已过，掣肘总量宽松的通胀问题已经减弱；二是中国在疫情期间的工业生产和金融市场表现出了很好的稳定性，贸易顺差和国际资本流入相对稳定；因此即便在美元指数短期走强的背景下，人民币汇率仍然维持强势，这为中国推行"以我为主"的总量宽松政策提供了较好的客观条件。另一方面跨越周期性因素，突破基于房地产投资和低附加值产品出口的经济增长模式：一是基于共同富裕实现国内消费提升，从而强化国内大循环之基础。二是基于清洁能源及相关产业链建设实现能源自给和出口，同时实现"双碳"目标。三是基于数字技术助推产业升级，同时借助大数据这一新型生产要素推升经济的潜在增长率。在当下，新基建和以"补短板"为主要特征的传统基建，是连接短期稳增长和中长期可持续增长的重要桥梁，是跨周期调节的重要着力点。

第二，依托结构性政策实现稳增长。在美国加息预期提前叠加中国经济下行压力加大的时期，以"定向宽松"为主要特征的结构性货币政策，可以在保持货币政策总体相对稳健的基础上，加大对特定经济领域的支持和刺激力度，最终实现稳增长的目标。即，以适度的货币增长支持经济高质量发展。具体而言，一是定向支持引领中国经济新增长动能的相关行业，如中高端制造业、新型基建、清洁能源系统的相关基建等。二是根据疫情进展和经济下行压力的程度，对中小微企业落实好两项直达实体经济货币政策工具的延期工作。三是加强对信贷增长缓慢地区的信贷支持力度，促进区域的协调发展。四是在PPI、CPI剪刀差持续挤压下游企业利润，上、下游利润增速出现明显分化的背景下，定向支持下游相关企业也应纳入结构性货币政策的考量范畴。此外，除了定向支持，结构性货币政策也会根据经济发展的需要和风险特征，对部分行业或一些扭曲的经济形态采取以"定向紧缩"或"宏观审慎"政策为主要特征的限制性措施，如高耗能高排放行业、教育培训资本化现象等。

第三，抓住重点风险环节，精准防控外部风险冲击。一是完善系统性金融风险防范化解的机制建设，建立健全系统性金融风险监测和预警机制，对外重点加强对以美元为代表的主要发达经济体政策的外溢性、短期资本流动性、资产估值重构、汇率大幅波动等环节监测、防范和处置。二是对内强化汇率、房地产、股票、债券等主要资产市场的风险跟踪，分类实施，精准防控，有效降低各类市场由于受到外部冲击引发的跨市场风险传染。三是加强资本流动管理，一方面密切监测短期资本流动，加强中国进出口贸易中经常项目交易的真实性审验；另一方面将临时性资本管制作为最后一道防线，即在非常时期，出台临时性资本项目管制，防止短期资本大进大出，有效隔离外部风险对国内金融市场的冲击，重点防控内外因素共振引发的系统性风险。

2021年全球金融市场风险分析[*]

2021年，全球经济在疫情阴霾的笼罩之中艰难复苏，金融市场虽有波澜，但总体仍算平稳。通胀成为贯穿全年最大的主题，即使到年末，通胀还是一个决定2022年货币政策走向的重要因素。年内再次面临美国债务上限的困境，虽然市场并不担心美债的违约问题，但巨量的债务积累，已经开始渐渐地侵蚀美元体系的稳定。数字资产开始成为全球金融市场不可忽视的组成部分，加密资产、稳定币和央行数字货币的发展对于金融体系的影响将在未来逐渐体现出来。

一 2021年全球金融市场运行中的风险表现

（一）全球经济复苏不同步、不均衡、不稳固带来的结构性风险

疫情相对稳定之后，全球经济复苏呈现不同步、不均衡、不稳固特征。在通胀高企的背景下，发达经济体政策宽松力度不减，国债利率整体延续低位反弹的态势。但受疫情反复影响，利率也一度出现回调，总体来看，近一年以来，主要发达经济体国债收益率曲线走势大致经历熊陡—牛平—熊陡三个阶段。其中，由于复苏节奏和力度不同，美国国债

---

[*] 执笔人：胡志浩，中国社会科学院金融研究所研究员、国家金融与发展实验室副主任；李晓花，国家金融与发展实验室研究员；叶骋，国家金融与发展实验室研究员；李重阳，国家金融与发展实验室研究员。

利率反弹和波动最大，欧元区次之，日本最小（见图3-1）；新兴经济体经济复苏相对滞后，在高通胀和货币贬值压力下，部分国家采用加息政策，国债收益率曲线呈现熊平态势；中国率先控制疫情，经济逐渐回归新常态，但在增速面临下行压力、适度降准的背景下，国债收益率曲线整体呈现牛平态势（见图3-2）。

全球经济复苏不同步、不均衡、不稳固。首先，中国由2020年第二季度开始，率先实现经济复苏，呈现生产强于消费、外需强于内需、PPI和CPI缺口扩大等不均衡复苏态势；其次，发达经济体紧随其后，美国

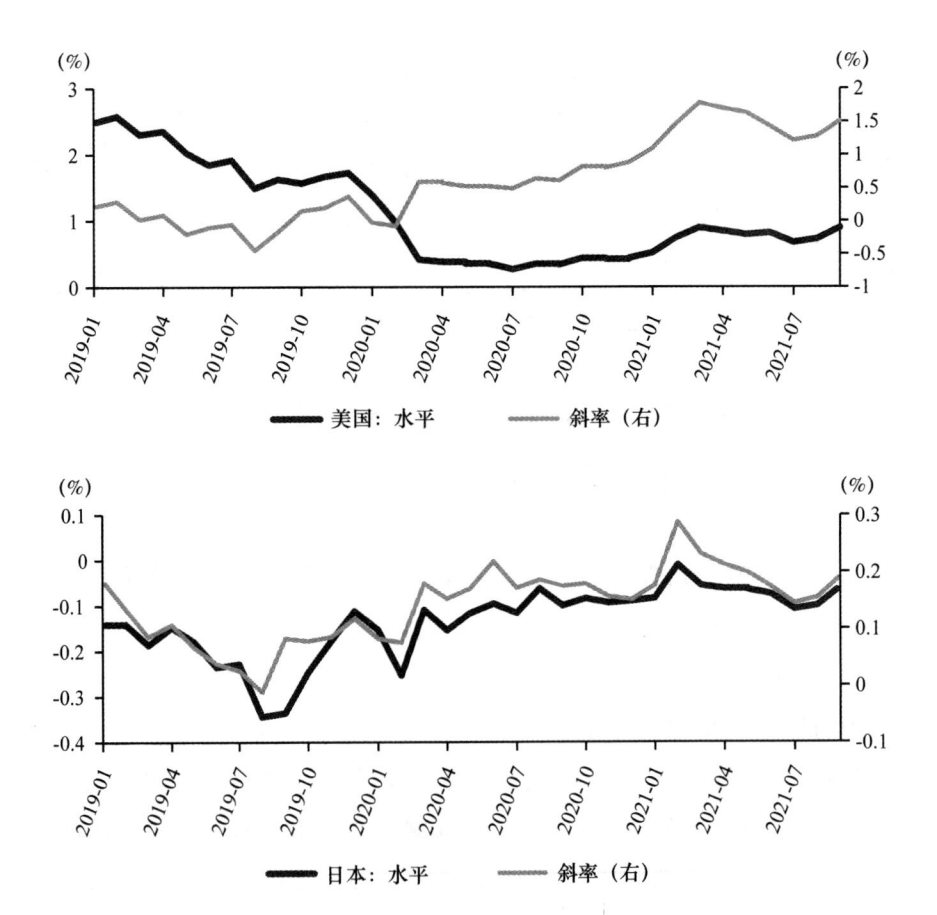

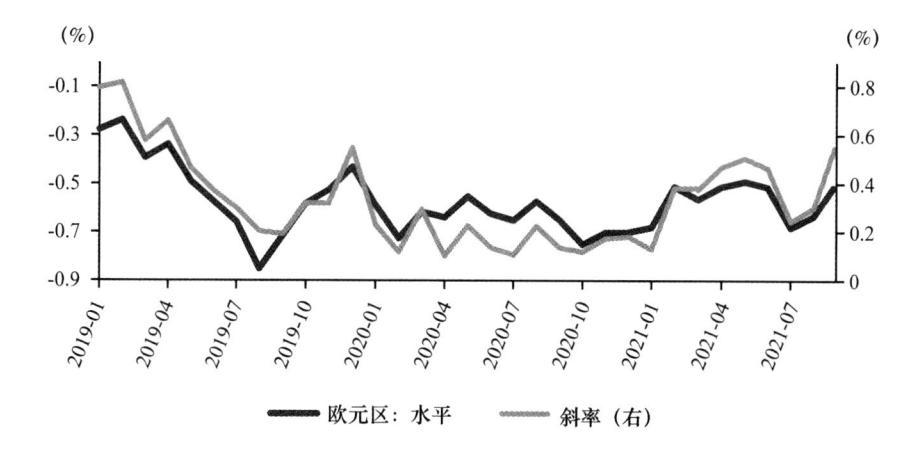

图 3-1　主要发达经济体国债收益率

资料来源：Wind、国家金融与发展实验室。

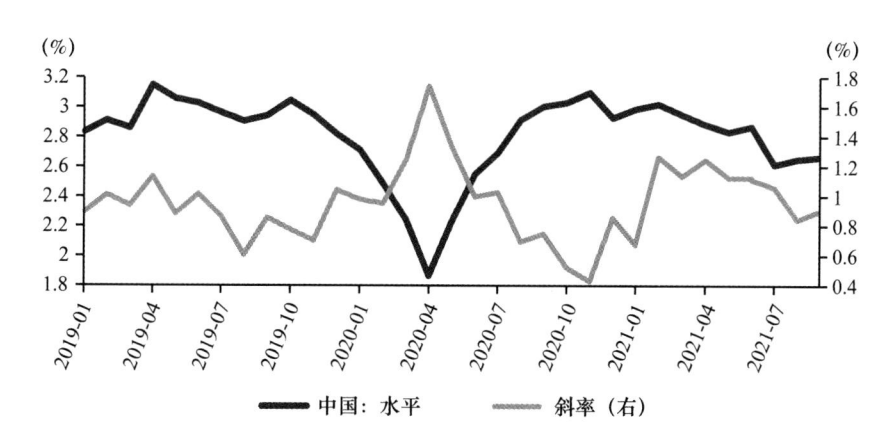

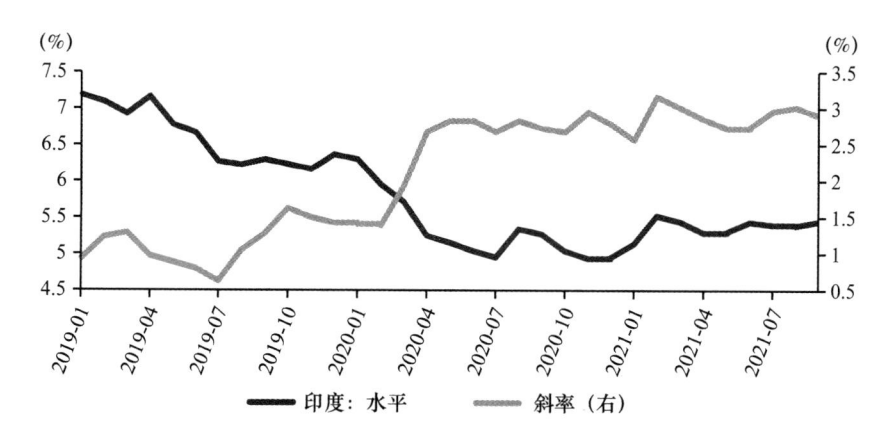

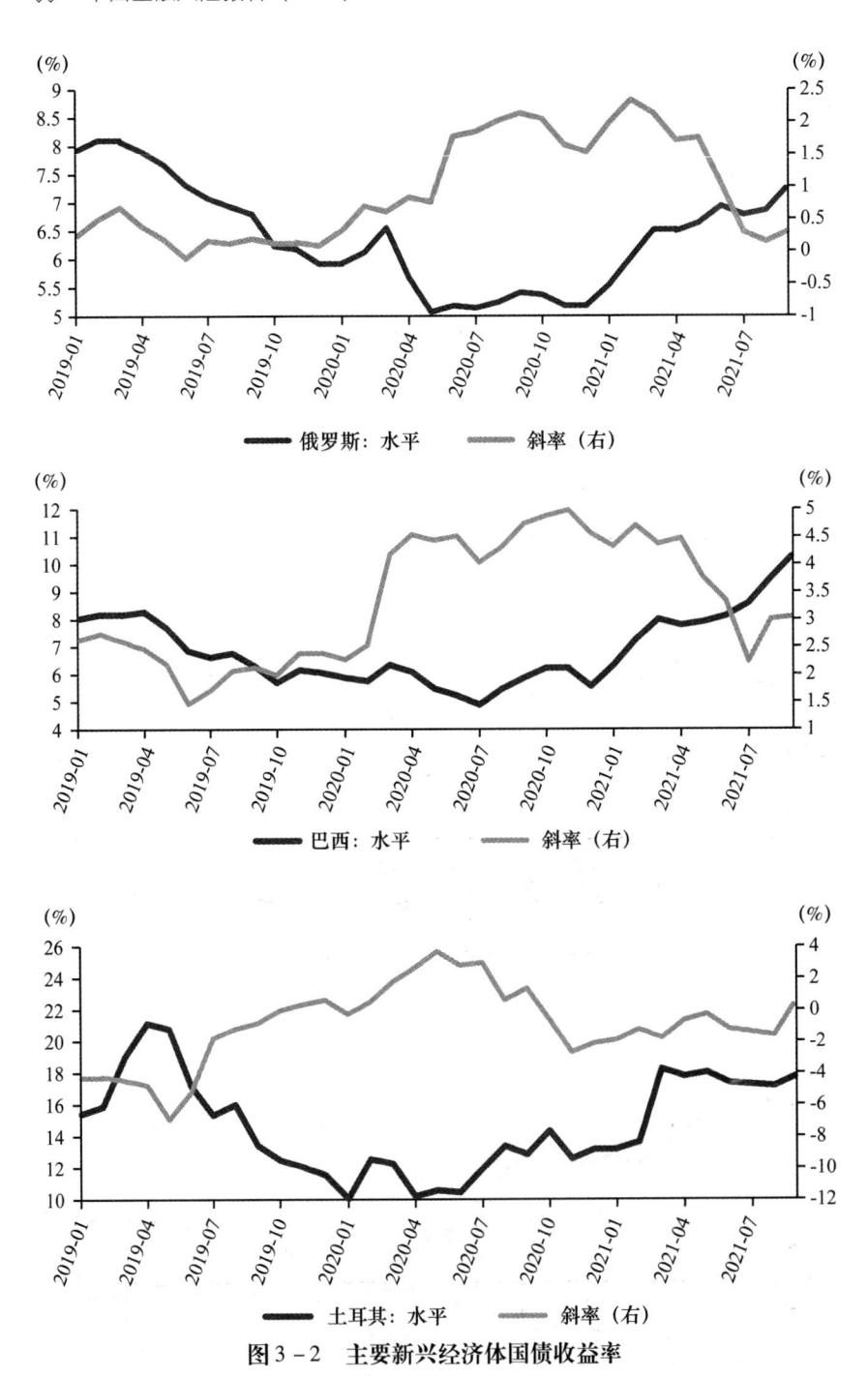

图3-2 主要新兴经济体国债收益率

资料来源：Wind、国家金融与发展实验室。

由2020年第三季度开始复苏，日欧大致由2020年第四季度开启复苏，且美国复苏明显强于日欧，呈现制造业强于服务业、物价回升和就业疲软等不均衡复苏态势；最后，新兴经济体复苏相对滞后。同时，由于疫情反复，全球经济复苏进程依旧曲折。

具体来看，中国经济运行逐渐回归新常态，在新旧动能转换、结构调整的背景下，经济下行压力逐渐凸显。2021年3月之前，中国经济持续复苏，各项经济数据表现抢眼，尤其是外贸数据远超预期，只是2020年10月末信用债违约潮的短暂冲击，有过一段短暂的国债利率回调；2021年3月之后，在防范地产泡沫和政府债务风险背景下，地产和基建投资放缓，同时，碳中和政策对工业生产造成压力，经济反弹斜率有所弱化。制造业和非制造业PMI、社会消费品零售总额、固定投资额、社会融资规模和M2增速，均有不同程度回调。尤其是进入2021年下半年，经济下行压力凸显，第三季度GDP同比增速跌破5%，降至4.9%，为了对冲经济下行和发达经济体货币政策调整，7月初，央行超预期降准0.5个百分点，导致国债利率持续下行。国际上，由于美国复苏强于日欧，美国国债利率反弹和波动程度也大于日欧。2021年第一季度之前，美国经济持续复苏，就业、通胀、PMI等持续回暖且好于预期，美国国债利率保持上行；在经历2021年第一季度经济强劲复苏后，美国经济逐渐呈现"类滞胀"特征，就业市场劳动力短缺日益严重，美国国债利率有所回调，但在高通胀和货币政策转向预期的影响下，美国国债利率又重回上行态势。

受疫情影响，土耳其央行2020年连续降息以支持经济，下半年该国经济活动快速反弹。土耳其统计局公布的数据显示，2020年国内生产总值较2019年增长了1.8%，这使得土耳其成为除中国以外二十国集团（G20）中唯一一个2020年实现正增长的成员国。不过经济过热风险开始抬头，加剧了通胀压力，最新公布的数据显示，2月土耳其通胀率已经超过15%，是央行目标的3倍。自2020年11月阿格巴尔上任以来，土耳其央行通过多轮加息以控制物价快速上升，基准利率已经从

10.25%上调至19%。在经历2020年以来四次加息后，由于总统埃尔多安对加息持强烈反对态度，土耳其先后罢免三任央行行长、两名央行副行长和一名货币政策委员会成员，最终促成2021年9月和10月的再次连续降息。在此期间，土耳其国债利率保持高位震荡。同样地，受通胀影响，巴西央行2021年已经六次加息，累计加息幅度达575个基点，达到了7.75%。除去土耳其与巴西这些加息较为猛烈的国家，甚至连韩国、新西兰、澳大利亚等发达国家都开始小幅度加息或者开始释放加息信号。

美国通胀持续超预期，通胀成为市场关注的焦点。近一年来，通胀成为全球性问题，各国通胀率普遍由去年的相对低点迅速拉升。以美国为例，CPI增速由2020年5月的0.1%，持续飙升至2021年10月的6.20%，创次贷危机以来的最高值，9月PCE和PPI增速则创下数据编制以来的最高纪录。尽管美国通胀持续走高，但是美联储主席鲍威尔一再表示美国通胀是"暂时的"，2022年通胀水平会回到2%的目标水平上。但在通胀连续超预期的情况下，市场和美联储内部对此存在分歧。从分项看，交通运输、汽车、住宅、能源价格的攀升显著带动了美国的通胀。美国通胀持续超预期，主要有以下几个方面原因：一是基数效应，2020年4—6月是美国通胀低点，之后有所回升但仍处于低位。目前基数效应正在减弱，但预计仍将持续至2021年底。二是疫情和结构性失衡导致供给瓶颈以及经济回暖形成的需求抬升共振，是本轮通胀的根本原因，其中供给因素是更为主要的原因。例如汽车芯片供给不足导致汽车和二手车价格的上涨，大宗商品供需缺口导致上游原材料价格飙升。三是美国财政刺激政策对需求的拉动，显著推高了通胀。四是美国就业市场复苏受阻，工资增长较快也助推了通胀升高。短期来看，上述因素的影响难以消除，美国高通胀或将持续较长时间，预计这一趋势将持续到2022年上半年。

美国劳动力供给紧俏，结构性矛盾突出。近一年来，美国失业率不断改善，由2020年10月的6.90%降至2021年10月的4.60%，逐渐向疫情前的3.5%靠拢。但劳动力参与率基本维持在61.7%以下，与疫情前的63.3%有较大差距，且没有任何改善的迹象，美国10月就业市场相较疫情之前少420万个就业岗位（见图3-3）。与此同时，美国职位空缺数不断创新高，自2021年6月以来，维持在超过1000万个的历史高位。美国就业市场劳动力供给紧俏，主要有以下原因：一是疫情仍然是制约就业参与率复苏的一个关键因素。每次美国疫情的反弹，直接导致新增非农数据显著下降。根据穆迪的分析，6月中旬至9月中旬期间，因感染新冠病毒或照顾感染病毒的病人而无法参加工作的人数增加了250万人。二是额外的失业救济补助，降低了低收入群体就业意愿。疫情期间，美国在正常失业救济金的基础上，为失业工人提供每周高达600美元的额外补贴。虽然额外补贴在9月初已到期，但是低收入群体可能要求更高的工资。辞职群体也主要集中在了那些相对低端的食品服务、住宿和零售业等行业。三是家庭财富的激增。在疫情暴发的一年多时间里，强劲的股市和创纪录的房价涨幅推高了家庭财富，使得受益人群有底气退出劳动力市场。四是疫情导致的边境封锁也减少了移民劳动力的进入，并且，疫情使得就业市场存在的结构性问题更加突出，女性和有色人种就业修复远不及男性和白人群体。为更充分反映劳动力市场差异，美联储主席鲍威尔表示，当评估美国是否实现了最大就业水平时，美联储会着眼于一系列广泛的指标。根据历次议息会议表述，美联储关注包括失业率、劳动力参与率、新增非农就业、当周初次申请失业金人数、职位空缺数、雇佣数以及薪酬水平七大指标。为应对劳动力短缺，企业不得不通过提高工资、调整商业模式乃至投资自动化来适应此现象。未来，美国劳动力短缺或将成为新常态，但随着疫情缓和，美国劳动力供需失衡的情况或将有边际改善。

中国CPI"滞"，PPI"胀"，PPI与CPI剪刀差持续扩大。由于大宗商品价格强劲反弹，PPI增速由2020年的一度负值迅速飙升至次贷危机以来的最高水平，10月达到13.50%，与此同时，CPI增速则基本在1%之内波动，在2021年第一季度甚至处于负区间，CPI和PPI剪刀差持续

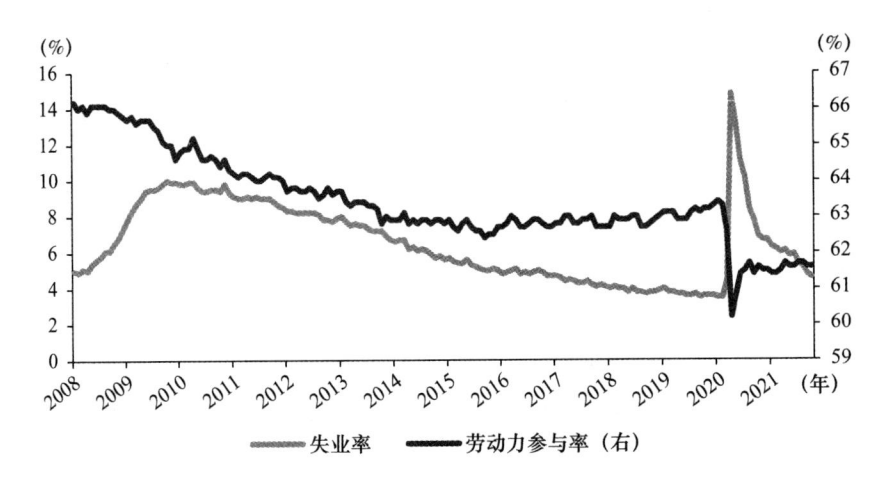

图 3-3 美国失业率和劳动力参与率

资料来源：Wind。

扩大（见图 3-4）。形成这一局面有如下一些原因：第一，全球经济复苏刺激大宗商品需求迅速回升，但大宗商品主要供给国由于疫情原因生产恢复滞后，存在供需缺口；第二，全球能源结构处于转型期，但可再生能源难以满足增长需求，能源价格持续上涨；第三，能耗双控之下，

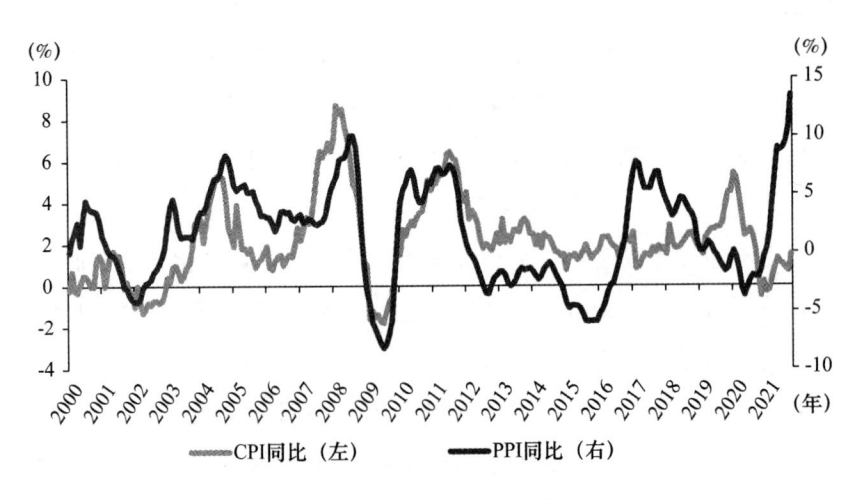

图 3-4 中国 CPI 和 PPI 增速

资料来源：Wind。

黑色、化工、建材等高耗能领域生产受限，工业品仍处于供需紧平衡，PPI 持续上涨高于预期。同时，受消费需求不足和猪肉价格拖累，CPI 持续疲软，低于预期，PPI 与 CPI 剪刀差持续扩大，创 1996 年以来新高。随着寒冬降至叠加库存低位，能源价格上涨动力较强。但预计在国家保价稳供政策的影响下，PPI 可能会维持在相对高位，同时在 PPI 向 CPI 传导效应下，CPI 或将温和回升。

（二）美联储新政策框架中的内在矛盾

1. 近期美债收益率走平反映出政策紧缩预期升温

市场惯例一般将十年期美国国债的收益率视作美债收益率水平的代表值，将十年期与两年期国债的差视为收益率曲线的斜率。虽然一年期以内的国债是美元流动性市场的核心载体，但我们基于以下两点原因，选择两年期国债作为短期收益率水平的代表：一是当前美元资金市场的参与者平均负债期限大约在 7—14 天，而资产久期大约为两年期，从而使得两年期资金价格与短期收益率有着极其紧密的联系；二是近来流动性市场并没有出现特殊的影响因素，一年期以内的收益率变化因素基本上与两年期国债收益率变化因素趋同。

2021 年以来，美债收益率曲线出现两次波折，但总体呈现"熊陡"态势。1 月初至 3 月初，由于通胀预期的快速升温，收益率水平（十年期国债收益率）从 0.93% 迅速上升到 1.74%。随着美联储多次表态认定通胀为短期扰动，收益率水平迅速回落到 8 月初的 1.17%，但随着就业形势的好转与通胀压力的持续存在，美债收益率水平再次回升到 10 月 25 日的 1.61%。而这期间，短端收益率水平变动幅度较小，收益率曲线的斜率更多地取决于长端收益率的变化。

10 月 25 日鲍威尔的讲话令市场再次加大了对通胀的担忧，美债收益率曲线的形态迅速发生变化。两年期国债收益率由 25 日的 0.448% 迅速上升到 29 日的 0.501%，为年内最大日均涨幅，而同期长端收益率水平却由1.61%下降至1.56%。为什么同样是通胀预期的出现,早前的收益率曲线变动为斜率变陡,而本次却是变得更为扁平呢?其关键因素在于市场对货币政策调整的预期发生了重大变化。

2021年第一季度通胀预期升温时,美国就业市场还远未恢复,市场认定短期内即使面临通胀压力,美联储也不可能对短端的政策利率做出调整,因此通胀预期只能抬升未来的利率水平,进而使得长端利率快速上升,收益率曲线迅速变陡。第三季度通胀预期再次升温时,美国的就业市场已经出现明显的恢复,但美联储仍然表示考虑加息的紧缩政策仍为时尚早,并再次表达了通胀仅为短期现象的观点,这就使得收益率曲线呈现了与第一季度相同的趋势。但10月25日鲍威尔的表态却加深了市场对于供给恢复的担忧,对于通胀能否在明年初如期回落,市场产生了较大分歧,加之美联储已明确表达了购债缩减(Taper)的计划,市场认为美联储提升政策利率的概率和紧迫性将进一步加大;与此同时,紧缩政策或将引发衰退的担忧也在长端收益率的定价上得以体现,这最终形成了近期美债收益率短端提升、长端下降,收益率曲线趋于扁平的态势。

2. 加息预期折射出美联储新框架中的内在矛盾

疫情以后,美联储的政策框架出现了明显的转变,其中最值得关注的就是对于通胀目标的调整。通胀目标已由原来的单一水平转变为平均通胀——在一定时期内将平均通胀率维持在2%附近。目前,对于这一框架并没有特别清晰的定义和说明,但近期的实践表明,该新框架具有如下几个特征:(1)货币政策并不会对通胀水平在某一时点触及2%而采取行动;(2)即使通胀率在一段时期内已超过2%,美联储仍然需要观察过去造成长期低通胀的因素在未来是否还将持续起作用;(3)当货币政策正常化的条件满足后,货币政策可以在一段时间内适当保持宽松,宽松货币政策的收尾阶段将逐步向正常或者紧缩政策靠拢;(4)宽松货币政策的收尾阶段,长期通胀目标制将使政策的调整具有较强的动态特征;

（5）2%的长期通胀目标只代表事前的期望，而并非最终的承诺。

可见，美联储的新政策框架具有不对称性。因为，货币政策的目标是使通胀率长期保持在2%的水平，尤其是将对于长期通胀的预期维持在2%左右。当短期通胀水平超过2%时，只要未来长期通胀预期能稳定在2%以内，美联储就会等待现实中通胀水平的回归。美联储的官员近期表示，在其他条件相同的情况下，如果加息条件已显现，加息预期也逐渐形成，但只要此时美联储通胀预期指数（CIE）低于该指数在上一轮降息前的水平，那么货币政策正常化或紧缩的速度都将会明显放缓。

该货币政策新框架给予了美联储更加灵活的操作空间，但这一框架所隐藏的风险也值得警惕。新政策框架的转变是基于美联储对长期环境的如下推演：自然利率仍然会长期处于低位，就业市场的繁荣具有可持续性，且劳动力市场的弹性依然较高，扁平的菲利普斯曲线使得就业繁荣并不会带来通胀的失控。这其中最大的隐患，就是对于总供给瓶颈的忽视。虽然更扁平的菲利普斯曲线使得短期的总供给曲线也趋于平坦，但面临供给瓶颈时，总供给曲线会向上平移形成供给收缩，从而造成短期内通胀大幅超调。如果这种供给瓶颈只是短期冲击，供给恢复后，总供给曲线向下移动回复到正常水平，通胀压力将得到缓解，这也正是当前美联储所预想的结果。但如果总供给压力迟迟未能缓解，而此时就业仍无法回复到正常水平，尽管美联储知道针对总需求的货币政策对于总供给的影响有限，出于维护物价稳定的声誉要求，美联储将被迫在抑制通胀与维持就业之间进行艰难抉择。

另外，危机之后的恢复表明，货币政策对于经济复苏的拉动作用十分有限，财政政策的支出刺激反而更为有效，并且在财政政策实施过程中，货币政策往往必须进行被动的配合，这必然会使得货币政策的主动性受到影响。尽管之前的美国就业率数据反映出劳动力市场出现快速恢复，但9月和10月的非农就业数据严重低于预期又再次加大了市场对就业恢复不确定性的担忧，倘若明年初通胀形势未能出现扭转，美联储货币政策新框架中的风险势必暴露无遗。

（三）美国债务上限引发的风险

1. 美国债务上限的艰难化解

债务上限重启，引发两党激烈交锋，美国政府面临违约风险。债务上限是美国国会为联邦政府设定的为履行已产生的支付义务而举债的最高额度，触及这条"红线"，意味着美国财政部借款授权用尽。2021年8月1日，美国债务上限在暂停两年后重启，8月2日，美国财政部启动了"应急现金保护措施"。当时美国国债余额约28.4万亿美元，债务上限重启意味着在再次上调或暂停债务上限之前，美国不能继续增加国债余额。如果国会两党在债务上限问题上持续博弈，在美国政府财政存款和借债空间耗尽之际，美国政府面临再次关门或违约的风险。

一旦触及债务上限，短期可以采用非常规措施和动用财政部在美联储现金账户（TGA）余额等临时举措来过渡，但真正解决仍然需要提高或暂停债务上限。其中，非常规措施包括停止对联邦雇员退休金的滚动投资、停止对外汇稳定基金的滚动投资、停止对公务员及邮政基金的新增投资等。而要真正解决债务上限问题有两种途径：一是按照惯例，通过常规立法程序提高债务上限或暂停其生效。一般来讲，美国大多数法案在两院投票中是按"简单多数"的原则来通过。但由于美国参议院对讨论议题没有时间限制，因此少数党议员可以通过发表冗长辩论来阻止提名或者议案通过。为了防止因冗长辩论而使得议题陷入停滞状态，参议院可以通过投票来强制结束辩论。按照参议院规则，结束辩论需要60票，也称为"超级多数"。这意味着民主党还要争取至少10位共和党参议员的支持。二是民主党可利用所谓的预算和解程序提高债务上限，此程序规定参议院在20小时之内完成讨论付诸表决并且以简单多数（即51票通过制）的形式进行投票。根据《预算法》，对于支出、收入和债务限额三种预算变更类型中的每一种，国会每个财年只有一次使用预算和解的机会。2021年3月，拜登1.9万亿美元的财政纾困计划就是运用了预算和解程序获得通过。

由于国会两党政治分歧，此次债务上限问题面临三方面的挑战：第一，按照惯例的常规立法程序途径基本走不通。共和党人多次表示不会支持提高债务上限，认为民主党人应使用预算和解程序来独自提高债务上限。第二，民主党不愿意采用预算调节程序。民主党认为拜登政府债务高企部分应归因于特朗普执政期间的减税和自由支出政策，共和党也应承担一定的责任，更不愿在中期选举临近前被打上单独提高债务上限的标签。第三，债务上限和财政预算纠缠，增加了不确定性。若启用预算和解程序，需要重新修改预算决议将债务上限纳入到预算框架，而拜登加税和3.5万亿美元支出计划（反贫困和气候法案）寄希望于这一程序来推动，而民主党内部温和派和激进派对于后者的细节仍存在分歧。对于拜登1万亿美元基建计划、加税和3.5万亿美元支出计划，由于覆盖5—10个财年，需要单独立法，通过后会纳入到每年的财政预算中。

美国债务上限危机暂时解除。2021年10月1日，国会两党尚未就新财年拨款法案达成一致，最后一刻通过临时拨款法案给政府提供资金至12月3日，避免了政府关门。届时，若协调到期后没有延续，而正式拨款法案仍无法达成，则政府"关门"。2021年10月14日，在10月18日所谓的"X日"到期之际（X date，技术性违约，财政部现金余额不足以偿债付息），美国总统拜登签署短期调高债务上限法案，将美国政府借债上限暂时提高了4800亿美元，至28.9万亿美元，该法案将帮助美国政府避免债务违约直至2021年12月。

美国债务上限调高2.5万亿美元至31.4万亿美元，此次债务上限问题尘埃落定。2021年12月15日凌晨，美国众议院通过联合决议案，将联邦政府债务上限调高2.5万亿美元至31.4万亿美元，使美国财政部的借款授权可延长至2023年，暂时避免政府债务违约。美国国会最终在临近X date（违约日，耶伦曾公开表示为12月15日）解决此次债务上限问题。此次债务上限问题得以解决的转机是参议院两党领袖达成一项协议，允许参议院以简单多数原则通过相关法案，规避常规立法中的"冗长辩论"程序。2021年12月9日，美国参议院以59票赞成、35票反对的投票结果通过了使用简单多数原则程序的协议法案。接着，当地时间12月14日，美国国会参议院以50票赞成、49票反对的投票结果通过了债务上限法案。整个事件充满着政治博弈：一方面，民主党方面希望尽快解决问题并推进万亿规模的基建投资，另一方面，共和党方面坚持"由民主党自己解决这一问题"的立场。

2. 美国债务上限的历史回顾

美国债务上限历程大致分为三个阶段。第一阶段，1917年美国债务上限机制确立之前，国会必须在单独的立法中批准每次债券发行。第二阶段，1917年至2013年，美国确立债务上限机制，以简化国债发行流程，提高借贷灵活性，并定期检视政府开支状况。美国国会研究服务局的数据显示，自"二战"结束以来，美国国会已修改债务上限98次。第三阶段，2013年以来，美国国会不再直接调高债务上限，而是设置时限暂停债务上限生效，允许财政部在此期间不受限制地发债。2013年以来，美国国会已7次暂停债务上限生效。最近一次美国上调债务上限是2019年8月，当时债务上限约为22万亿美元，国会允许财政部继续发债直至2021年7月31日。

美国债务上限不断上调，直接原因就是美国财政赤字长期化，导致美国债务不断攀升。2020年，美国政府债务余额为26.95万亿美元，占GDP比重（债务率）高达128.70%，超越"二战"峰值，创历史新高。根据美国国会预算办公室预测，2021年美国政府债务余额将达29万亿美元，占GDP比重将进一步升至129.80%。自建国以来，美国政府债务率曾出现过8次持续上升时期，分别是第二次独立战争时期（1812—1815年），南北战争时期（1861—1865年），第一次世界大战时期（1914—1919年），大萧条时期（1929—1933年），第二次世界大战时期（1939—1945年），里根布什时期（1981—1993年），次贷危机时期

(2007—2014年),新冠肺炎疫情时期(2020—)(见图3-5)。政府债务率持续上升通常是由于战争或经济衰退的出现,大幅增加财政支出所形成的被动结果。但里根布什时期有所不同,由于当时政府采取"减税赤字"政策,以债务筹资支持财政支出,从而使得美国在非战争与衰退时期,仍出现较大的债务增长。自1980年以来,除了克林顿时期(1993—2001年),美国政府债务率持续保持上升,直接原因是财政支出持续超出财政收入,财政赤字长期化,2020年财政赤字更是高达14.9%(见图3-6)。其中,财政支出中社会保险(Social Security)、医疗保险(Medicare)、医疗补助(Medicaid)三项支出持续增长的影响尤为关键。1980—2020年,三项支出占GDP比重由5.9%飙升至11.7%,年均增长0.15%。与此同时,财政收入占GDP比重则由18.5%降为16.3%(见图3-7)。研究界认为人口老龄化、选举不确定性增加导致政府短视,最终造成债务率的持续上升。

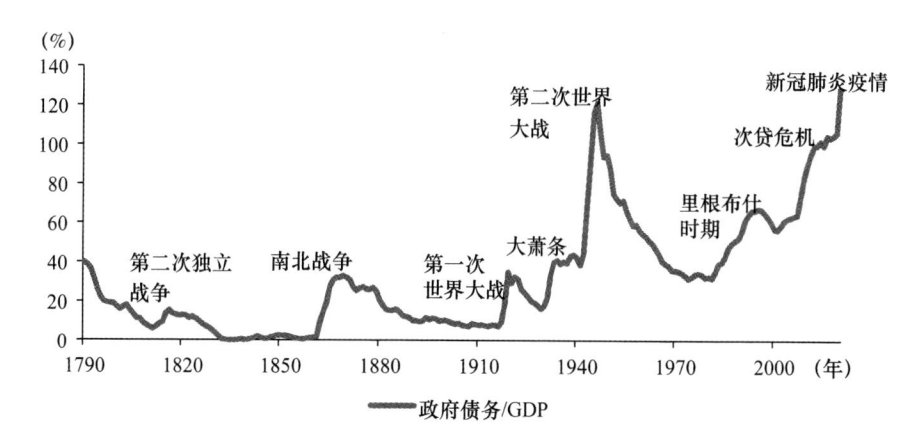

图3-5 美国政府债务率

资料来源:美国财政部、Reinhart and Rogoff(2011)。[①]

[①] Reinhart, Carmen M. and Kenneth S. Rogoff, "From Financial Crash to Debt Crisis", *American Economic Review*, Vol. 101, No. 5, 2011, pp. 1676–1706.

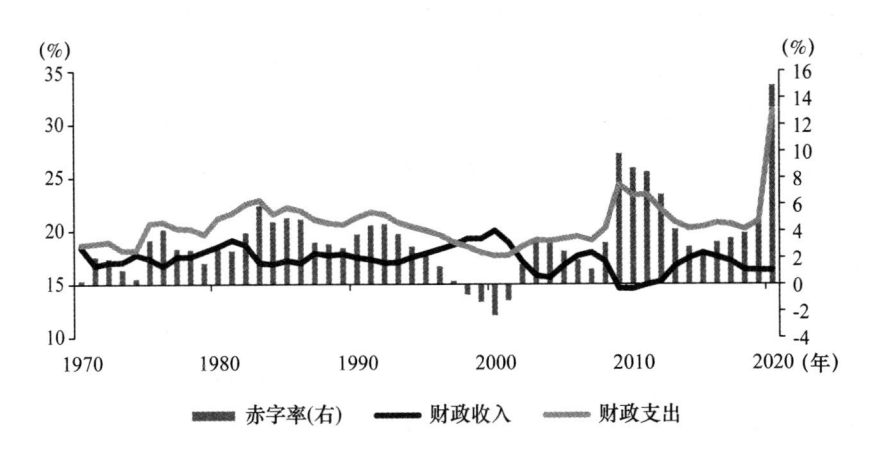

图 3-6 美国财政收支

资料来源：美国 CMO。

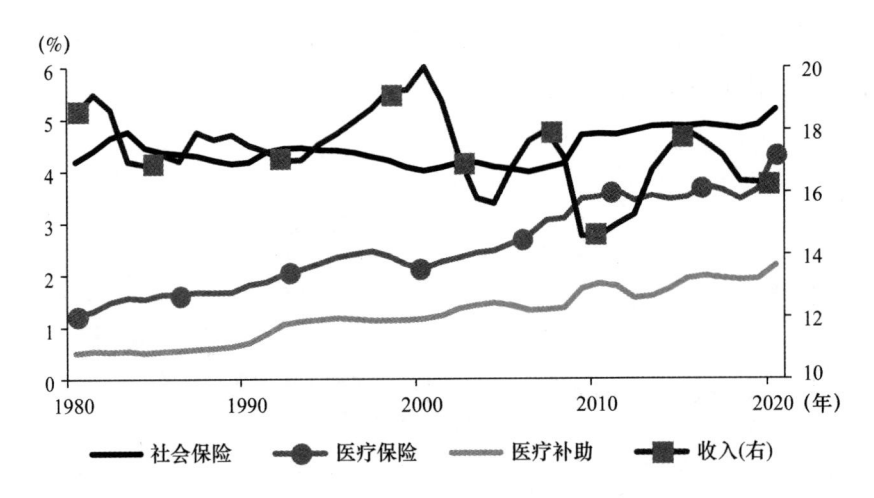

图 3-7 美国社会保险、医疗保险、医疗补助三项支出

资料来源：美国 CMO。

3. 美国债务上限的市场影响

2011年和2013年债务上限问题引发的市场风险应该是历史最严重的，可作为借鉴。次贷危机后，美国于2011年5月面临债务上限的压力，但两党在国会上持续博弈，直至7月31日才达成共识，即所谓的

2011年预算控制法案。该法案于2011年8月1日于众议院通过，8月2日于参议院通过、奥巴马总统签署法案，距离"X日"的到来仅剩几个小时。8月5日，标普将美国主权评级从AAA下调至AA+。2011年8月2日，在美国债务上限上调前后两周的时间，美国标普500下跌16.7%，全球其他市场同样也普遍受到冲击，跌幅在10%—15%。值得关注的是，当时的债券市场由于受债务违约担忧和避险情绪的共同影响，出现了美国国债短端利率上行与长端利率下行。在2011年债务上限危机前后，10年期美债利率从7月25日的3.00%快速下行至8月10日的2.11%，下行89BP；而1月期美债利率则由7月20日的0.01%快速上行至8月1日的0.13%。与此同时，由于避险情绪的影响，VIX指数跳升，黄金价格上涨。不过，2013年债务上限危机对市场冲击相对较小，标普500指数仅下跌2.5%，而新兴市场基本未受影响。总体来看，2013年债务上限危机期间，资本市场受影响显著低于2011年。市场开始意识到政党博弈的底线，逐渐形成对于债务危机的免疫力。但自从2011年美国主权评级下调以来，美债的海外持有份额已有较大幅度的下降，从2011年末的42%水平，下降至2021年第二季度末的29%水平（见图3-8）。造成这一格局的主要原因是几次量化宽松中美联储开始持有了更多的美国国债，同时，美债的无节制发行与美方挑起的政治对抗也削弱了美债作为他国官方储备的吸引力。

此次债务上限危机的影响相对有限。2021年10月5日和11月19日，在美国财政部长耶伦多次督促国会提高债务上限声明之后，美国财政部发行的四周国债中标利率升至0.10%和0.11%，创2020年7月以来最高，市场开始要求更高的风险补偿，才肯持有短期国债。美国债务上限解决后，美国国债发行节奏和TGA账户余额将逐渐恢复正常，叠加美联储Taper实施，美国货币市场流动性过剩的局面将得以改善。同时，可以预见，有关财政支出和债务上限的问题将成为2022年11月美国中期选举的热门议题。此外，2022年换届选举之后不久，美国又将面临提高债务上限的新一轮博弈。

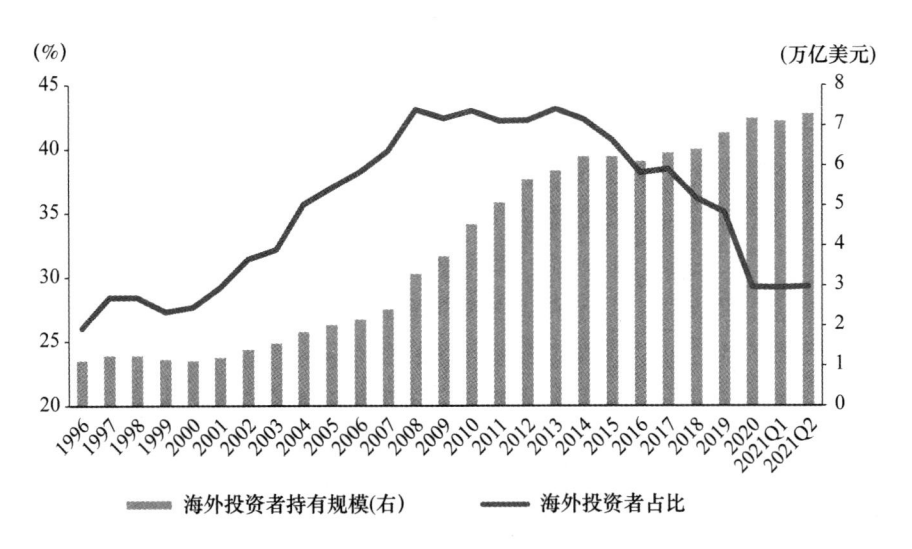

图3-8　海外投资者持有的美国国债

资料来源：Wind。

（四）数字资产发展方向出现分化风险

近年来，随着数字经济不断发展，叠加新冠肺炎疫情的外部冲击，货币与资产的数字化进程显著加快。从定义上出发，数字资产（Digital asset）指可以用于支付或投资的、以数字形态表示的价值。在数字资产中，使用密码学和分布式账本或类似技术的私人部门发行的数字资产被称为广义加密资产（Crypto-asset），这一概念有别于使用中心化托管账户的传统资产；中央银行发行的以本国记账单位计价的数字资产则是中央银行数字货币（Central Bank Digital Currency，CBDC），它是一种新的对中央银行的债权；而所谓稳定币（Stablecoin）则是旨在相对于特定资产或资产池（篮子）保持稳定的一种加密资产，我们将剔除稳定币以后的广义加密资产，诸如比特币、以太坊等，则是狭义概念上的加密资产。2021年，加密资产和数字货币领域发生了重大变化，而中国与其他主要经济体对其采取了较为不同的发展策略，为后续的国际竞争带来了一定风险与挑战。

1. 中外加密资产监管立场差异拉大

2021年，中国针对加密资产整体立场迅速趋严趋紧。5月21日，国务院金融稳定发展委员会围绕金融稳定问题发出通知，并特别强调打击比特币挖矿和交易行为，以防范个体风险向社会领域传递。随后，内蒙古、四川、云南等多地筛查、清理、终止"挖矿"业务，部分加密货币社交账号被封禁。6月21日，中国人民银行表示："虚拟资产交易活动扰乱了经济和金融秩序，导致非法跨境资产转移、洗钱和其他犯罪活动的风险增加，严重损害了人民的金融健康"，禁止银行和支付机构为加密资产提供开户、注册、兑换、清算和结算服务，要求切断加密资产交易所和场外市场的交易渠道，并将与加密资产有关的交易属性优先纳入监控范围。随后，大量矿池离开中国本土，多家头部交易所停止为中国交易者提供服务。

与中国监管模式不同的是，国际监管机构对加密资产仍保持开放讨论、酌情纳入正规监管的态度。2021年6月10日，巴塞尔委员会发布《对加密资产风险敞口的审慎对待》的讨论文件（下称《审慎对待文件》），提出了一套加密资产分类标准，以及对各类加密资产的监管要求，并对其征求利益相关方的意见。在分类方面，《审慎对待文件》根据是否有传统资产作为加密资产的价值支撑，将加密资产分为第1组和第2组两个大类，在第1组内区分了1a组和1b组两个子类。由此，1a组加密资产被定义为通证化的传统资产（Tokenised Traditional Assets），即通过使用加密、分布式分类账技术（DLT）或类似技术［而不是通过中央证券托管（CSD）或托管人的账户］来记录所有权的传统资产。1b组是具有稳定机制的加密资产（Cryptoassets with Stabilisation Mechanisms），即"稳定币"，它们可以被兑换或赎回为传统资产，如现金、债券、大宗商品、股票等，且寻求通过稳定机制将加密资产的价值与传统资产或传统资产池的价值联系起来。其中，稳定机制的有效性要求在一年之内，其与标的传统资产价值偏差超过0.1%的情形不得超过三次；而引用其他加密资产作为基础资产或者"基于算法的稳定币"不包含在第 1 组加密资产之列。除了上述第 1 组加密资产外，所有其他类型均被划入第 2 组加密资产，其中包括比特币、以太坊等。在监管框架设计上，巴塞尔遵循"相同的风险、相同的活动、相同的处理方式"原则。对于第 1 组加密资产，如果它们与传统资产相比，提供相同的经济功能并构成相同的风险，应受到与传统资产相同的资本、流动性和其他监管要求。在这以外，由于 1a 组纳入了通证化过程、1b 组涉及兑换与赎回机制，这些加密资产与直接持有传统资产的差异在于可能产生额外的信用风险和流动性风险。因此《审慎对待文件》指出，应考虑对这些额外风险进一步追加资本。对于第 2 组加密资产，《审慎对待文件》要求对其多头及空头仓位的最大值适用 1250 风险权重。具体的分类及监管框架如表 3-1 所示。

表 3-1　《审慎对待文件》对加密资产的分类及监管框架

审慎性条件	第 1 组加密资产（满足分类条件）		第 2 组加密资产（不满足分类条件）	不在讨论范围
	1a 组：通证化的传统资产	1b 组：具有稳定机制的加密资产（即稳定币）	不属于第 1 组的加密资产（如比特币）	中央银行数字货币
信用和市场风险要求	资本要求至少相当于传统资产的资本要求（进一步考虑追加资本）	适用现行规则以捕捉与稳定机制有关的风险的新指引（并进一步考虑追加资本）	对其多头及空头仓位的最大值适用基于 1250 风险权重的新的保守审慎对待	N/A
其他最低要求（杠杆率、大额风险敞口、流动性比率）	适用现有的巴塞尔框架要求和附加指导			N/A
监督审查	确保在最低（第 1 支柱）要求下未捕获的风险得到评估、管理和适当减轻（包括通过资本附加）的附加指导			N/A
披露	要求银行定期披露有关加密资产敞口的信息的新要求			N/A

总体而言，《审慎对待文件》建议以杠杆率要求而非禁止的方式监管加密资产，体现了相对宽松的监管态度。而在主要经济体中，美国监管当局步伐较快。11月23日，美联储、美国联邦存款保险公司、货币监理署共同发布《关于加密资产政策冲刺倡议及下一步行动的联合声明》，指出将在2022年内明确银行参与加密资产相关活动的法律法规边界，这些活动涉及加密资产保管与托管、为客户购买和销售加密资产提供便利、以加密资产为抵押发放贷款、发行和销售稳定币以及其他可能导致银行在资产负债表上持有加密资产的活动。结合此前美联储相关表态，不能排除美国将放开银行从事加密资产相关业务，也有可能允许银行发行稳定币——而这将导致中国与美国监管立场差异进一步拉大，两国在加密资产和数字货币领域的博弈的不确定性进一步增加。

2. 美国数字货币发展方向不确定

目前，对于比特币等缺乏价值支撑的加密资产，各国货币当局监管态度虽然不同，但总体判断较为一致，即都将其视作高风险的投机资产；而对于稳定币和CBDC这两条赛道的选择，各国央行的态度却不尽相同，比如美联储对CBDC的态度就始终相对冷淡。2020年6月，美国在新冠肺炎疫情纾困刺激法案中曾由民主党和共和党分别提出了两版CBDC方案，但两个方案仅昙花一现，并没有得到通过与重视。其后，虽然美联储积极联合其"盟友"开展国际合作，但其对CBDC依然兴趣寥寥。6月28日，美联储副主席奎尔斯发表演讲，认为基于美联储当前的支付体系，CBDC对美国来说并非必需品。奎尔斯认为，当前的美元已经高度数字化，并且美联储和银行间的支付服务已经能够提供一系列有效的支付方式。推行CBDC非但不能带来切实的益处，甚至还有可能带来更多的风险。一方面，他并不同意CBDC支持者总结的三项益处，即维护美元地位、增强金融普惠和推动数字创新。特别地，奎尔斯指出稳定币的使用甚至还可以降低跨境支付的成本，进一步强化美元的国际地位。另一方面，奎尔斯认为，美联储发行CBDC可能带来冲击银行体系和影响银行收益等额外风险,同时,保证 CBDC 的安全性、合法性以及管理 CBDC 都非常昂贵和困难。结合奎尔斯的言论和近期美国监管当局动向,我们认为存在美联储"收编"Diem 项目或鼓励本国银行发行和销售以美元为基准的稳定币作为新一轮数字时代"美元化"工具的可能性。

近日,拜登提名鲍威尔连任美联储主席,同时提名莱尔·布雷纳德(Lael Brainard)接任美联储副主席。布雷纳德是一位 CBDC 的支持者。2021 年 5 月 24 日,布雷纳德参加由 Coindesk 举办的 Consensus 2021 大会并发表演讲,称美联储正在加快关于 CBDC 的研究,在同其他国家的 CBDC 的竞争中不能落后。她同时还说,如果任由稳定币发展并获得越来越广泛的应用的话,将给美国的支付体系带来巨大风险。考虑到布雷纳德未来主导美联储数字美元研发进程的可能,中国与美国在数字货币层面的博弈既可能呈现出 CBDC 与稳定币错位比拼,也可能重归 CBDC 同一条赛道,这将是未来国际货币体系竞争的重要内容之一。

二 下一步值得关注的风险变化

(一)未来经济复苏中的风险

下一步经济复苏过程中,我们仍然面临着较大的不确定性。由于全球经济仍处于长周期下行期之中,在革命性技术尚未展开的情况下,资本的边际收益与总需求难以得到有力支撑。一旦美国宽松的财政与货币政策退出,总需求出现下降将是极大概率的事件。同时,需密切关注供给缺口给新兴经济体带来通胀冲击的影响,被动地政策紧缩可能将这些新兴经济体拉入滞胀的旋涡中。

1. 美国财政货币政策退出后导致总需求下降

后次贷危机时期叠加疫情冲击,使我们更清楚地看到,财政政策日益取代了货币政策成为更为关键的总需求管理政策。近来,美国的财政刺激计划自公布以来金额持续缩小，两党以财政为筹码进行政治博弈极有可能导致财政刺激远远低于预期。从财政上看，两党的斗争导致原本的3.5万亿刺激计划一再减码，至今基建计划在两党博弈下已经缩减至1.35万亿美元。同时，美联储已经决定最晚于2022年6月结束Taper，届时美国货币政策将正式结束宽松状态。

美国国债收益率曲线会维持较陡峭的状态。美国财政部在暂停债务上限后，需要重新发行债券来恢复现金储备。从财政部的债务发行计划来看，新发行的债券以长债为主。但在美联储Taper的预期下，居民部门的久期偏好将下降，长债购买力将不足。在收益率水平和斜率上升的双重作用下，美元的贸易加权汇率将上升，进口价格同比下降，这将有利于缓解美国的通胀压力。随着就业复苏，美国的供应链瓶颈将逐步缓解，美国耐用品将进入被动补库存阶段，同时，美国居民部门的消费将更多地转移到服务业，这将促进服务业的就业恢复，有助于补足余下的就业缺口，从而进一步刺激市场的加息预期。同时，财政补贴退出后，居民对耐用品（汽车、大型家电等）的消费需求将逐渐下降，CPI将逐渐恢复到政策目标水平。但需要注意的是，美联储的实际政策路径最终可能与市场预期并不一致。且前文提到，美联储的新政策框架存在内生性矛盾。美国未来货币政策正常化启动的时间点，极有可能是美国经济增长重新进入长期低迷甚至衰退的时间点。现在市场对通胀的担忧依然较强，如果美联储选择在2022年6月进行加息，则会打断需求恢复的进程，可能直接导致经济减速，由此也将同时对服务业消费需求和耐用品消费需求产生抑制作用。

2. 新兴经济体受供应链瓶颈制约被迫加息，可能出现滞胀的恶性循环

可以看出，急于收紧货币政策的新兴经济体国家都存在着三个共性：第一是国内通胀极度恶化；第二是本国产业链不完善，国际商品供给变化对国内通胀影响显著；第三是中央银行在面临供应瓶颈引发的通胀时，倾向于通过加息来应对。事实表明，这一政策应对的最终结果是令人沮丧的，巴西、土耳其等国的加息不仅没有抑制国内通胀，反而摧毁了国内需求，引发经济下滑，进而导致国际资本流出本币贬值。在本币大幅度贬值的情况下，这些国家的进口商品名义价格上涨，在国内缺乏完善产业链替代进口的情况下，进一步导致了国内通胀恶化。可见，针对需求端的调控无法有效应对来自供给端的冲击。

如果疫情继续发酵，供应链瓶颈持续，那么出现类似情况的新兴经济体国家会越来越多。货币政策在无力解决供给瓶颈的同时，被动的紧缩政策反而会进一步降低新兴市场国家的总需求。尤其当美联储结束量化宽松政策之后，离岸美元流动性的边际收紧很可能会加大这些新兴经济体的汇率稳定和资本流出的压力，这又会进一步加大其政策平衡的难度。由于解决全球供应链的瓶颈问题并不主要取决于新兴经济体，这就使得处于困境中的新兴经济体进一步丧失了政策的主动性。如果无法抵制住上述压力，进一步实施紧缩政策，这些新兴经济体很可能陷入滞胀的恶性循环。

3. 中美经济周期错位和美国货币政策收紧给中国带来的挑战

疫情冲击后，中国相较于美国率先复苏。但目前，中国经济运行处于收敛新常态，经济增速探底的过程中，而美国企稳复苏晚于中国，且同时面临供给冲击带来的通胀压力，但复苏趋势未改。总体看，接下来一段时期中国经济增速仍将下行，而2022年美国经济增速仍将维持在较高水平。同时，在高通胀持续超预期的情况下，美联储货币政策收紧的速度或将加快。中美经济增速差反转和美联储货币政策收紧将对中国带来如下挑战：一是中国货币政策的空间将受到抑制，政策操作难度加大。稳经济、稳预期需要一个较为宽松的货币政策环境，同时，积极的财政政策也需要货币政策进行有效配合。虽然中国的货币政策仍有较大空间，但美国货币政策的转向无疑加大了货币政策的操作难度。二是中美利差收窄、资本外流和货币贬值预期的压力将加大。当前，中美两国十年期国债利差保持在140BP历史相对高位，且具有进一步下行的趋势。这可能会使得自2020年下半年以来资本持续流入和人民币持续升值的趋势面临逆转。三是中美经济增长格局的变化或将助推美国进一步打压中国。经济周期的短期相对优势，或使美国更加有恃无恐，对中国实施更为严厉的打压。美国一方面寄希望通过这一手段在双方谈判中获取更多筹码，另一方面可能会在关键技术领域加大制裁中国科技公司，继续推进中美经济脱钩，以阻碍中国经济发展。

（二）关注美联储紧缩政策带来的外溢影响

美联储货币政策回归常态化，必然要经历三个阶段，依次分别是：Taper、加息和缩表。三者之间的间隔时间可根据情况相机决定，但总体的实施顺序十分明确，并且相互之间不会有时间上的重叠。虽然当下美联储已基本明确了Taper的路径，但这一政策变化对于全球经济金融运行的影响还较为有限。这是因为：第一，即使美联储实施Taper操作，货币政策仍属于量化宽松状况，只是宽松的规模不断被缩减。当前的美元流动性十分宽裕，且美联储已吸取2013年仓促宣布Taper的教训，一直就政策转向问题与市场进行了充分沟通。本次Taper预警公布后，市场并未出现波动，也表明相关预期已被充分消化。第二，美联储已在流动性平稳的时期就不断创设各类流动性救助工具，以确保在未来实施紧缩政策中如果面临流动性冲击，美联储能够具备完全有效的救助手段，例如，7月设立的常备回购便利（SRF）和货币当局常备回购便利（SFI-MA）两项工具。可是，一旦市场预期美联储将进行加息操作，也就是实施真正的紧缩政策，外溢影响将会明显不同。

未来，如果美联储转入紧缩政策，那一定是处于下述两种情形之中：一是美国通胀水平超预期上升，美联储被动提前加息。这就意味着美联储的货币政策框架矛盾充分暴露，美联储对通胀和经济前景出现了严重的误判，果真如此，美元体系的流动性将受到极大的压力。二是美国通胀水平如期回落，美联储将十分谨慎地在不破坏经济持续恢复的情况下，跟随就业恢复而实施缓慢加息。

如果是上述第一种情形，美国的货币政策将陷入困境，由于货币政策无法有效应对总供给产生的冲击，美联储将在抑制通胀和促进经济复苏中进行艰难的抉择。但此时，依赖美元融资的新兴经济体将面临更大的冲击，尤其是存在内部结构失衡的经济体。疫情以来，由于供应链被破坏导致的全球部分商品价格暴涨，加之气候变化所引发的各种供给压力，使得部分新兴经济体的总供给能力受到严重影响。在面对总需求依然不足的情况下，这些新兴经济体仍然被迫运用加息手段来对付通胀，这不仅难以有效抑制通胀，反而可能进一步加大供给压力。一旦美联储实施紧缩政策，极有可能令国际资本加速逃离这些国家，届时，通胀再叠加资本外流的压力，很可能引发这些国家出现信用链条崩溃。中国虽然具有较为完备的生产链，但如果面临上述冲击，仍然会产生较大的紧缩效应。

如果是上述第二种情形，美国的政策调控主动性将大为提升，但货币政策正常化的路径也绝不会一帆风顺。因为次贷危机与疫情冲击之后，长期的低利率与量化宽松环境已使得美国的金融体系发生了根本变化，巨额的债务存量与当前的美元流动性市场结构已经很难接受利率水平的快速提升。利率提升不仅会增加债务负担，还会降低作为抵押品的债券的价值，从而极大地影响流动性市场的运转。同时，美国就业的恢复已逐渐步入深水区，最后几百万个就业岗位恢复的难度显著增大。紧缩过程中对于经济复苏和就业恢复的担忧，可能会令美联储货币政策的正常化过程出现多次预期反复。

以目前的数据来看，美联储会加速 Taper 的实施，但加息需要更长的观察期和更稳健的就业数据支撑。现有的格局下，美国高通胀持续至 2023 年的概率较低，因此美国退出宽松政策的时间未必紧迫。当前，市场对美联储的紧缩节奏已经有了充分的预期，美国的紧缩政策目前对中国的影响偏中性。就中国而言，关注国内总需求的修复情况反而更加紧迫。

（三）数字资产发展下一步面临的挑战

1. 正式纳入监管或将导致加密资产市场波动

《审慎对待文件》作为一份监管框架指引，并未落入甄别加密资产的法律嵌套结构或者技术特征等细节之中，而是直接穿透其资产实质，判别其价值和可能的风险来源。在这样的分类基础上，形成了逻辑清晰、简明的监管原则。未来，如果这一监管原则转化为巴塞尔体系正式规则的一部分，则它将成为各成员国银行监管的重要标准。对于加密资产市场来说，《审慎对待文件》表现了监管者对这一细分市场的认可和重视，加密资产可能在更多法域内实现合法化，从而扩大市场规模，成为大类资产配置的重要组成部分。

而三种分类的不同监管对待，则可能使加密资产的发展产生结构性分化。通证化的传统资产和稳定币则可能迎来新的发展；而由于大量的资本占用，包括比特币和以太坊在内的第 2 组加密资产可能会逐渐失去对银行的吸引力。因此，投资者要逐步转变将"加密资产"视为货币（digital/crypto currency）的理念：加密资产并非法定货币，也没有任何政府或公共机构为其提供信用担保，它并不能提供类似货币所具有的各项标准化功能，并且其高波动性也使之很难成为一个具有储存价值及交易价值的安全媒介。

2. 稳定币或将与元宇宙产生共振，是技术革命还是泡沫一时难断

2021 年 10 月 6 日，国际清算银行召开了以监管大型科技公司为主题的国际会议。在这次会议上，BIS 总裁 Agustín Carstens 对大型科技公司未来的发展及隐患作了情景分析。其中，第二种情景剑指大型科技公司发布稳定币的情形，Carstens 认为其影响将十分深远。稳定币在大型科技公司生态内流通，会通过用户在其电子商务和社交媒体中的交互获取用户数据，进而利用数字服务的网络效应，迅速扩大规模，随着规模的扩大，更广泛的用户活动将产生更多数据，进一步加强网络效应的优势，

使得稳定币能够非常迅速地建立市场势力。Carstens 将这种快速增长方式称为"数据—网络—活动"（Data-Network-Activities，DNA）循环。DNA 循环会导致市场集中度过高，威胁金融稳定、公平竞争和数据治理。此外，稳定币的发行还可能威胁商业银行的经营，甚至威胁其他国家的货币主权。尤其值得注意的是，Carstens 在演讲中"点名"Facebook 的 Diem 稳定币项目，说道："大型科技公司的稳定币项目如 Facebook 的 Diem 可能很快上线，并在全世界迅速流行。"而就在十数天后，Facebook 相继在稳定币和元宇宙两方面进行了协同推进：10 月 20 日，Diem 项目在美国和危地马拉两国间开启其数字钱包 Novi 的小型应用试点，支持用户实时、安全且免费地在这两国之间发送和接收资金；10 月 28 日，Facebook 母公司宣布更名为 Meta，明确元宇宙成为长期战略重心。

我们认为，未来一段时间，稳定币与元宇宙概念可能进一步产生共振。随着数字时代的不断发展，尤其在新冠肺炎疫情冲击以后，"现实世界"与"虚拟世界"的边界愈加模糊。比如 2020 年，顶级学术会议 ACAI（算法、计算和人工智能国际会议）的主办方将大会在游戏《动物森友会！集合！》里举行，演讲者在游戏中播放 PPT 并做报告——我们已经很难明确地定义，这样的会议是"真实"还是"虚拟"。而随着加密资产领域 NFT（非同质化通证）的大热，画作、音乐、卡牌乃至世间万物都可以在区块链上获得映射，现实与虚拟的桥梁似乎正在逐步构建得愈加完善。我们认为，如果元宇宙理念能获得突破，其大概率会由坐拥最广泛用户的社交平台达成。元宇宙的本质是在一个更真实的层面满足人类的精神需求，即马斯洛需求金字塔中的社交、尊重与自我实现。虽然游戏为人类创建了一个在虚拟世界实现全新自我的方式，且随着元宇宙概念的火热，游戏公司收获了大量关注，但毕竟游戏仍然属于"小众"亚文化范畴；实现自我之后到社交平台去分享并收获"点赞"，即获得最广泛的尊重与声望才是关键所在。而当今人类社会最显性化的价值就是由货币所表示的财富，稳定币恰恰提供了联通"现实世界"与"虚拟世界"财富的渠道。回忆几年前微信"抢红包"取得的巨大成功，不难想象，随着技术愈加成熟，如果在诸如 Facebook 这样的平台上加入轻娱乐内容，并把稳定币集成到奖励、分享与社交机制设计当中，将可能获得快速且巨大的成功。

然而也要注意到，多年来 VR 技术、可穿戴设备的发展始终不尽如人意；元宇宙、NFT 在短期内仍面临巨大的法律、社会伦理乃至哲学上的障碍；稳定币也仍然面临主权国家监管的重重挑战。在极度宽松的货币条件下，资本市场对相关概念的短期追逐可能是"捧杀"而非益事。未来如何去伪存真，既走在技术变革的前列，又防止资产泡沫的产生，对中国而言将是重要课题。

3. 中国将在数字资产领域面临多赛道竞争

在加密资产领域，中国所采取的较为严格的监管模式，可能会阻碍密码学、分布式技术和相关金融模式的创新。目前，诸多国际大型金融机构和大科技公司布局加密资产领域，美国监管当局亦有将之纳入正规监管的意图。未来，一旦相关业务受到监管认可，国际加密资产活动走上监管正轨，中国金融机构和科技公司可能会因缺乏技术和业务积累，在这一轮全新的全球数字化竞争中，从起跑线上就落于人后。

在央行数字货币方面，当前阶段，中国在 CBDC 研发上也并未形成令全球其他主要经济体难以追赶的绝对差距。虽然中国在落地试点层面先行一步，但比较人民银行发布的《中国数字人民币的研发进展白皮书》、BIS 与美联储等 7 家央行发布的《中央银行数字货币：基础原则与核心特征》及其于 2021 年 9 月 30 日发布的后续报告和欧央行发布的《数字欧元报告》，数字人民币在内容与技术路线选择方面并未超出其他主要经济体货币当局的考虑范畴——这并非是说数字人民币创新不足，而正是因为它作为全球领跑者，其优点与经验很容易被其他央行学习和追赶。而对于稳定币的赛道，美国强大的私人科技巨头可能会以之为突破口，在货币数字化方面与中国的 CBDC 路线错位竞争，并主导相关国际规则和标准。由于稳定币由私人部门发行，其天然地带有完善的商业网络和扩张激励，可能会在更短的时间内完成基础设施的铺设和场景应用。对于这一趋势，我们应当保持足够的关注。

三 应对策略

（一）政策调控仍需"以我为主，稳字当头"

长期的低利率与量化宽松，令全球经济陷入深度金融化的轨道之中，这其中，美联储也将自己转变为事实上的全球中央银行和金融体系的"最后做市商"。但美联储的任何决策都只会从自身利益最大化的角度出发，与此同时，其他经济体的经济金融运行却很难确保与美国同步，这就意味着全球其他经济体将会更多地受到美国金融政策的外溢性干扰。面对当前的局面，中国货币政策的选择只能做到"以我为主，稳字当头"。

由于美国经济恢复并不牢固，其政策反复仍可能多次出现，中国的货币政策决不可与美联储亦步亦趋，我们应该把引导中国经济尽快落入到一个合理的中高速增长区间，作为当前宏观调控的首要任务。接下来，经济体之间的竞争焦点就在于谁能率先回复到新的增长稳态。对此，宏观调控至少要注意以下三点：首先，要确保流动性市场的稳定，尽量使得结构性调整的压力与流动性市场隔离，从而确保整个金融体系循环的基本稳定。其次，要清晰划定货币政策的能力范围。引导中国经济结构调整的任务应该包含多种政策齐头并进，货币政策能够发挥一部分调结构、促转型的任务，但其核心职能还是为整体经济良性发展保持一个合理的货币信贷环境。美国货币政策新框架的内在矛盾已经提示我们，包打天下的货币政策框架很可能是竹篮打水。最后，一定要协调好货币政策与财政政策的配合。经济转型期中，财政政策的总需求支撑和结构性调节的功能更为明显，同时政府债券作为金融循环中核心工具的职能也应该被高度重视。

外汇管理上，当前人民币汇率仍然具有保持基本稳定的基础。接下来，随着美联储加息预期的升温，保持汇率稳定与国内宏观调控的矛盾将会突显出来。面对这一冲突时，只能两害相权取其轻，必须确保国内宏观调控的优先与主动。这一考虑的主要原因是，一方面美国的加息绝不可能一帆风顺，我们切不可跟着市场预期的频繁波动而乱了自己的阵脚；另一方面国内经济结构调整亟须保持一个长期稳定的货币金融环境，一旦中国经济平稳地切换到新的中高速增长平台上，所有外部矛盾的解决都将会变得更加从容。

（二）更加重视国债的金融功能

美国债务上限危机给全球金融市场带来的扰动很快将得以平息，由于频繁发生，加上无法任其违约的底线已被市场洞悉，债务上限冲击形成的短期影响也在逐次减弱。但美国无限制的债务扩张，事实上也在不断削弱美债及美元的信用基础，并且这一过程对全球经济金融体系造成的深远影响需要我们提前做好应对。

一方面，需要进一步优化外汇储备的配置方式。由于美元流动性市场结构近年来已发生了重大变化，运用好外汇储备中的美债，可以进一步提升中国在国际金融市场中的竞争力和主动权。现已持有的美债可以通过回购市场融出换回现金，同时通过互换形式将资金融出给高信用等级的美元需求方。这将使得中国的外汇储备成为美元流动性市场的重要影响方，甚至在很大程度上能够左右离岸美元市场的流动性。这种方式，虽然外储中仍保有美国国债，但一定程度上已使整个投资组合的久期大为缩减，令外汇储备的流动性管理具有了更高的灵活性。另一方面，夯实人民币货币发行的价值基础。基于外汇占款发行人民币在一段时期内对中国的经济金融发展起到了积极的促进作用，但随着双循环体系的逐渐形成，有必要重新考虑人民币发行的货币锚。随着近些年结构性货币工具的使用，央行对商业银行的债权开始成为增量发行的货币锚。但这些债权对应的是商业银行的债务，信用等级明显低于国家信用的国债，并且这些债务的流动性也远逊于国债。因此，将人民币的发行基础更多地与国债市场发展结合起来十分关键。但同时要看到，国家信用并非坚不可摧，经济内生增长动力不足就是财政长期赤字化的一个根本原因。对此，中国持续转变经济增长模式，加快关键领域改革步伐，破除经济结构和体制机制深层问题，不断提升经济增长的内生动力，才是奠定国家信用的经济基础。

（三）积极主动地应对数字资产发展

对于加密资产的监管方面，考虑到美欧等主要经济体正逐步将包括稳定币在内的加密资产纳入正规监管框架，中国应转变对加密资产"一刀切"式的行政管理，加强相关立法、完善监管规则制定，并逐步将自身监管框架与国际标准接轨，正确应对加密资产这一数字时代的新型资产类别。

同时，我们应该认识到稳定币是一条有别于数字人民币的货币数字化赛道，为此，中国有必要加快推进对加密资产尤其是稳定币的研究和立法，以适应可能面临的国际监管框架变革，更好地应对数字化时代的货币竞争。中国应密切关注 Diem 等海外稳定币发展动态，做好监管预案。在必要情况下，支持中国大型科技公司参与稳定币领域的合作与竞争，鼓励中国大科技公司，在严守国家安全底线的前提下，拓展海外平台，推动人民币跨境支付和结算，助力中国参与国际数字货币竞争。

而在 CBDC 的赛道上，我们首先要"苦练内功"，扎实推进数字人民币的国内使用，不断丰富应用场景。可以充分与私营机构进行合作，探索在交通、医疗、教育等场景下的数字人民币应用，使数字人民币及其钱包连接世界最广泛的人口。一方面，一国的数字货币如果连本国的老百姓都不愿意接受，不能拥有海量的使用场景，又遑论将它推向国际、参与残酷的国际货币竞争呢？另一方面，通过联合私人部门共同运营，数字人民币将能够弱化其"政治色彩"，而更多地表现为一种商业产品，更容易为国际社会所接受。在持续提升数字人民币的国际影响力方面，央行数字货币研究所参与的 mBridge 项目为 CBDC 跨境提供了一个非常好的原型设计。目前，数字人民币发行层的联盟链技术可以成为数字人民币跨境应用的技术基础。未来，中国人民银行可以和其他国家的央行在这条联盟链上进行合作，包括人民银行在内的各家央行均成为该条链的验证节点，采用拜占庭容错的方式作为共识机制，合作央行共同维护跨境 CBDC 发行账本。通过这种方式，能够让数字人民币的跨境应用转化为去中心化平台，使参与合作的央行享有足够的监管权限，并通过共识机制防止恶意节点的行为，增强他国货币当局参与数字人民币跨境的积极性。进一步，短期内可以首先在粤港澳大湾区进行数字人民币跨境试点，大湾区内涉及"一国、两制、三种货币"，是天然的数字人民币跨境试验田。在大湾区试点成功后，可以进一步将应用延伸到"一带一路"沿线国家。

2021年银行业金融风险分析

一 银行业风险特征

(一) 信用风险保持平稳

不良贷款是商业银行信用风险的直接体现。近年来中国商业银行不良贷款变动情况如图4-1所示。

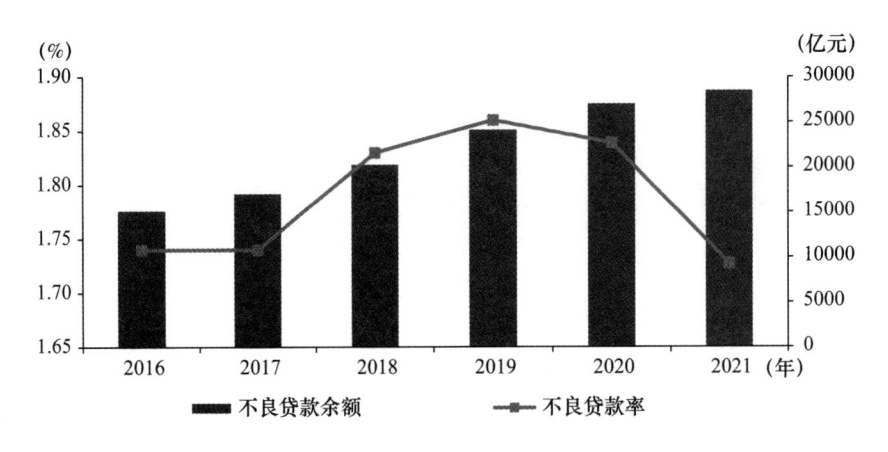

图4-1 商业银行不良贷款状况

资料来源：Wind。

截至2021年末，中国商业银行不良贷款余额28470亿元，与2020

---

* 执笔人：李广子，中国社会科学院金融研究所研究员，银行研究室主任。

年末相比增加了1455亿元。不良贷款率1.73%，与2020年末相比下降了0.11个百分点。不良贷款余额和不良贷款率出现了"一升一降"的走势，信用风险状况总体保持平稳。从不良贷款余额来看，商业银行不良贷款余额在经历了2020年第四季度的下降之后，2021年第一季度以来重新进入上行通道；从不良贷款率来看，2020年以来不良贷款率呈下降趋势，与2019年末相比，2021年末不良贷款率下降了0.13个百分点。实际中，商业银行不良贷款走势受多种因素影响。从积极因素来看，一是微观主体的信用状况有所修复。随着疫情防控形势的好转，企业复工复产进度加快，微观主体的偿债能力有所增强。二是延期还本付息政策持续延缓了信用风险暴露。2021年3月24日召开的国务院常务会议决定，将计划于2021年3月31日到期的普惠小微企业贷款延期还本付息政策继续实施延期。2021年4月1日，中国人民银行等五部委出台《关于进一步延长普惠小微企业贷款延期还本付息政策和信用贷款支持政策实施期限有关事宜的通知》（银发〔2021〕81号），要求把普惠小微企业贷款延期还本付息政策延期至2021年12月31日。对于2021年4月1日至12月31日期间到期的普惠小微企业贷款，由企业和银行自主协商确定，继续实施阶段性延期还本付息。三是银行业继续加大不良资产处置力度。2020年全年中国银行业共处置不良资产3.02万亿元，2021年共处置银行业不良资产3.1万亿元。不良资产处置力度加大使得银行业总体信用风险得到了有效释放。四是货币政策预期将趋于宽松。2021年中央经济工作会议把"稳字当头、稳中求进"作为2022年经济工作的总体要求和政策取向，预期2022年货币政策总体上将较为宽松。12月15日，人民银行2021年第二次降准正式实施，为银行体系注入更多的流动性。宽松的货币政策有助于借款人筹集资金，对银行降低信用风险起到一定积极作用。从消极因素来看，一是疫情形势仍不明朗，区域性疫情风险时有发生，导致经济复苏势头不稳。二是宏观经济运行仍处于下行通道，中国经济发展面临需求收缩、供给冲击、预期转弱三重压力，外部环境更趋复杂严峻和不确定，商业银行资产质量仍面临较大的下行压力。在上述因素共同作用下，我们预期2022年中国银行业总体信用风险将会呈现出稳中有升的态势，但上升幅度不会太大。

中国商业银行不良贷款构成情况如图4-2所示。

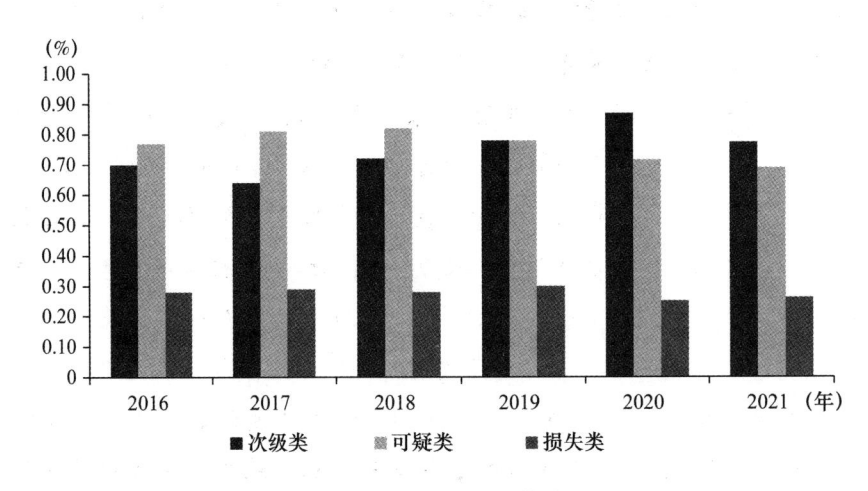

图4-2 商业银行不良贷款构成情况

资料来源：Wind。

从图4-2可以看到，截至2021年末，商业银行次级类、可疑类和损失类不良贷款率分别为0.77%、0.69%、0.26%。风险相对较低的次级类不良贷款率最高，风险相对较高的损失类不良贷款率最低，意味着不良贷款构成情况相对较好，不良贷款的真实风险保持在较低水平。从趋势上看，与2020年末相比，次级类贷款占比下降了0.10个百分点，可疑类贷款占比下降了0.03个百分点，损失类贷款占比上升了0.01个百分点。可以看到，风险较高的损失类贷款占比基本保持稳定，次级类、可疑类贷款占比均有所下降。

中国不同类型商业银行不良贷款率变动情况如图4-3所示。

从图4-3可以看到，不同类型银行资产质量延续了近年来的分化趋势。2021年末，国有大型商业银行、股份制银行、城商行、民营银行、农商行、外资银行不良贷款率分别为1.37%、1.37%、1.90%、

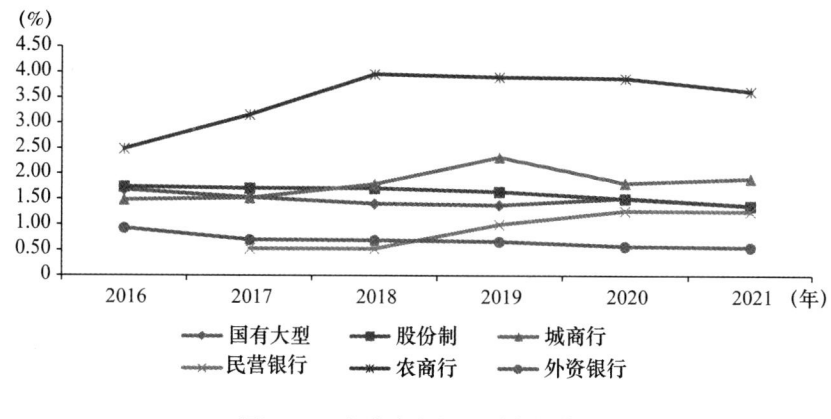

图 4-3　各类商业银行不良贷款率

资料来源：Wind。

1.26%、3.63%、0.56%。其中，农商行不良贷款率是行业平均水平的2倍以上，信用风险较为突出；外资银行不良贷款率最低，国有大型商业银行的资产质量要好于行业平均水平。从趋势上看，不同类型银行不良贷款率变动也呈现一定的分化趋势：与2020年末相比，国有大型商业银行、股份制银行、民营银行、农商行、外资银行不良贷款率均有所下降，下降幅度分别为0.14个、0.14个、0.01个、0.25个、0.02个百分点。其中，农商行不良贷款率下降幅度较为明显。与之相比，城商行不良贷款率则出现了上升，上升幅度为0.09个百分点（见图4-3）。上述几类银行中，除城商行上升幅度相对较大以外，其他几类银行不良贷款率均呈现出稳中有降的趋势，反映了商业银行整体资产质量在一定程度上有所好转。

（二）损失拨备计提充足

拨备覆盖率反映了商业银行用于覆盖不良贷款的拨备计提是否充足。截至2021年末，中国商业银行拨备覆盖率为196.91%，比2020年末大幅上升了12.44个百分点，继续保持在较高水平；贷款拨备率为

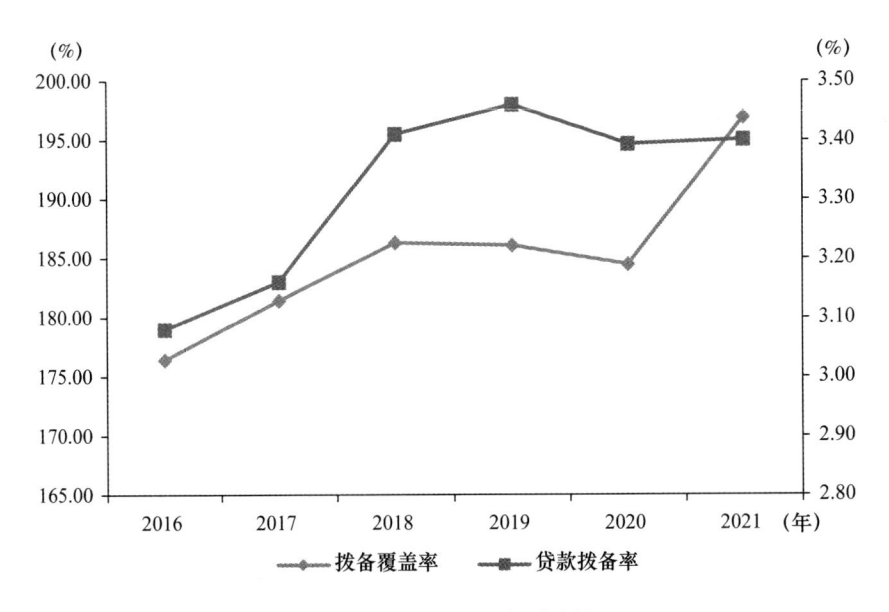

图 4-4　商业银行拨备覆盖情况

资料来源：Wind。

3.40%，比 2020 年末上升了 0.01 个百分点（见图 4-4）。总体上看，商业银行目前拨备计提较为充足，能够较好地覆盖不良贷款风险。与前期相比，拨备覆盖率和贷款拨备率在 2021 年的走势出现了逆转，意味着商业银行拨备覆盖情况在趋势上出现了好转。之所以出现这种情况，可能有以下两方面原因：一是不良贷款处置力度的加大使得不良贷款余额的增长有所放缓，由此导致不良贷款增速滞后于计提拨备增速；二是商业银行盈利能力回升为计提拨备提供了空间。从数据来看，2021 年商业银行 ROA 和 ROE 分别为 0.79% 和 9.64%，与 2020 年相比均有所回升。

（三）资本充足情况良好

2021 年末，中国商业银行资本充足率为 15.13%，与 2020 年末相比提高了 0.43 个百分点；一级资本充足率为 12.35%，与 2020 年末相比提高了 0.32 个百分点；核心一级资本充足率为 10.78%，与 2020 年末相比提高了 0.06 个百分点。总体上看，目前中国商业银行资本充足率保持在较好水平，资本充足率和一级资本充足率均延续了前期稳中有升的态势；与之相比，核心一级资本充足率与 2018 年相比出现了小幅下降，凸显了核心一级资本对于商业银行发展的重要性（见图 4-5）。值得注意的是，2021 年 10 月 15 日，中国人民银行会同中国银行保险监督管理委员会制定了《系统重要性银行附加监管规定（试行）》并公布了 19 家系统重要性银行名单，该规定自 2021 年 12 月 1 日起施行。根据该规定，系统重要性银行分为五组，分别适用 0.25%、0.5%、0.75%、1% 和 1.5% 的附加资本要求，系统重要性银行应满足一定的附加资本要求，且附加资本要求需要由核心一级资本满足。在这种情况下，可以预期，核心一级资本未来将更加稀缺。

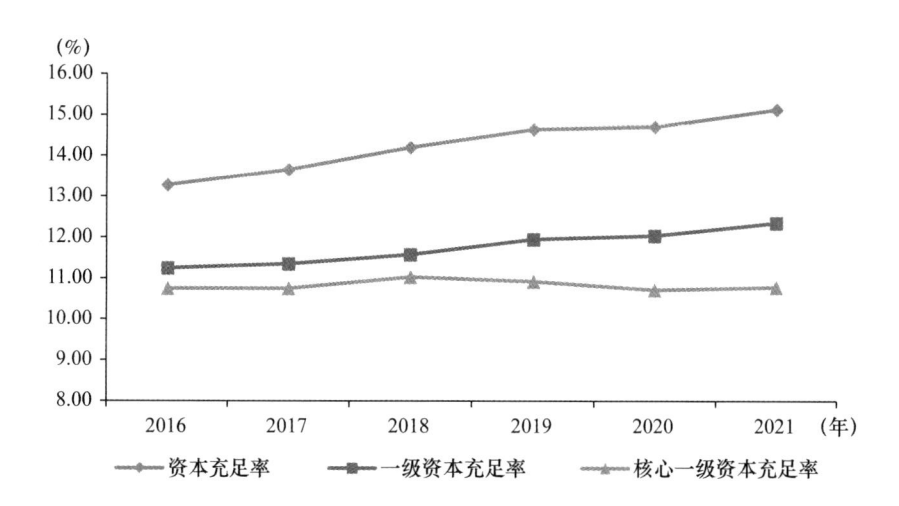

图 4-5　商业银行资本充足状况

资料来源：Wind。

从不同类型银行来看，2021 年末，国有大型商业银行、股份制银行、城商行、民营银行、农商行、外资银行资本充足率分别为 17.29%、13.82%、13.08%、12.75%、12.56%、18.03%，均维持在较高水平（见图 4-6）。可以看到，外资银行、国有大型商业银行资本充足率较好,均高于行业平均水平;城商行、农商行、民营银行资本充足率相对较低,反映出这三类银行与其他几类银行相比面临更高的资本补充压力。从趋势上看,与2020年末相比,国有大型商业银行、股份制银行、城商行、农商行资本充足率均出现了一定幅度的上升,上升幅度分别为0.80个、0.21个、0.09个、0.19个百分点;与之相比,民营银行资本充足率则出现了下降,下降幅度为0.78个百分点,凸显了近年来民营银行资产扩张对资本造成的快速消耗。另外,外资银行资本充足率也出现了小幅下降。

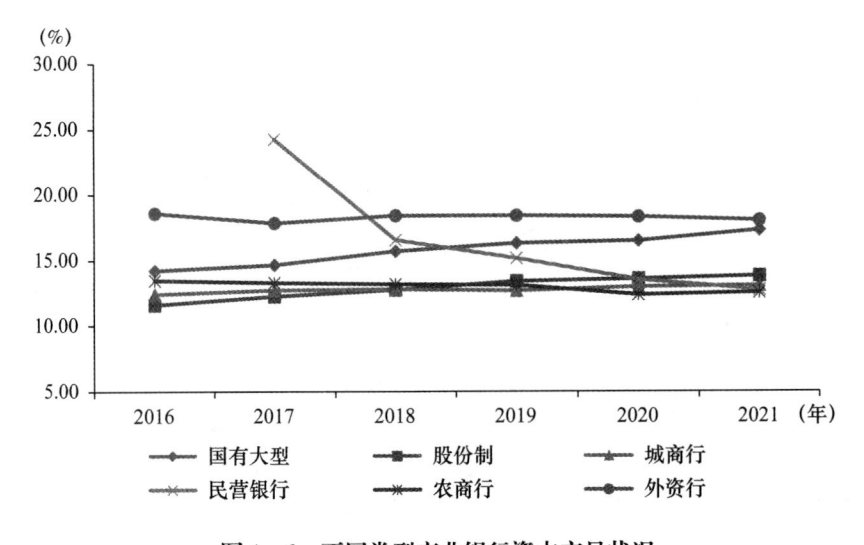

图4-6 不同类型商业银行资本充足状况

资料来源:Wind。

(四) 流动性风险较低

银行面临的短期流动性风险可以通过流动性比例和流动性覆盖率来反映。2021年末,中国商业银行流动性比例为60.32%,与2020年末相比提高了1.90个百分点;流动性覆盖率145.30%,与2020年末相比下降了1.17个百分点(见图4-7)。总体上看,商业银行流动性总体上保持在较好水平,且在时间趋势上基本保持平稳,流动性风险相对较低。

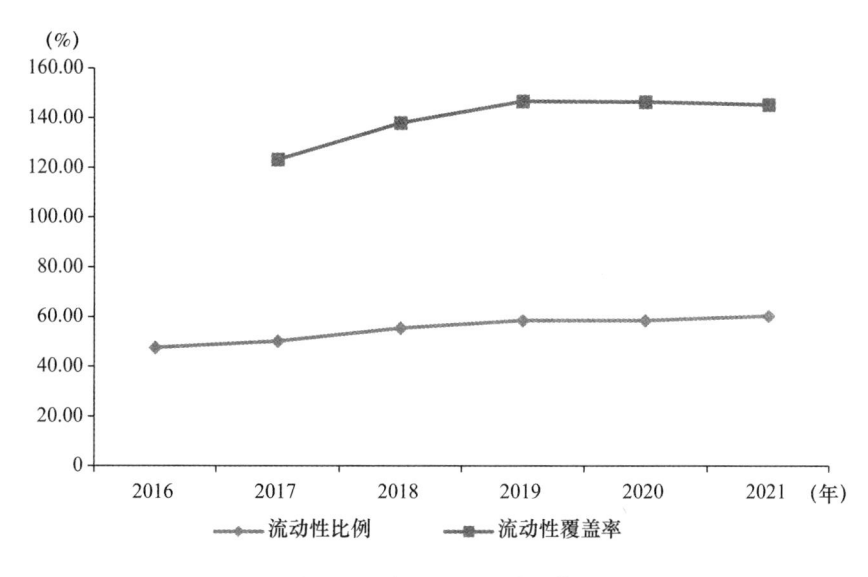

图 4-7 商业银行流动性状况

资料来源：Wind。

二 银行业面临的主要风险

(一) 不同银行风险分化加剧

中国银行业金融机构数量众多。截至 2020 年底，共有 4601 家银行业法人金融机构，其中包括 6 家国有大型商业银行、12 家股份制商业银行、133 家城市商业银行、19 家民营银行、1637 家村镇银行、1539 家农村商业银行、641 家农村信用社、27 家农村合作银行等。随着银行业的发展和行业竞争的加剧，不同银行的风险出现了较为明显的分化。一是不同类型银行风险分化明显。根据中国人民银行 2021 年 9 月公布的《中国金融稳定报告（2021）》，人民银行 2021 年第二季度对 4400 家银行业金融机构开展了金融机构评级。[1] 评级结果显示，大型银行评级结果较好，部分农村中小金融机构存在一定风险。具体来看，大型银行中评级

---

[1]《中国金融稳定报告（2021）》，中国金融出版社 2021 年版。

结果为1级的1家，2级的12家，3级的8家，4级的2家，7级的1家。中小银行中，外资银行和民营银行的评级结果较好，分别有93%、65%的机构分布于风险相对较低的"绿区"，并且没有高风险机构；城市商业银行的评级结果次之，有73%的机构分布于"绿区"，但也有10%的机构为高风险机构；农合机构（包括农村商业银行、农村合作银行、农村信用社）和村镇银行风险最高，高风险机构数量分别为271家和122家，数量占全部高风险机构的93%。由此可见，现阶段中小银行的风险总体上要高于大型银行。二是不同区域银行风险分化明显。中国不同地区经济发展不平衡，由此导致不同地区商业银行风险差异明显。人民银行2021年第二季度金融机构评级结果显示，浙江、福建、江西、上海等省市辖区内无高风险机构；广东、江苏、湖南、安徽等省"绿区"机构占比均超过60%；19个省市辖区内高风险机构维持在个位数水平。与之相比，辽宁、甘肃、内蒙古、河南、山西、吉林、黑龙江等省区高风险机构数量较多。总体上看，商业银行风险南北差异、东西差异非常明显。三是同类型银行中不同银行之间的分化明显。结合数据可得性，我们以上市银行为例进行分析。2021年前三季度，国有大型商业银行中，邮储银行不良贷款率最低，仅为0.82%，是交通银行不良贷款率1.60%的一半左右。股份制银行中，民生银行2021年前三季度不良贷款率达到1.79%，而招商银行仅为0.93%。2021年前三季度，郑州银行在城商行中不良贷款率最高，为1.95%，而宁波银行仅为0.78%。农商行中，青岛农商行2021年前三季度不良贷款率为1.71%，比常熟农商行0.81%高0.9个百分点。此外，从近年来不良贷款率的变动趋势来看，不同银行也呈现出不同的趋势。例如，2016年以来农业银行不良贷款率总体上呈下降趋势，而其他几家国有大型银行资产质量则基本保持平稳；股份制银行中，招商银行、平安银行近年来不良贷款率均有所下滑，而民生银行不良贷款率则出现了一定幅度的上升。

表 4-1 上市银行不良贷款比率变动 （单位:%）

	2016 年	2017 年	2018 年	2019 年	2020 年	2021 年前三季度	类型
工商银行	1.62	1.55	1.52	1.43	1.58	1.52	国有大型
建设银行	1.52	1.49	1.46	1.42	1.56	1.51	国有大型
交通银行	1.52	1.50	1.49	1.47	1.67	1.60	国有大型
农业银行	2.37	1.81	1.59	1.40	1.57	1.48	国有大型
邮储银行	0.87	0.75	0.86	0.86	0.88	0.82	国有大型
中国银行	1.46	1.45	1.42	1.37	1.46	1.29	国有大型
光大银行	1.60	1.59	1.59	1.56	1.38	1.34	股份制
华夏银行	1.67	1.76	1.85	1.83	1.80	1.78	股份制
民生银行	1.68	1.71	1.76	1.56	1.82	1.79	股份制
平安银行	1.74	1.70	1.75	1.65	1.18	1.05	股份制
浦发银行	1.89	2.14	1.92	2.05	1.73	1.62	股份制
兴业银行	1.65	1.59	1.57	1.54	1.25	1.12	股份制
招商银行	1.87	1.61	1.36	1.16	1.07	0.93	股份制
浙商银行	1.33	1.15	1.20	1.37	1.42	1.52	股份制
中信银行	1.69	1.68	1.77	1.65	1.64	1.48	股份制
北京银行	1.27	1.24	1.46	1.40	1.57	1.44	城商行
成都银行	2.21	1.69	1.54	1.43	1.37	1.06	城商行
贵阳银行	1.42	1.34	1.35	1.45	1.53	1.48	城商行
杭州银行	1.62	1.59	1.45	1.34	1.07	0.90	城商行
江苏银行	1.43	1.41	1.39	1.38	1.32	1.12	城商行
南京银行	0.87	0.86	0.89	0.89	0.91	0.91	城商行
宁波银行	0.91	0.82	0.78	0.78	0.79	0.78	城商行
齐鲁银行	1.68	1.54	1.64	1.49	1.43	1.32	城商行
青岛银行	1.36	1.69	1.68	1.65	1.51	1.47	城商行
厦门银行	1.51	1.45	1.33	1.18	0.98	0.92	城商行
上海银行	1.17	1.15	1.14	1.16	1.22	1.19	城商行
苏州银行	1.49	1.43	1.68	1.53	1.38	1.17	城商行
西安银行	1.27	1.24	1.20	1.18	1.18	1.34	城商行
长沙银行	1.19	1.24	1.29	1.22	1.21	1.20	城商行
郑州银行	1.31	1.50	2.47	2.37	2.08	1.95	城商行

续表

	2016年	2017年	2018年	2019年	2020年	2021年前三季度	类型
重庆银行	0.96	1.35	1.36	1.27	1.27	1.33	城商行
常熟银行	1.40	1.14	0.99	0.96	0.96	0.81	农商行
沪农商行	1.29	1.30	1.13	0.90	0.99	0.90	农商行
江阴银行	2.41	2.39	2.15	1.83	1.79	1.47	农商行
青农商行	2.01	1.86	1.57	1.46	1.44	1.71	农商行
瑞丰银行	1.81	1.56	1.46	1.35	1.32	1.26	农商行
苏农银行	1.78	1.64	1.31	1.33	1.28	1.06	农商行
无锡银行	1.39	1.38	1.24	1.21	1.10	0.93	农商行
渝农商行	0.96	0.98	1.29	1.25	1.31	1.27	农商行
张家港行	1.96	1.78	1.47	1.38	1.17	0.94	农商行
紫金银行	1.98	1.84	1.69	1.68	1.68	1.35	农商行

资料来源：Wind。

不同银行风险之所以出现分化，主要有以下三方面原因：一是银行所处外部环境的差异。比如，不同区域银行风险的差异从根本上是因为本地经济发展状况的差异。二是业务资质上的差异。部分中小银行受制于本身的经营规模和风险状况，在业务资质上受到很多限制，如开展创新业务方面的资质等，进而对银行的发展形成制约。三是金融科技的发展。由于中小银行自身在人力资源、科技系统等方面的劣势，中小银行金融科技发展相对滞后。在金融科技快速发展的背景下，中小银行与大行的差距被进一步放大。

从影响上看，不同商业银行在风险上的分化将产生以下三种后果：一是部分高风险机构可能面临更大的经营困境。部分经营业绩较差、风险较高的银行在机构声誉、业务资质、人才吸引力等方面都会受到较大的限制，由此导致经营业绩进一步恶化，经营风险进一步上升，形成恶性循环，最终可能导致风险的总爆发。二是个别高风险机构的风险将向整个银行体系传染。与其他行业相比，金融行业的脆弱性更高，风险在金融体系内的传染更快。一旦个别银行爆发风险，很容易导致风险向金融体系的传染。以2020年包商银行为例,包商银行在2019年5月被接管之后,金融市场出现了明显的流动性分层。部分中小银行尽管自身经营状况仍较为稳健,但在债券发行、资金拆借等方面面临的难度都有所上升。特别是2020年11月13日,包商银行发布公告称对"2015年包商银行股份有限公司二级资本债"本金予以全额减记后,中小银行的发债难度和发债成本明显上升。三是增加了监管政策制定和实施的难度。由于不同机构发展的不平衡,监管部门在制定政策时需要对不同机构进行统筹考虑,由此增加了政策制定和执行的难度。

(二)房地产信贷风险上升

作为国民经济的支柱产业,房地产行业一直是银行信贷资金投向最为集中的行业之一。总体上看,近年来主要商业银行房地产行业贷款占比呈现一定的上升趋势,银行对房地产业的依赖程度有所提高。图4-8反映了中国主要银行房地产行业贷款占比情况。可以看到,截至2021年第二季度末,6家国有大型商业银行房地产行业贷款在全部贷款中平均

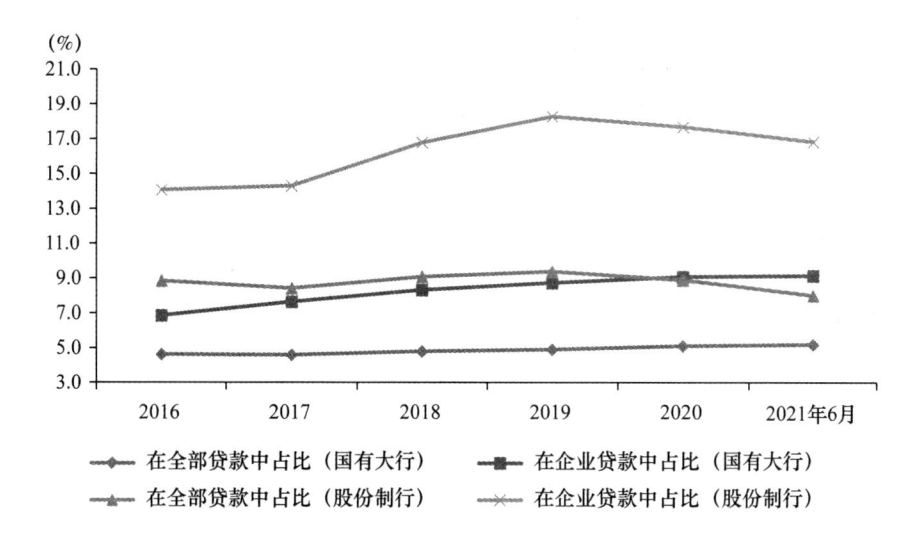

图4-8 银行房地产行业贷款占比情况

资料来源:Wind。

占比 5.20%，在企业贷款中平均占比 9.14%；与之相比，股份制银行房地产行业贷款占比更高。截至 2021 年第二季度末，华夏银行、光大银行、中信银行、浦发银行、兴业银行、招商银行、民生银行、平安银行 8 家股份制银行房地产行业贷款在全部贷款中平均占比 8.01%，在企业贷款中平均占比 16.83%。

从趋势上看，近年来国有大型商业银行房地产行业贷款占比呈现一定的上升趋势。6 家国有大型商业银行房地产行业贷款在全部贷款中平均占比从 2016 年的 4.64% 上升到 2021 年第二季度末的 5.2%，上升了 0.56 个百分点；在企业贷款中平均占比从 2016 年的 6.85% 上升到 2021 年第二季度末的 9.14%，上升了 2.29 个百分点。与之相比，股份制银行房地产行业贷款占比在全部贷款中占比有所下降，但在企业贷款中占比总体上则有所上升。具体地，样本股份制银行房地产行业贷款在全部贷款中平均占比从 2016 年的 8.84% 下降到 2021 年第二季度末的 8.01%，下降了 0.83 个百分点；在企业贷款中平均占比从 2016 年的 14.07% 上升到 2021 年第二季度末的 16.83%，上升了 2.76 个百分点。值得注意的是，受个别房地产企业信用风险暴露、债务人资金链紧张等因素影响，部分银行的关注类贷款有所抬头。根据央行发布的 2021 年 3 季度金融机构贷款投向统计报告，截至第三季度末，人民币房地产贷款余额同比增长 7.6%，低于各项贷款增速 4.3 个百分点，较上季末增速继续回落；2021 年前三季度的房地产贷款增量占比与 2020 年全年水平相比低 7.3 个百分点。特别是，2021 年前三季度，房地产开发贷款余额同比增长仅为 0.02%，个人住房贷款余额增速比上季末降低 1.7 个百分点。

从风险角度看，房地产贷款风险呈现一定上升趋势。图 4-9 反映了中国金融机构房地产行业不良贷款率变动情况。① 可以看到，2013 年以来，中国金融机构房地产贷款不良率总体上呈现上升趋势，从 2013 年的

---

① 目前的行业不良贷款率数据仅公布到 2019 年。

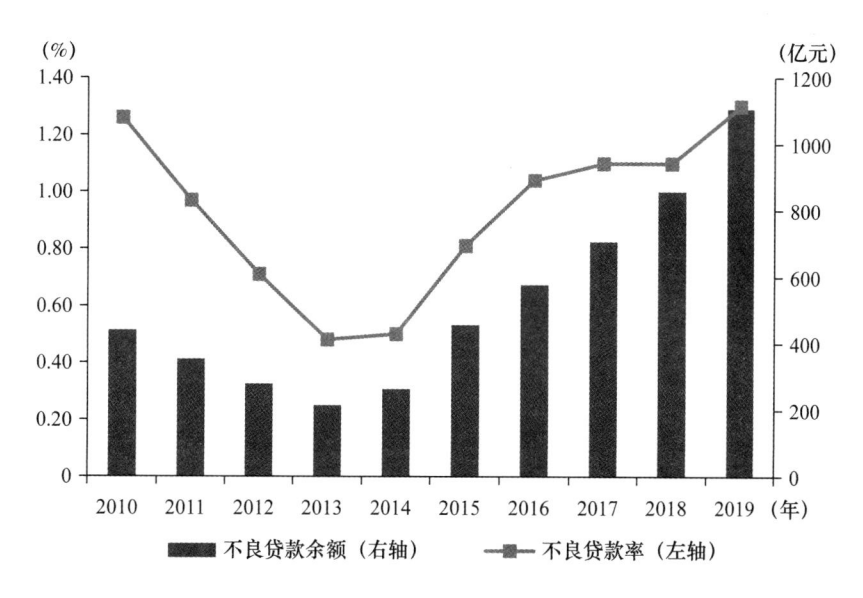

图4-9 金融机构房地产贷款变动情况

资料来源：Wind。

0.48%上升到2019年的1.30%，上升了0.82个百分点，未来预期将会进一步上升。尽管房地产行业不良贷款率与行业平均不良贷款率相比并不算高，但由于房地产行业贷款在银行业贷款中占比较高，且房地产行业处于产业链核心位置，涉及的上下游产业众多，房地产贷款风险的上升趋势仍然需要高度重视。现阶段，商业银行房地产贷款风险的加大主要有以下几方面原因：一是房地产需求的下滑。人口老龄化趋势的加剧以及城镇化步伐的放缓，房地产市场需求增速有所下降，中国房地产行业发展进入了下行周期，房地产行业高速增长的时期已经过去，房地产企业经营业绩总体上有所下滑，偿债能力有所下降。二是宏观调控政策的收紧。在"房住不炒"原则的指导下，2020年下半年以来，中央持续加强对房地产市场的调控并出台了一系列政策措施，包括针对房企的"三条红线"、针对商业银行房地产贷款的"两条红线"、针对土地供应的"两集中供地"等政策，房地产市场调控政策明显收紧。2021年以来房地产市场调控政策持续维持收紧的态势，政策收紧加大了部分房地产企业的融资难度，进而加速了其风险暴露。三是房地产企业债务的积累。在过去一段时期房地产行业快速发展的背景下，部分房企通过大规模举债的方式实现了快速扩张，由此导致房企的债务迅速上升，财务风险有所加大。四是部分代表性房地产企业的风险在房地产行业中的传染。从实际中看，2021年先后有恒大集团、当代置业、花样年、新力控股等知名房企出现债务违约。上述房企在市场上普遍处于龙头地位，其违约对行业具有较强的示范作用，对市场主体具有明显的导向作用，进而导致个体风险向行业中其他地产企业传染。

从不同银行来看，那些房地产贷款集中度比较高的商业银行受到的冲击相对较大。特别是在一些地方房地产业占据主导产业的地区，业务立足于本地的区域性中小银行由于无法在更大的范围内分散风险，导致其受到的冲击更为明显。

（三）与科技公司合作存在异化

随着金融与科技融合程度的加深，越来越多的银行业金融机构将先进的技术用于对产品和服务模式以及业务流程的改造。其中，通过与外部科技公司的合作提高自身科技实力在银行业中较为普遍。在这一过程中，规模较大的商业银行自身科技实力雄厚，主要依托于自身的科技和人才力量开展金融科技创新。与之相比，部分科技基础薄弱的中小银行则在很大程度上通过与外部科技公司的合作开展金融科技业务，由此产生一定的风险。

一是商业银行与外部科技公司的职责边界有待厘清。从实际中看，商业银行与外部科技公司合作中，涉及客户导入、风险评估、资金提供、贷后管理、风险分担等多个环节，不同环节在很多情况下交织在一起，导致金融机构与外部科技公司之间的权利义务和职责边界划分不清。在这种情况下，一旦借款人发生违约，商业银行在很多情况下需要承担较大的损失。

二是一定程度上抬高了金融服务成本。尽管通过与外部科技公司合作有助于扩大商业银行的业务范围,但外部科技公司的逐利性使得金融服务的成本大大增加。特别是,实际中金融业务产生的收益中很大一部分由外部科技公司获得,商业银行往往只能获得略高于资金成本的收益,与其承担的风险并不匹配。特别是在与一些大型科技公司的合作中,中小银行由于自身实力较弱而在谈判中处于弱势地位,获取的收益往往并不能匹配其所承担的风险。

三是在风险控制方面过于依赖外部科技公司易引发风险。在商业银行与外部科技公司合作过程中,由外部科技公司负责风险控制在实践中非常普遍,由此导致商业银行在风险控制方面对外部科技公司的高度依赖。一旦外部科技公司出现风险,将会向银行体系内部传导。

四是对少数科技巨头的依赖易引发系统性风险。实际中商业银行所依赖的云计算能力、风控所需要的客户交易和行为数据很多情况下被掌握在少数科技巨头手里,容易形成技术和数据垄断风险。如果系统重要性金融机构高度依赖于外部科技公司,或者依赖于外部科技公司的非系统重要性金融机构在数量和资产上达到一定规模,那么依赖外部科技公司的风险将可能会演变成系统性风险。

(四) 互联网存贷款业务整顿带来冲击

互联网存贷款业务是近年来快速兴起的一项业务。2021年监管部门总体上延续了前期的监管思路,压降和规范互联网存贷款业务是监管主基调,由此对商业银行风险产生了一定影响。

在互联网存款方面,存款是商业银行最主要的资金来源,也是商业银行竞争激烈的一项业务。在此背景下,互联网存款业务近年来快速发展,部分中小银行借助互联网平台来推广营销自身的存款产品。在这种业务模式中,存款产品仍然由商业银行提供,互联网平台主要起到一个引流的作用。与一般存款相比,互联网存款利率通常较高。2021年1月15日,银保监会、央行发布了《关于规范商业银行通过互联网开展个人存款业务有关事项的通知》(以下简称《通知》)。《通知》核心内容包括：(1) 银行不得通过非自营网络平台开展定期存款和定活两便存款业务，包括但不限于由非自营网络平台提供营销宣传、产品展示、信息传输、购买入口、利息补贴等服务；对于存量存款业务，《通知》规定可以到期自然结清。(2) 银行可以通过自营网络平台销售存款业务，但要严格遵守利率定价的自律机制，不得不当营销。通过直销渠道或APP渠道销售存款，应当有利率上限的约束。(3) 对吸收存款区域进行限制。地方银行互联网存款业务主要服务所在区域的客户，不得在全国范围内吸收存款。总体上看，压降和规范互联网存款业务对于规范银行存款行为、降低银行资金成本、维护金融体系稳定等具有积极意义，但在短期内则可能会对部分银行的流动性造成不利影响，甚至导致流动性风险。从实际来看，受到冲击较大的主要有以下两类银行：一是部分缺少线下网点的民营银行。这些银行在设立之初就定位于发展线上业务，缺少物理网点，主要依靠线上渠道拓展业务，对互联网存款依赖程度较高。二是部分区域性中小银行。此类银行规模较小，缺乏物理网点和客户基础，品牌影响力有限，本地经济基础较为薄弱，筹集存款的难度较大，也在较大程度上依赖第三方互联网平台吸收存款。部分传统中小银行通过这类平台吸收异地个人存款的规模占其各项存款的比例超过70%。

在互联网贷款方面，为落实中央关于规范金融科技和平台经济发展的要求，进一步加强金融监管，更好地防范金融风险，2021年2月20日，中国银保监会发布了《关于进一步规范商业银行互联网贷款业务的通知》。该通知是对2020年7月中国银保监会发布的《商业银行互联网贷款管理暂行办法》的细化。主要内容包括：一是全流程风控必须自主可控。要求商业银行应强化风险控制主体责任，独立开展互联网贷款风险管理，并自主完成对贷款风险评估和风险控制具有重要影响的风控环节，严禁将贷前、贷中、贷后管理的关键环节外包。换言之，商业银行互联网贷款的贷前、贷中和贷后管理的风控关键环节必须自主完成。二是加强出资比例管理。商业银行与合作机构共同出资发放互联网贷款的，应严格落实出资比例区间管理要求,单笔贷款中合作方出资比例不得低于30%。30%的出资比例从互联网贷款资产方的出资要求上极大地限制了单个合作机构的互联网贷款规模。三是强化合作机构集中度管理。商业银行与合作机构共同出资发放互联网贷款的,与单一合作方(含其关联方)发放的本行贷款余额不得超过本行一级资本净额的25%。这一集中度管理对于大银行来说问题不大,因为大银行在合作机构的互联网贷款占本行一级资本净额的比例并不高。但是对很多城商行、农商行等部分中小银行而言,部分银行甚至百分之百新增互联网贷款全部来自一两家互联网巨头。四是实施总量控制和限额管理。商业银行与全部合作机构共同出资发放的互联网贷款余额不得超过本行全部贷款余额的50%。这一规定实际上将倒逼商业银行发展自己的互联网贷款产品和本土渠道流量,即要建立自己的贷款品牌,发展自己的线上贷款生态。五是严控跨地域经营。地方法人银行开展互联网贷款业务的,应服务于当地客户,不得跨注册地辖区开展互联网贷款业务。无实体经营网点、业务主要在线上开展,且符合银保监会其他规定条件的除外。

从长远看,监管限制有助于推动农村中小银行打造核心能力,但在短期内,由于资金和投入能力有限,加之资金成本偏高,地方法人银行在与大型银行的竞争中所面临的不利地位可能愈加明显。具体地,从短期影响看,对互联网贷款(特别是联合贷款)监管的强化对中小银行,特别是给在资产端面临较大投放压力的农村中小银行带来不小的挑战。主要体现在以下两个方面:一是存量互联网贷款的调整。随着互联网贷款新规的出台,那些互联网贷款占比较高的银行将面临较大的贷款调整压力,需要根据新规对存量互联网贷款进行压降和清理,使之满足新规对互联网贷款占比、集中度等方面的监管要求。特别是,在清理过程中如果出现抽贷、断贷等情形,将会对借款人造成损害。《商业银行互联网贷款管理暂行办法》规定的过渡期为2年,即截止到2022年7月16日。二是部分资产荒问题将会持续。受限于本地经济状况,以及技术、人力资源等方面的约束,农村中小银行的信贷下沉能力有限,加之大型银行下沉"掐尖",农村中小银行在资产运用方面的瓶颈愈加突出。在这种背景下,通过"联合贷款"来拓展资金运用渠道,是缓解"资产荒"困境、获取收益的重要途径。随着对互联网贷款业务的整顿,上述银行在资产业务拓展方面将面临更为严峻的形势,资产荒问题预计将会持续。

(五) 延期还本付息政策退出产生风险

为应对疫情对企业特别是中小微企业的冲击,有关部门先后多次出台了针对中小微企业贷款实施的临时性延期还本付息政策。具体如下:(1) 2020年3月1日,中国银保监会会同中国人民银行等五部委联合印发《关于对中小微企业贷款实施临时性延期还本付息的通知》(银保监发〔2020〕6号),对于2020年1月25日以来到期的困难中小微企业(含小微企业主、个体工商户)贷款本金,银行业金融机构应通过贷款展期、续贷等方式给予企业一定期限的临时性延期还本安排,还本日期最长可延至2020年6月30日;对于2020年1月25日至6月30日中小微企业需支付的贷款利息,付息日期最长可延至2020年6月30日,免收罚息。(2) 2020年6月1日,中国人民银行等五部委发布《关于进一步对中小微企业贷款实施阶段性延期还本付息的通知》(银发〔2020〕122号)明确,对于2020年6月1日至12月31日期间到期的普惠小微贷款(包括单户授信1000万元及以下的小微企业贷款、个体工商户和小微企业主经营性贷款),按照"应延尽延"要求,实施阶段性延期还本付息。对于2020年底前到期的其他中小微企业贷款和大型国际产业链企业(外贸企业)等有特殊困难企业的贷款,可由企业与银行业金融机构自主协商延期还本付息。具体地,对于2020年6月1日至12月31日期间到期的普惠小微贷款本金,银行业金融机构应根据企业延期还本申请,结合企业受疫情影响情况和经营状况,通过贷款展期、续贷等方式,给予企业一定期限的延期还本安排。还本日期最长可延至2021年3月31日;贷款付息日期最长可延至2021年3月31日,免收罚息。(3) 2021

年 3 月 24 日召开的国务院常务会议决定,将计划于 3 月 31 日到期的普惠小微企业贷款延期还本付息政策继续实施延期,同时信用贷款支持计划也将进一步延至 2021 年底。为落实国务院常务会议精神,2021 年 4 月 1 日,中国人民银行等五部委出台《关于进一步延长普惠小微企业贷款延期还本付息政策和信用贷款支持政策实施期限有关事宜的通知》(银发〔2021〕81 号),要求把普惠小微企业贷款延期还本付息政策延期至 2021 年 12 月 31 日。对于 2021 年 4 月 1 日至 12 月 31 日期间到期的普惠小微企业贷款(包括单户授信 1000 万元及以下的小微企业贷款、个体工商户和小微企业主经营性贷款),由企业和银行自主协商确定,继续实施阶段性延期还本付息。

随着中国经济的逐步复苏,作为一项非常规性支持政策,延期还本付息政策预计将逐步退出。对于银行而言,延期还本付息政策的退出意味着风险将会逐步暴露,银行将面临较大的不良贷款反弹压力,将在一定程度上对冲掉银行不良贷款处置的效果。由于这一政策主要面向中小微企业,而中小银行客户以中小微企业为主且中小银行资产规模较小,风险分担能力相对较弱,因此,延期还本付息政策的退出对中小银行造成的不良资产反弹压力将会更加明显。

(六)资管新规过渡期结束造成冲击

2018 年 4 月 27 日,央行、银保监会等部门联合印发了《关于规范金融机构资产管理业务的指导意见》(以下简称"资管新规")。资管新规的出台是过去一段时期中国强化金融监管、防范化解金融风险最重要的举措之一。根据资管新规要求,过渡期后,具有证券投资基金托管业务资质的商业银行应当设立具有独立法人地位的子公司开展资产管理业务,该商业银行可以托管子公司发行的资产管理产品,但应当实现实质性的独立托管。资管新规初始规定的过渡期为意见发布之日起至 2020 年底。2020 年初开始暴发的新冠肺炎疫情对商业银行经营状况产生了较大的影响,导致商业银行资产管理业务转型进度有所延缓。在这种背景下,为避免过快转型对银行造成过大冲击，2020年7月31日，人民银行发布《优化资管新规过渡期安排 引导资管业务平稳转型》公告称，为平稳推动资管新规实施和资管业务规范转型，经国务院同意，人民银行会同发展改革委、财政部、银保监会、证监会、外汇局等部门审慎研究决定，资管新规过渡期延长至2021年底。

从目前情况来看，中国银行理财产品净值化转型总体上较为顺利。截至2021年末，银行理财净值型产品规模稳步上升，净值型产品存续余额26.96万亿元，占比92.97%，绝大部分银行如期完成理财存量整改计划。从不同类型银行来看，城商行理财产品净值化转型速度要快于国有大型银行和股份制银行。目前市场在售和存续的理财产品中，仍存在一部分非净值型理财产品，商业银行存量资产管理产品能否全部按时完成转型仍具有一定的不确定性。在商业银行存量资产管理相关的资产中，目前尚未整改的存量资产主要投向了非标准化债权、资本补充工具和未上市企业股权等领域，这些资产通常具有期限较长、流动性较差、估值难度较大等特点，银行面临的处置难度较大。

三 展望与政策建议

第一，加大不良资产处置力度。近年来监管部门把加强不良资产处置作为化解银行业风险的一项关键性举措。其中，2020年、2021年分别处置不良资产3.02万亿元、3.10万亿元。随着宏观经济的下行以及应对疫情支持政策的退出，未来一段时期银行业不良资产继续上升是一件大概率事件。因此，应当利用好当前中国银行业金融机构总体经营状况良好的有利时间窗口，继续加大不良资产处置力度。一是开展不良资产专项清收行动。加强金融机构与公检法等部门的协同，加强宣传，加大对失信行为的惩戒力度，在社会上营造有利于不良资产处置的氛围。二是改进不良资产转让相关工作。2021年1月12日，银保监会办公厅印发《关于开展不良贷款转让试点工作的通知》（银保监办便函〔2021〕

26号），正式批准单户对公不良贷款转让和个人不良贷款批量转让，以试点方式拓宽了银行业不良贷款的处置渠道和方式。其中，该《通知》的出台标志着自2012年《金融企业不良资产批量转让管理办法》（财金〔2012〕6号）发布以来被禁止的零售类不良资产批量转让业务，以部分银行试点的方式被监管正式重启。从实际情况看，目前已有多家银行多个零售类不良资产包在银登中心完成了竞价，涵盖信用卡、个人消费、个人经营等多种形式。从未来情况看，应当进一步完善不良贷款转让的制度保障，根据试点情况及时总结相关经验，完善业务流程和制度，更好地发挥不良贷款转让在商业银行不良资产处置中的作用。三是加大对线上处置渠道的应用。金融科技不断强化在不良资产行业应用的深度与广度，为未来展业开辟了全新尝试和应用空间。近段时期以来，越来越多的商业银行通过与资产管理公司合作，采取"线上+线下"融合的方式处置不良资产，包括推介信息发布、线上直播推介、现场尽调快速对接等。

第二，着力提高中小银行抵御风险能力。中小银行是中国银行体系中的弱势群体，也是未来很长一段时期中国防范化解金融风险的重点领域。防范化解中小银行风险从根本上说需要提高其竞争力。未来一段时期，应当重点推动以下几方面工作。一是加快推进省联社改革。省联社体制已经成为当前制约中国农村中小银行发展的一个瓶颈。因此，未来一段时期，要把推动省联社改革作为新一轮农村金融改革的突破口，提升农村中小金融机构经营绩效。建议由国家层面牵头制定省联社改革总体方案。省联社改革涉及的利益主体较多，涵盖地方政府、中央政府不同部门权责划分，需要由国务院、中央全面深化改革领导小组等机构牵头制定总体改革方案，协调各部门利益并推动方案落实，破除部门和地方利益藩篱。省联社改革的一个关键在于淡化省联社行政管理职能。按照"政企分开"原则将省联社行政管理职能交由省级金融监督管理局负责；将省联社的人事权下放给各县市级农金机构，避免在人事任免、薪酬制定等方面对农金机构的干预。二是引导大银行与中小银行实现错位竞争。近年来，在国家政策支持和监管考核要求下，大银行业务下沉造成中小银行优质客户流失，对中小银行生存空间造成了明显挤压。未来一段时期，要对部分大行在农村地区开展普惠金融业务实施窗口指导，引导大行与农村中小金融机构实施错位竞争。对大行开展普惠金融业务设立差异化的考核标准，比如，将规模较大的企业纳入大行的普惠金融服务对象，使得大行与农村中小金融机构在普惠金融服务对象上形成错位。对部分大行在农村地区以明显优于市场平均水平的条件提供金融服务、严重扰乱金融秩序的，由监管部门进行查处并勒令整改。三是优化中小金融机构网点布局。网点运营成本高企已成为部分中小银行运营成本居高不下的一个重要原因。从未来情况看，应当允许中小金融机构根据需要撤并乡镇网点。对于客户数量和业务量低于一定门槛、运营成本过高、实际发挥作用有限的乡镇网点，允许银行对网点进行撤并，优化资源配置，降低金融机构运营成本。引导中小银行对物理网点实施智能化改造。为中小金融机构物理网点改造提供指引，降低网点人力和运营成本；引导和鼓励中小金融机构实现线上渠道与线下渠道的融合发展，更好地发挥物理网点的作用。

第三，加强对房地产信贷风险的管控。从银行角度看，一是加强对房地产等重点行业贷款风险的排查与跟踪，对风险及时进行研判，做好潜在风险处置预案。二是坚持"房住不炒"的原则，利用好大数据技术等科技手段，确保个人消费贷、经营贷等资金违规流向房地产领域。三是严格落实针对房地产企业的"三条红线"以及针对商业银行房地产贷款的"两条红线"等政策，对不符合政策要求的进行清理整改，降低对房地产贷款的依赖程度，确保银行房地产业务的合规运营。四是做好贷款集中度管理。对于贷款过于集中的重点客户削减贷款投放，实现贷款风险的分散化。从政策制定角度看，应当根据房地产市场的发展情况，合理把握房地产信贷政策调控的力度和节奏，防止房地产行业风险向银行体系传染。

第四，规范商业银行与外部科技公司的合作。一是坚持金融业务须持牌的原则。对于现有法律法规要求持牌的业务，只能由持牌机构经营；现有法规未要求持牌的业务，如获客、信贷技术以及贷后管理等领域，应允许持牌机构与各类具有专业优势、合法合规的非持牌机构的合作，鼓励市场竞争以提高效率。二是加强对各类机构的监管。对于持牌机构与持牌机构之间的合作，由相应监管部门分业管理，但要保持政策的协调性；对于持牌机构与非持牌机构之间的合作，以持牌机构为监管主体，监管可要求持牌机构根据审慎原则建立白名单制度，将资质较差、潜在风险较大的机构排除在外。此外，监管部门可以根据现有监管规定适度延伸监管范围，在必要情况下对持牌机构的合作对象进行监管检查和评估。三是鼓励大银行对中小银行的科技输出。充分发挥大银行在科技、人才、管理等方面的优势，鼓励大银行与中小银行建立长期的合作关系，通过银行自身或金融科技子公司等主体向中小银行进行科技输出，为中小银行发展金融科技进行赋能。

第五，做好互联网存贷款新规产生的风险防范。在资金来源方面，一是引导银行打造自身的互联网资金筹集平台。《关于规范商业银行通过互联网开展个人存款业务有关事项的通知》并未限制银行通过自营网络平台吸收存款的行为。银行应当积极采取金融科技手段，打造网络平台吸收存款。二是引导银行实现从"存款管理"向"负债管理"的转变。鼓励银行更多使用非存款负债资金，采取包括同业拆借、发行债券等方式筹集债务资金，拓宽资金来源。三是引导银行实现从"负债管理"向"资金管理"的转变。通过引入战略投资者、发行股份、资产证券化等方式多渠道筹集资金，提高资金来源的多元化程度。在资金运用方面，一是要按照互联网贷款新规要求对存量互联网贷款业务进行清理，降低合规风险。二是立足本地市场，深入挖掘本地市场信贷需求，加强产品创新，开发出符合本地经济发展特点的特色化金融产品，做优做精，提高金融服务效率。

第六，做好相关政策的衔接工作。一是合理把握疫情支持政策退出的节奏。对疫情支持政策退出对银行特别是中小银行的潜在影响进行摸排和测算，做好政策退出的舆论引导，加强政策沟通，防止政策突然退出对商业银行和小微企业造成的冲击。在政策退出过程中保持一定的灵活性。对于实际中存在较大困难的借款主体，可以由银行采取"一事一议"的方式确定贷款本息还款安排，提高政策的针对性。二是对资管新规退出的影响进行跟踪评估。确保存量理财业务的顺利处置。对于部分处置难度较大的银行，可以适当增加资管新规的过渡期，为商业银行落实好资管新规提供一定的空间。

2021 年资本市场风险分析[*]

2021 年中国资本市场继续在新冠肺炎疫情影响下执着前行,市场各项功能运行平稳。在改革方面,进一步扩大市场开放、加强事中事后监管和开设北京证券交易所等各项改革举措陆续出台,在提高市场开放度和包容度的同时,保持了市场总体稳定。市场运行的周期性、结构性和体制性风险因素仍然存在,某些风险因素可以通过调整监管规则、制定落实处置预案等方式在短期内妥善处理,一些风险因素则会长期存在,需要在经济增长和资本市场发展进程中逐步化解。

一 资本市场整体风险状况

基于已有文献研究中对于中国资本市场潜在系统性风险隐患的界定(详见下文专栏 1),以及 2021 年资本市场风险信号的新变化,我们发现整体估值水平、市场波动、境外资本流动、境内外市场偏离水平、场内杠杆率和投资者情绪 6 项表征市场风险的重要指标在 2021 年发生了一定变化,值得从风险评估的角度给予充分重视。同样,我们用市场波动、场内杠杆率和违约预期 3 项指标刻画债券市场风险状况的变化。

---

[*] 执笔人:张跃文,中国社会科学院金融研究所资本市场研究室主任、研究员;谭智佳,清华大学经济管理学院博士研究生。

（一）股票市场总体风险状况

2021年，A股市场估值水平较上年明显回落，但两年复合水平呈现增长态势。截至2021年12月31日，A股主板上市公司按市值加权的平均静态市盈率为16.82倍，低于2020年的20.20倍，略高于2019年的15.68倍，略高于过去十年日度市盈率的中位数16.38倍，处于55.27%分位点。创业板上市公司平均市盈率为63.26倍，较2020年的64.39倍略有回落，高于2019年的49.88倍，略高于过去十年日度市盈率的中位数53.50倍，处于80.16%分位点。科创板上市公司平均市盈率为55.50倍，显著低于2020年的79.82倍，也显著低于开板以来日度市净率的中位数74.06倍，处于8.09%分位点。A股市场整体波动明显降低，突发

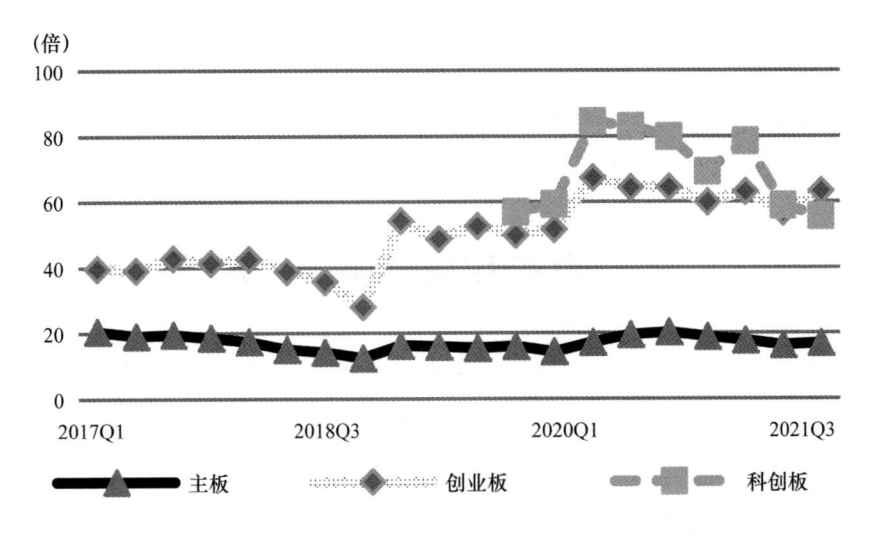

图 5-1 A 股市场各板块估值水平

注：近52周波动率 = $\{\sum[(R_i - \sum R_i/52)^2]/(52-1)\}^{0.5}$，$R_i$为过去52个周对数收益率，代表了过去一年中市场指数的波动剧烈程度，波动越剧烈此波动率越大，市场越稳定此波动率越小。

资料来源：Wind。

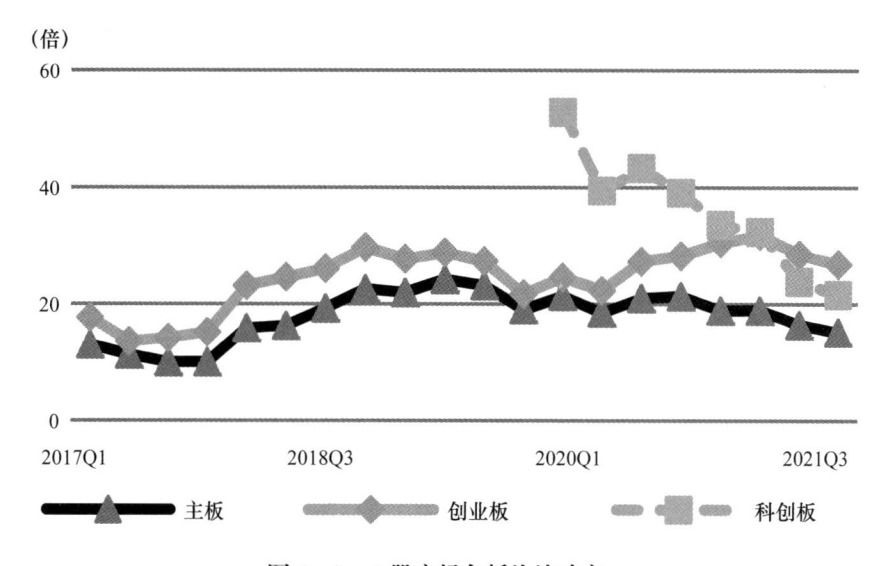

图 5-2 A股市场各板块波动率

注：近52周波动率 = $\{\sum[(R_i - \sum R_i/52)^2]/(52-1)\}^{0.5}$，$R_i$ 为过去52个周对数收益率，代表了过去一年中市场指数的波动剧烈程度，波动越剧烈此波动率越大，市场越稳定此波动率越小。

资料来源：Wind。

性冲击较少且未能引起普遍市场反应，表明市场运行的稳定性和韧性有所增强。截至2021年12月31日，主板指数近52周波动率为15.17%，明显低于2020年末和2019年末的21.33%和19.05%。创业板指数波动率为26.79%，介于2020年末和2019年末的28.24%和21.71%之间。科创板指数波动率为21.59%，大幅低于2020年末的39.05%，表明科创板市场投资者正在从初开市时的过度兴奋变得更加理性。

随着股票市场对外开放程度的提升，境外市场对A股市场的影响也逐步增加。境外资本净流入显著增长。一是沪股通平均每日净流入显著增长。2021年沪股通平均每日净流入为8.42亿元，较2020年的3.70亿元提高了127.57%，较2019年的6.69亿元提高了25.86%。二是深股通平均每日净流入为10.37亿元，较2020年的5.34亿元和2019年的8.34亿元均显著提高。境外资本净流入的增长，一定程度上反映了中国股票市场对境外资本的吸引力增长。2021年虽然境外股市向内传导风险有所降低，但仍不容忽视。本报告使用沪深300指数日度收益率与标普500、恒生指数日度收益率相关系数度量境外市场的风险传染程度。截至

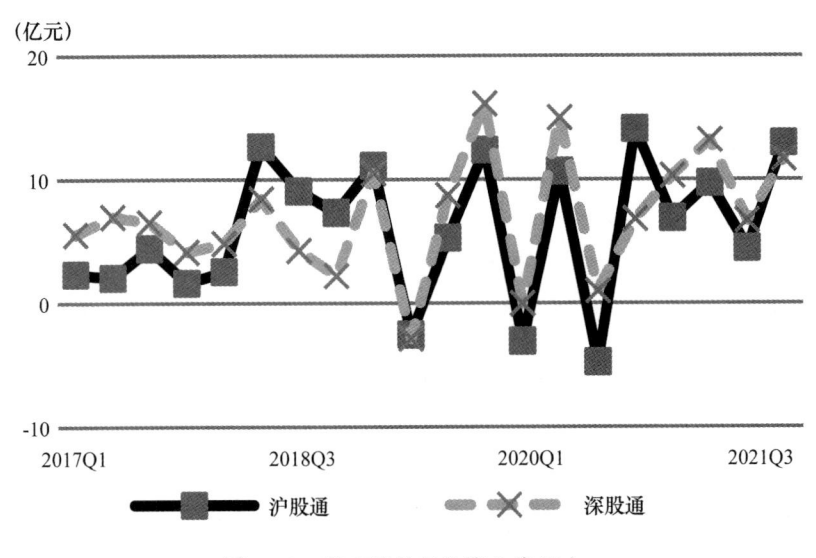

图5-3 股市境外日均资金净流入

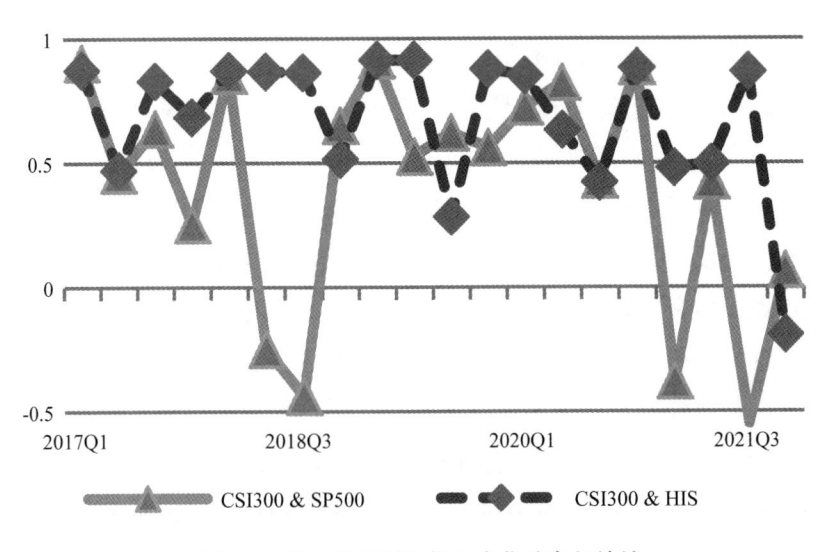

图5-4 境内外主要股指日度收益率相关性

2021年12月31日，沪深300与标普500指数日度收益率相关系数为-0.76，呈现出负相关关系，明显异于2020年的0.85和2019年的0.82。分季度看，2021年第一季度沪深300与标普500的相关系数为-0.38，第二、第三季度的相关系数分别为0.43和-0.55，而第四季度二者的相关系数下降至0.07，明显弱于2020年第四季度的0.89和2019年第四季度的0.56。同时，沪深300与恒生指数日度收益率相关系数为0.74，明显强于2020年的0.28，强于2019年的0.25。A股市场与海外市场相关性的大幅变化，一定程度上增加了预测外部市场输入风险的难度。

A股市场场内杠杆率显著上升。本报告采用场内融资融券余额与A股总市值之比来度量场内杠杆率水平。近十年来，A股市场场内杠杆率在2015年股灾前曾超过2.30%，截至2021年12月31日，A股场内杠杆率为2.00%，较2020年末和2019年末的2.03%和1.72%有进一步的提升。过去五年中国A股市场的场内杠杆率总体呈现上升趋势，目前处于较高水平。

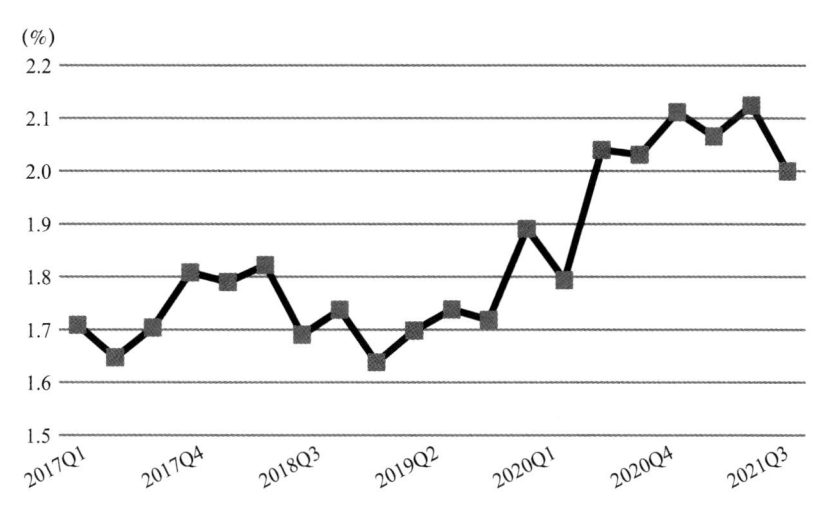

图5-5 A股市场场内杠杆率

在经济稳增长形势不明朗，市场估值明显回落的情况下，A股投资者对后市看法趋于谨慎，投资者信心指数逐季回落。截至2021年末，投资者信心指数为57.0，较2020年末的63.0明显下降。按季度看分别为58.2（第一季度）、57.5（第二季度）、55.4（第三季度），呈现逐季下降趋势。

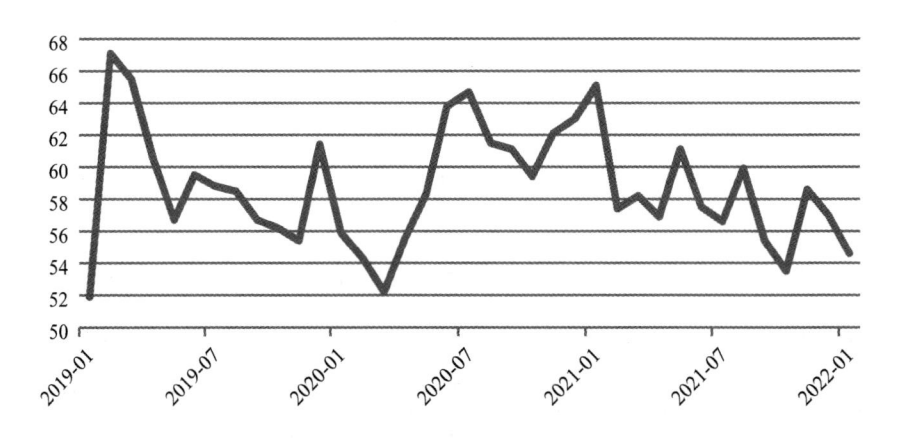

图5-6　A股市场投资者信心指数

资料来源：中国证券投资者保护基金公司。

（二）债券市场总体风险状况

债券市场整体波动略有降低。本报告采用1年期AAA级公司债券到期收益率的标准差度量债券市场的波动率。截至2021年12月31日，债券市场波动率为0.16%，显著低于2020年末的0.47%，也低于2019年末的0.10%。分季度看，自2021年开始，债券市场波动率在第一季度、第二季度、第三季度和第四季度分别为0.10%、0.05%、0.08%和0.04%，呈现出逐季下降趋势。

债券市场场内杠杆率有所降低。本报告采用债券回购成交额与债券托管量的比值来代表债券市场的场内杠杆水平。截至2021年12月，债券市场的场内杠杆率水平为1.29，高于2020年底的1.23和2019年底的1.15。平均来看，2021年月度平均杠杆率水平为1.07，低于2020年的1.12和2019年的1.11，整体杠杆率水平呈现下降趋势。本报告采用一年期 AAA+级和 AA 级中期票据利差来度量债券市场信用风险预期。截至 2021 年 12 月 31 日,债券市场信用利差均值为 2.68%,高于 2020 年的 2.56%,也高于 2019 年的 2.40%。分季度看,2021 年第一季度利差均值攀升至历史新高 2.82%,随后在第二、第三季度略有下降,分别为 2.65% 和 2.62%,第四季度均值为 2.64%。

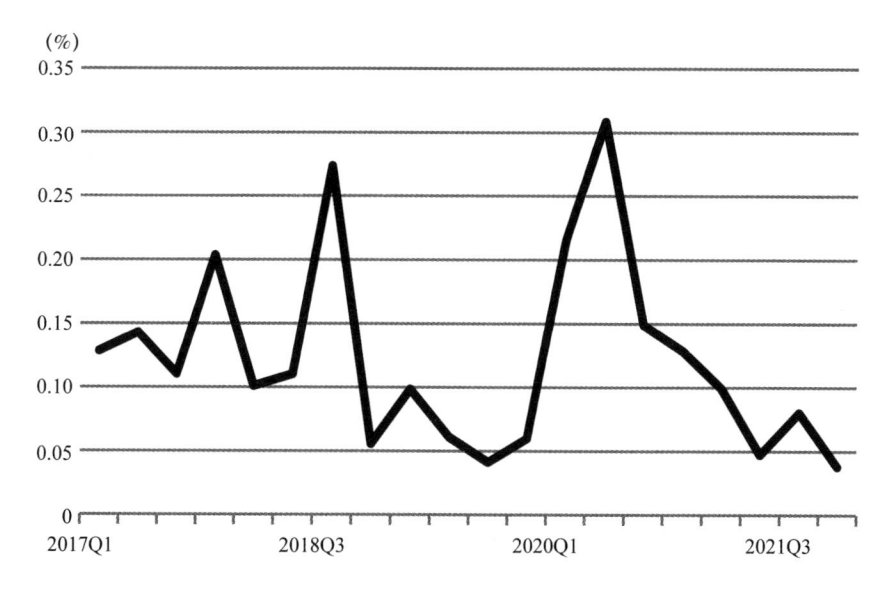

图 5-7 债券市场波动率

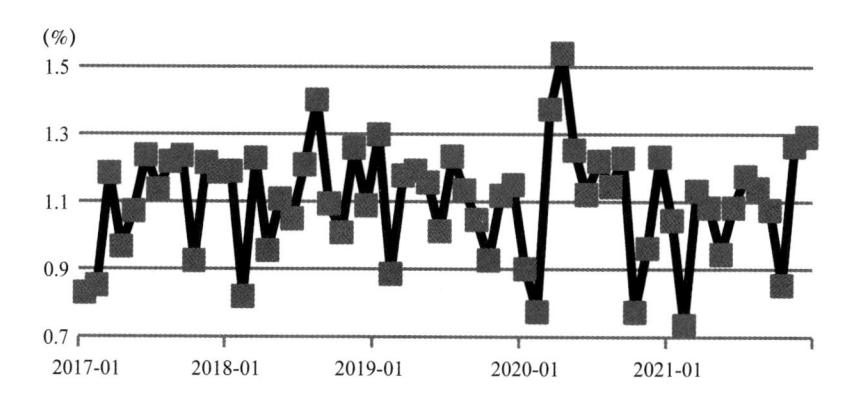

图 5-8 债券市场场内杠杆率

资料来源:Wind。

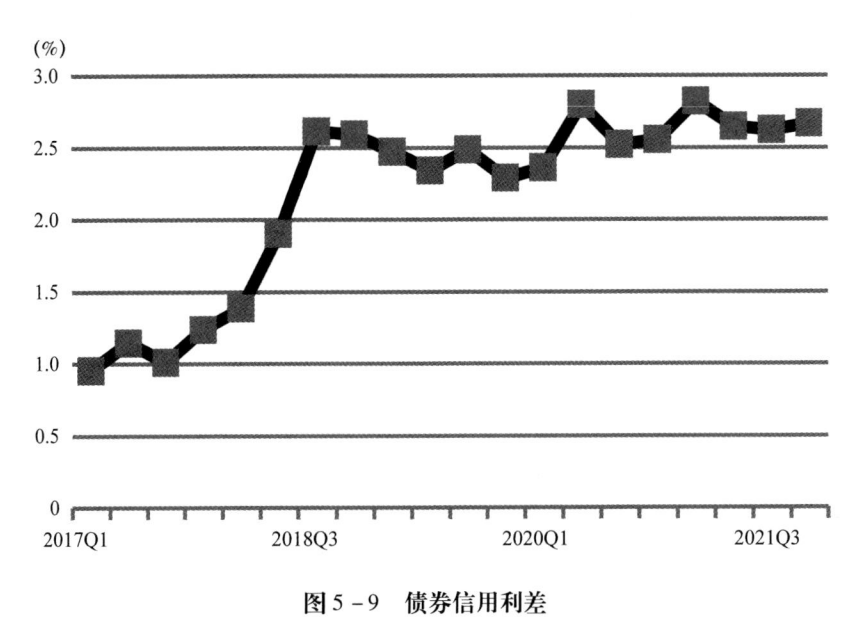

图 5-9　债券信用利差

资料来源：Wind。

专栏 1　股票市场重大风险源

通过总结已有研究文献对于股票市场重大风险因素的分析，我们发现一般意义上的股票市场风险来源主要包括五大类，即个体局部风险、交易风险、政策制度风险、系统性风险和不可抗风险。

个体局部风险可能是个股风险和行业、区域的局部风险两种。个股的股价崩盘、个体企业的爆雷可能显著影响市场信心，甚至引起行业或市场系统性风险。尤其今年以来景气、上涨的个股集中，市场中大量个股无人问津（郑步春，2021），对头部个股的监测、救助是极为重要的（张嘉明等，2021）。行业或区域局部风险的产生可能是部分头部个股的信息溢出导致投资者过度反应导致的，也可能是政策调控的级联反应，对头部个股的监测和政策制定的风险预案是重要的。这些股票市场的个体局部风险主要来自实体经济中的不利信息。尤其是个体企业本身陷入困境，经营循环和融资循环被打破（张启路等，2021），存量业务无法持续经营、增量业务无法实现投资。不利信息会迅速反映在股价中，甚至过度反应引起剧烈震荡，进而影响持有人的资产价值、投资者信心和市场流动性水平。

交易风险主要表现为投资者追涨杀跌的过度反应或一些股价操纵行为。尤其是大规模的机构投资者对股价的推动、利用股指期货恶意做空获利等，被认为是2015年股灾的重要原因（陈建、康诗汇，2015）。政策制度风险也是股票市场重要的风险来源。股指期货的做空漏洞、新股发行的提速、融资融券与降息降准的杠杆催化政策、突然加大的去杠杆力度和监管应急制度的不完善同样是2015年股灾的重要原因（赵庆明、郭孟，2015；崔文官，2016）。此外，一些行业调控政策也是引起行业局部股价大跌的冲击。

系统性风险可能来自宏观经济体的变动、货币政策、市场流动性、税收政策等。此外，一些不可抗因素可能为股票市场带来风险。气候风险就是一个代表，不可抗的极端气候可能引起灾难、农产品生产经营、资产受损等，为此中国承诺碳达峰、碳中和，这些低碳经济政策又会对能源行业带来转型风险（陈国进等，2021）。

市场流动性是对股票市场波动影响最大的因素之一。与实体经济中应收、应付、现金流管理的流动性特征不同，股票市场流动性问题因为具备很强的顺周期效应而可能引起严重关联效应。这反映在两方面，一是上述五种风险的冲击可能通过初始资产价格冲击引起资产被抛售（追捧）进一步抑制（推高）股价，二是可能通过股票持有关系、股权质押融资、强制平仓制度等使更多投资者面临流动性困境。因此初始的局部流动性冲击或货币政策收紧可能被股票市场放大，产生系统性流动性危机。

政策不确定性是资本市场波动的另一重要因素。2021年以来，一些重要的经济金融政策的出台可能对部分行业产生冲击，比如地产金融政策对房地产行业的冲击、低碳经济政策对传统能源行业的冲击、退市制度对部分上市公司的冲击、地方债务风险管控对城投债的冲击等，都需重点关注。

图 5-10　股票市场风险结构

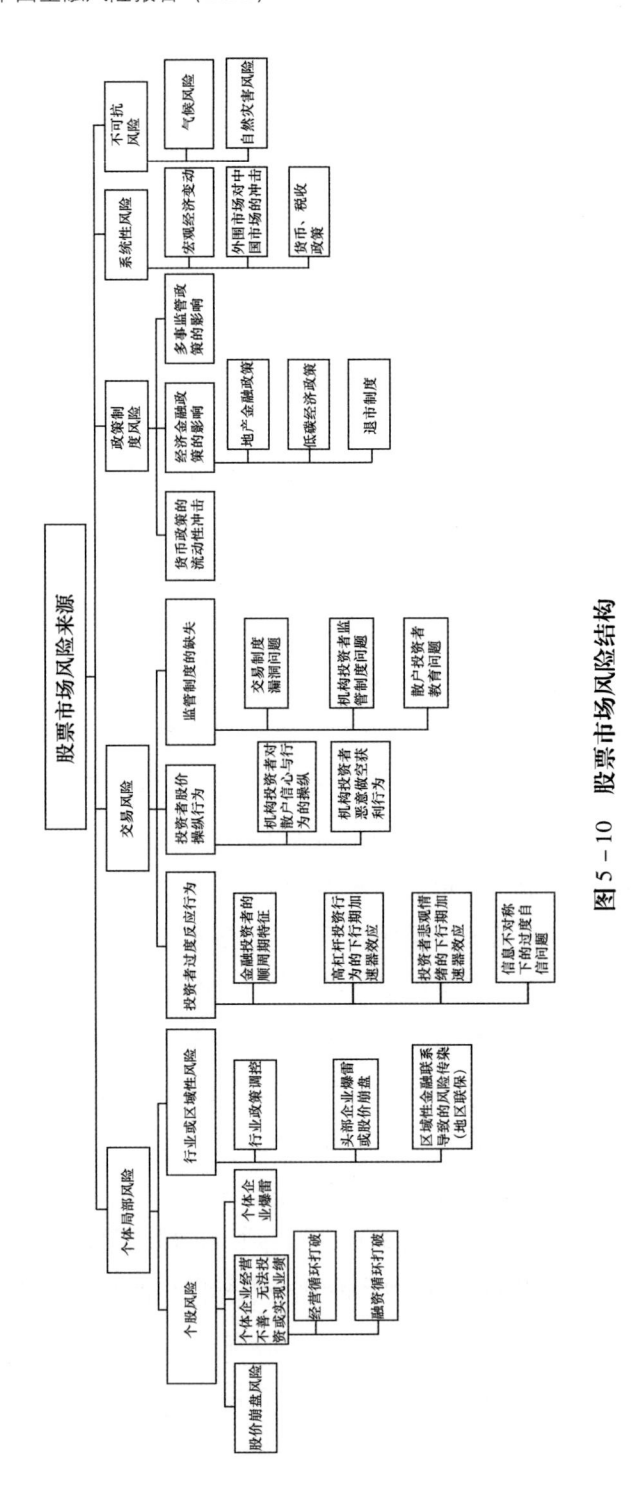

二 资本市场重大风险点及特征

根据近年来资本市场风险形势的发展变化趋势，2021年我们主要关注基本面变化较大的特定行业、特定证券品种和重点风险传染渠道的风险状况变动。这些风险点较有可能进一步酝酿成市场重大风险隐患。

（一）特定行业风险

能源、电力行业。在"碳达峰、碳中和"低碳经济政策下，中国光伏、锂电、风电等新能源行业受到各类资本追捧，截至2021年12月31日，新能源行业上市公司平均市盈率达到44.51，处于过去三年的90.26%分位点，2021年以来的加权收益率达到62.76%。

相反，传统能源和高耗能行业在2021年以来普遍经历估值水平持续下调，煤炭行业市盈率仅为8.95倍，处于过去三年的32.47%分位点；石油天然气行业为10.10倍，处于8.90%分位点；钢铁行业为8.29倍，处于31.82%分位点。这些行业上市公司估值走低，意味着市场不看好这些行业前景，相关上市公司的融资能力将会有所下降。从基本面来看，上述三个行业的债务清偿能力也出现下降。截至2021年第三季度，煤炭行业上市公司流动比率为0.84，速动比率为0.79，油气行业和钢铁行业的偿债能力指标特征与煤炭行业相类似，总体处于预警区间。

房地产行业。2020年以来，房地产行业发布了多项调控政策，包括2020年下半年的"三道红线"融资新规、银行业房地产贷款集中度管理并设置房地产贷款和个人住房贷款规模上限等。为了降低银行体系风险集中程度、防止出现房地产市场短期过热，适当的融资调控政策是必要的。现阶段需要采取措施避免房地产企业硬着陆并引起系统性流动性危机。估值水平方面，截至2021年12月31日，房地产行业上市公司按市值加权的平均静态市盈率为11.72倍，处于过去三年95.45%分位点，高于2020年末的9.59倍和2019年末的10.81倍大致相同。投资收益率方面，2021年以来，房地产行业上市公司按市值加权的平均股票收益率为 -10.26%（同期沪深300跌幅5.20%），低于2020年的 -9.32%，更低于2019年的26.47%。行业波动率方面，截至2021年12月31日，过去一年的房地产行业上市公司按市值加权的波动率为21.46%，较2020年末的19.43%有所增长（见图5-11）。

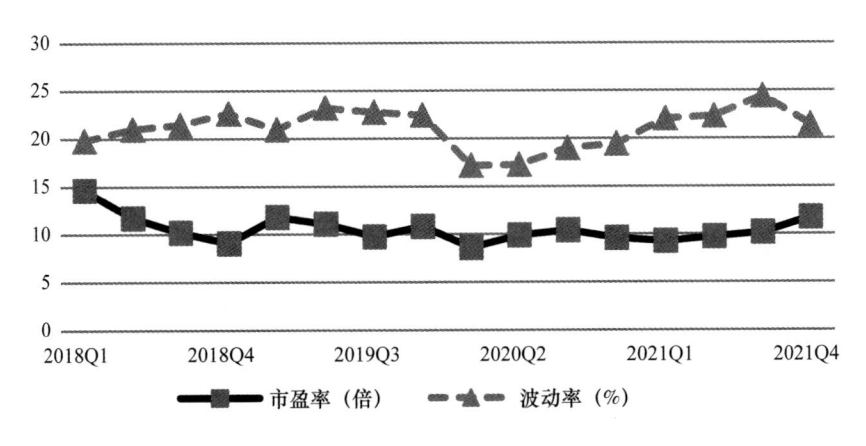

图5-11 房地产行业估值水平与波动率

资料来源：Wind。

房地产行业的稳定性与地产金融调控政策密切相关。当前房地产企业主要面临的经营难题有三：一是限购限贷导致的需求侧销售难度加大；二是"三道红线"、集中供地等导致的供给侧开发难度加大；三是行业调控信用收紧导致的资金端融资难度加大。2021年7月19日，恒安达地产集团公告广发银行针对恒大的一项财产保全行动；9月下旬，关于恒大陷入流动性困境、濒临债务违约的消息流入市场。这两个消息导致中国恒大（3333.HK）一日内一度下跌17%，投资者对其他房企信用风险的担忧进一步导致地产股和金融股的普跌，若干港股房企股价日跌超10%。目前看来，恒大事件只是个案，且暂未引起系统性流动性危机，这一定程度上是因为9月、10月迅速出台的"放松"地产金融政策缓解了房企激增的信用风险和投资者对房地产行业的悲观情绪。恒大事件引发的房地产头部企业的系统重要性问题，提示人们要密切关注该行业龙头企业的信用风险流动性变化。

非银金融行业。已有文献的研究结果表明，银行并非中国系统性风险的主要来源，以国有大型银行为主的银行体系更可能是金融风险接收者，发挥风险承担作用，非银行金融业更可能成为系统性风险的来源，主要包括信托、保险和证券等部门。马亚明和胡春阳（2021）基于严谨的实证研究，对2008—2019年14家非银金融上市公司的自身极端风险概率、极端风险网络关联度以及金融系统整体极端风险网络关联度进行测算，结果证明非银金融行业的系统风险重要程度与金融政策紧密相关。2012年以前，依托银信通道业务的扩张，信托部门的极端风险网络关联度最高；2012年以后，证券部门监管宽松、投资范围扩张，证券公司的风险网络关联度超过信托部门。2014年以来，随着证券业协会调控券商资管业务、"国十条"放宽保险资金的使用范围，保险公司成为三者中对系统性风险影响最大者。虽然2017年金融强监管、"去杠杆"政策降低了保险公司的极端风险网络关联度，但2019年由于保险公司资管规模总量的持续增加、投向非标资产比重的不断提升，保险公司的网络关联度突然出现了显著上升。

估值水平方面，截至2021年12月31日，保险行业上市公司按市值加权的平均静态市盈率为9.99倍，处于过去三年17.14%分位点，低于2020年末与2019年末的16.14倍与12.65倍。投资收益率方面，2021年以来，保险行业上市公司按市值加权的平均股票收益率为-37.07%（同期沪深300跌幅5.20%），低于2020年的5.03%和2019年的51.87%。行业波动率方面，截至2021年12月31日，过去一年的保险行业上市公司按市值加权的波动率为23.76%，与上年基本持平。

由中国人寿、中国人保、中国太保和新华保险财报可知，截至2021年第三季度数据，寿险、财险业务新单保费同比下降，综合成本率同比提高，归母净利润增速有放缓趋势，这可能与寿险转型和车险综改压力有关。上市保险公司的投资规模保持上升趋势，应关注资产总量提升、非标资产投资增长可能带来的金融体系极端风险网络效应。

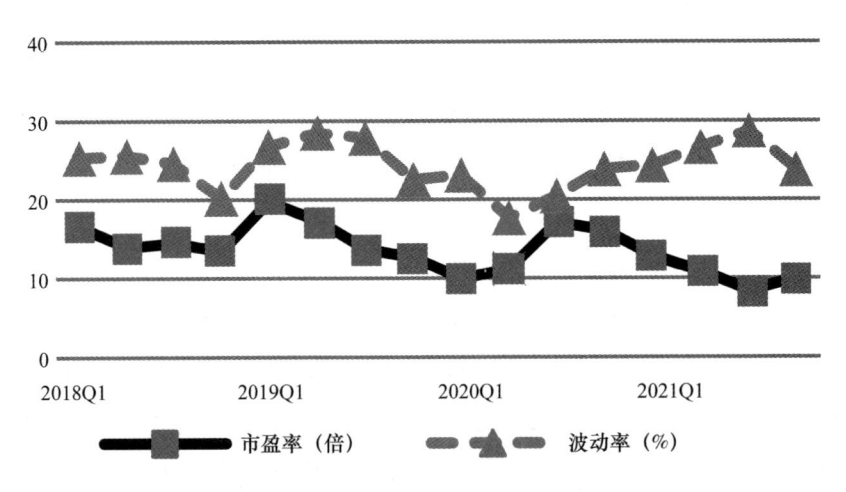

图 5-12 保险行业估值水平与波动率水平

资料来源：Wind。

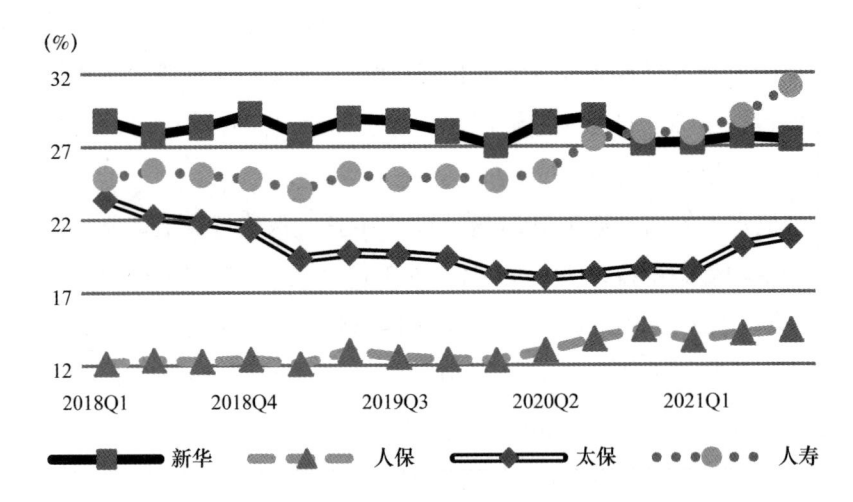

图 5-13 保险公司持有至到期资产占总资产比例

资料来源：Wind。

航空业。新冠肺炎疫情的阶段性反复，叠加原油和外汇市场的负面冲击，对航空业比较不利。航空机场上市公司规模较大，尤其是南方航空、中国国航和中国东航同时为交通运输行业的头部企业。为避免类似海航的头部企业爆雷或崩盘引起系统性风险，应重点关注相关企业的经营情况。截至2021年第三季度财务报表，航空业上市公司资产负债率的中位数为68.25%，与2020年和2019年的61.03%和54.86%相比显著提升；流动比率中位数为0.61，与2020年和2019年的0.66和0.80相比显著降低；速动比率中位数为0.61，与2020年和2019年的0.65和0.78相比有所降低。上述偿债能力、流动性指标总体上呈现恶化趋势，均处于被预警区间，航空业整体流动性水平不容乐观，应密切关注头部企业，出现流动性紧张时及时采取纾困措施。

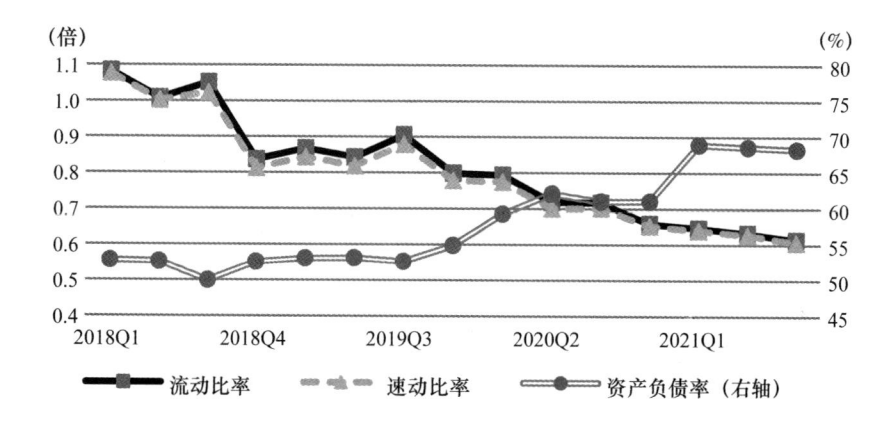

图5-14 航空业偿债能力指标变化

资料来源：Wind。

除上述行业以外，还有一些分散在不同行业的大型企业也面临经营困难，这些企业的基本面明显弱化，有可能带动本行业乃至某些特定市场板块出现集体走低甚至存在局部崩盘风险。

（二）特定证券风险

如果不仅仅局限于特定行业，而将关注范围放大到整个资本市场，那么债券违约可能是最显而易见的市场风险点，其中产业债和城投债的

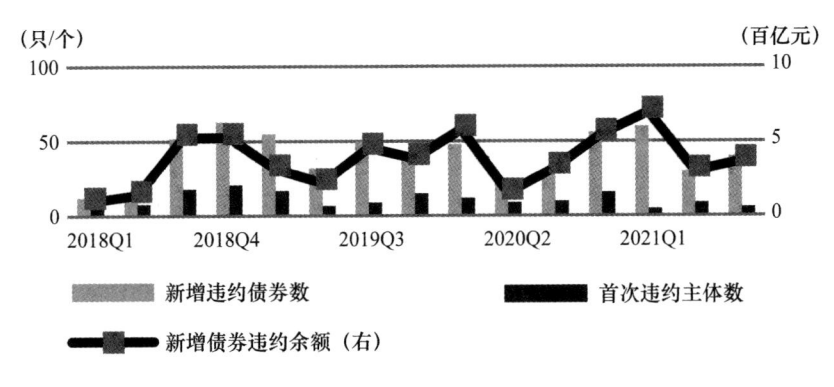

图 5 - 15 信用债违约情况

资料来源：Wind。

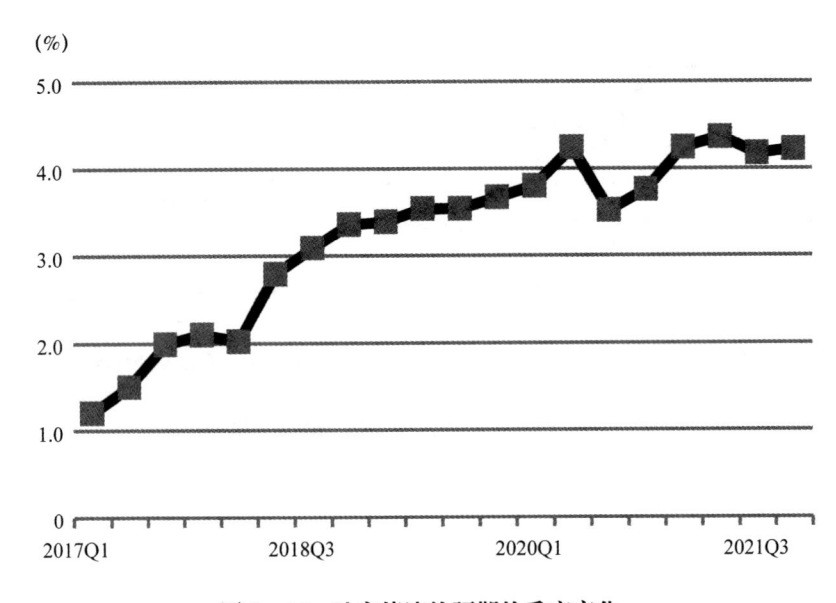

图 5 - 16 地产债违约预期的季度变化

资料来源：Wind。

违约风险最高。2021 年，新增违约债券 148 只，金额合计 1595.93 亿元，其中首次违约主体个数为 20 家。同前两年相比，平均每只违约债券金融、平均每家企业违约金额均有所提高。近三年中，违约主体数量最多的行业是房地产行业、建筑与工程行业与综合类集团企业，主体性质多是民营企业。特别地,地产债在宏观地产金融调控政策、信用收紧、恒大风险事件叠加影响下,众多境内外地产债评级被下调,以一年期AAA级与AA-级地产债利差度量的信用违约风险预期近来有所上升,需重点关注。

2020年开始,为对冲新冠肺炎疫情影响,城投债的发行量与净融资规模显著增长,提高了未来债务到期的集中偿还资金压力。2021年城投债总融资规模为7.48万亿元,略高于2020年总融资规模6.44万亿元,高于2019年4.36万亿元总融资规模。由于2020年发行的城投债期限集中于2—3年期,2022年城投债到期偿还压力加大。

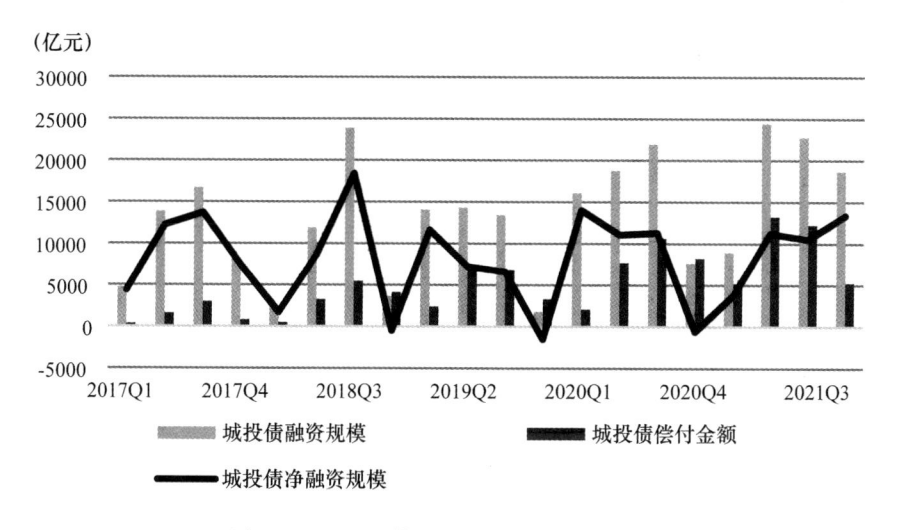

图 5-17　城投债发行、偿付的季度变化

资料来源:Wind。

2021年国务院、财政部多部门出台系列文件,坚决遏制地方政府隐性债务增量,健全市场化、法制化的债务违约处置机制。2月、4月证监会与上交所、深交所分别发布公司债发行规定,提出城投公司发行公司债应符合地方政府性债务管理的相关规定,不得新增地方债务,并对城投企业公司债募集资金用途、信息披露进行严格规定,并实施城投公分类监管，要求总资产规模小于100亿元或主体信用评级低于AA（含）的弱资质城投企业审慎申报，需强化自身偿债保障能力。这使得弱资质

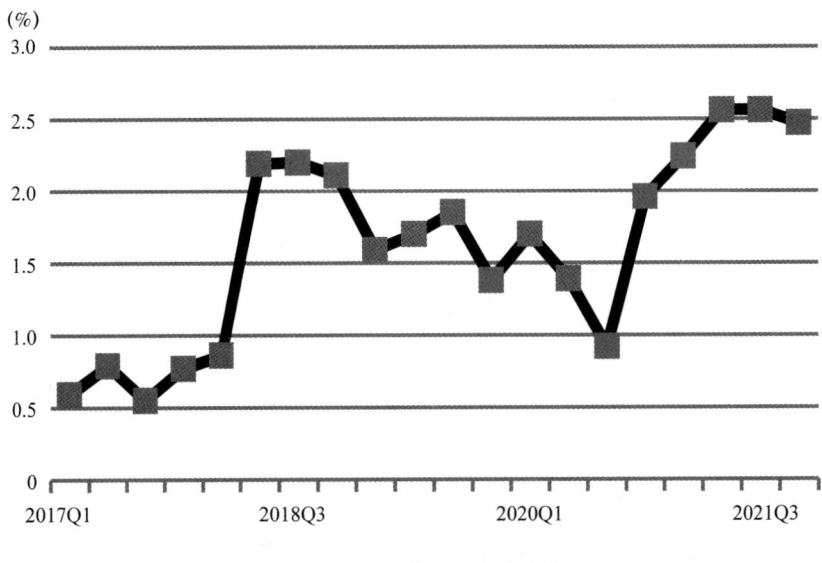

图5-18 城投债违约风险预期

资料来源：Wind、中金公司研究部。

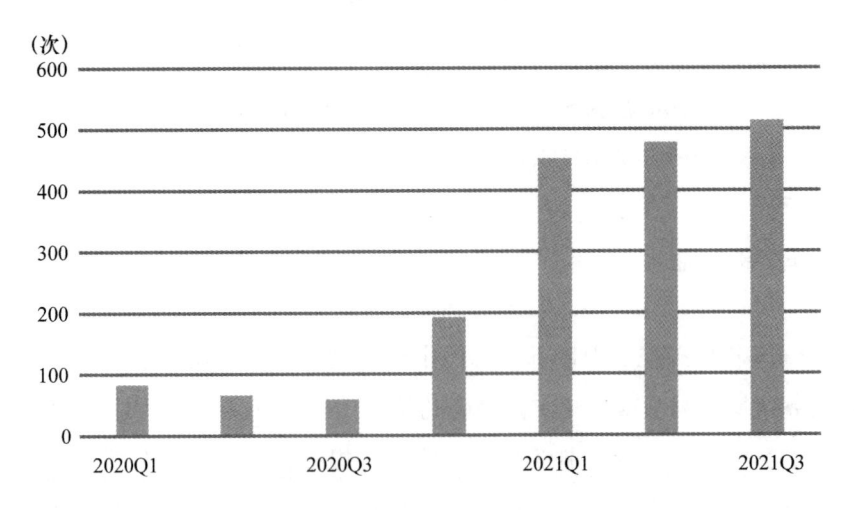

图5-19 城投债异常交易次数变化

资料来源：Wind、中金公司研究部。

城投公司的再融资难度进一步加大。

城投债市场风险偏好承压且投资者情绪脆弱，主要体现在两方面，一是以一年期 AAA 级与 AA - 级城投债利差度量的信用违约风险预期近来有所上升，尤其是 2020 年第三季度以后。二是 2020 年第四季度永煤违约事件后，城投债异常交易次数同比、环比上升且月度波动加大。考虑到 2021 年城投债到期偿还量的增长，需密切关注高负债率、弱资质企业的城投债。

（三）特定风险传染渠道

市场中发生个体或小规模风险事件是正常的，主要应避免局部风险"一传十、十传百"引起系统性风险传染效应。结合当前中国资本市场风险传染特征，我们认为需要关注三大类风险传染机制。

其一，大型企业通过复杂贸易、金融关系或信息溢出传播风险。风险传染效应的传染机制是交易关系和信息溢出机制，大型企业往往具备复杂网络关系和代表性，一旦发生风险事件可能通过复杂贸易或金融关系、利空信息溢出效应引起系统性的风险传染效应。企业的贸易关系主要指上下游供应商或经销商，甚至其再上层交易主体与企业发生的贸易联系。大型企业的风险事件不仅影响企业的正常支付或供货，还可能使得企业丧失信用背书能力，间接影响交易对手的融资能力，甚至因为联保关系拖累原本正常经营的联保对手。

其二，居于枢纽地位的金融机构投融资关系。金融体系内金融机构间相互投融资、持有同类资产，建立起复杂的机构间风险传染网络。已有大量研究讨论如何从监管、制度层面防范金融体系内的风险传染，但少有研究讨论金融机构在实体企业风险传染中的作用。实际上，金融机构的投资关系远比实体企业复杂，其潜在风险传染效应可能比实体企业影响更大、传染更快、后果更严重（谭智佳等，2020）。中国金融机构（尤其是银行）占据谈判优势，投资合约多包含随时抽贷、退回募投或业绩对赌条款，加之中国金融体系具备较强政银同源性，容易对政策过度反应（如2017年的PPP清库政策、2019年的房地产调控政策），枢纽地位的金融机构投融资关系会构成杠杆作用极大的风险传染网络，应被重点监测。

其三，高杠杆投资者的投融资行为。高杠杆、投资标的集中度较高的投资者，其风险集中度也比较高、风险承担能力相对较弱。一旦投资标的发生风险事件，这些投资者一方面容易迅速陷入财务困境，另一方面更可能通过"追涨杀跌"而非"价值投资"加剧金融体系的顺周期特征，引起更为严重的投资者出逃和风险传染。杠杆投资是2015年股灾发生的主要原因之一，前文展示了2021年股市杠杆率的上升，那可能只是冰山一角。实际上与股票投资相关的场外配资和其他各类债务性资金间接入市的活动持续存在，而且几乎与场内杠杆率同步涨落，但由于场外杠杆投资行为比较隐蔽，不易被监管机构发现和查处，一直没能完全纳入监管视野。另一方面，市场中的高频交易增加，以高频交易为特征的量化基金资产规模已达到2200亿元，采用高频交易策略的券商资管产品、基金公司资管产品和保险产品也在增多。已有研究表明，高频交易会加剧市场波动，加快市场流动性枯竭，进而催生系统性风险。

专栏2 资本市场中的风险传染效应

风险传染效应主要有两种产生路径，交易关系机制（Allen and Gale, 2000）和信息溢出机制（Lee, 1998）。

交易关系机制下，风险会沿交易链路传染。从微观上，一个主体的风险可能会因为其无法完成兑付向应收款方或代偿方传染，或因其无法完成生产向应收货方传染。以近日影响较大的恒大集团无法正常经营、陷入流动性困境的消息为例：恒大集团仅中国恒大（3333.HK）这一上市主体总负债就近2万亿元。恒大集团一旦陷入财务危机，会影响上游欠款未付的供应商、众多债权人、员工的资金回流，影响下游客户产品的正常交付；供应商、债权人的流动性问题还会进一步波及上一层供应商和债权人。

微观上的个体风险事件和小规模风险传染效应的出现是自然的，市场上交易主体的优胜劣汰有助于稀缺金融资源的优化配置。需要避免的是个体、小规模风险"一传十、十传百",波及市场上大量本可正常经营的优质主体。

通过交易关系发生的风险传染效应引起系统性风险可能有三种路径。其一,具备超大规模、复杂多样贸易关系的实体企业主体的风险传染事件(刘超等,2021),如海航、恒大等大型集团、跨国公司。其二,具备枢纽地位、发散金融关系的金融中介主体的风险传染事件。金融中介的风险可能通过关联的资产负债关系传染给其他金融中介,引起金融体系内的系统性风险(方意、黄丽灵,2019)。此外,金融中介的风险还可能因为资金来源方的要求或政策监管的限制,通过金融中介广泛的抽资、抽贷、退回募投资金等行为,传向大量实体企业,甚至是具备正常经营能力的优质企业(谭智佳等,2020)。为防范局部风险通过交易关系引起系统性风险,应密切关注上述两类主体、金融监管政策,并要求其构建相应的流动性风险预案。其三,某企业资金构成众多上市交易对手重要流动性、价值增值来源的情况下,企业的风险事件可能引起多项上市主体资产市值的大幅贬值,进而显著影响广大股权持有人的盈利或再融资能力。此时,需重点防范关联众多上市主体的个股股价崩盘风险。从持有人角度,首先,对于风险承担能力低的个人股权持有人,比如总投资金额较少、资产分布集中的投资者,一个更优的策略可能是将资金委托专业、风险分散的机构投资者投资。引导各类基金公司的竞争发展、规范个人投资者财产保护机制是防控风险传染的重要手段。其次,对于机构股权持有人,规范的财务性机构投资者应当具备风险分散和承担能力,产业性机构投资者可能因强业务关联或协同效应而看涨某上市主体并持有其股票,此二类机构投资者应被充分监管并保障其在风险承担能力范围内投资,二类之外的机构大量持股应被教育和监管。

从宏观层面,全球资本市场一体化进程下跨地区市场间的贸易联系、金融联系同样搭建起风险传染渠道。对于中国金融市场而言,关注来自发达经济体金融市场的外围风险并防范其导致中国金融市场的流动性危机和资产急剧贬值也是重要问题。稳步而非激进推进中国资本市场与全球资本市场的相依水平、稳步推进资本账户开放也是防范跨市场风险传染的有效手段（费兆奇，2020）。

信息溢出机制的影响是广泛、突然的。一个负面信息的出现可能波及大量相关主体，这可能表现为一个不利政策或环境冲击，或表现为少数主体的违约，引起众多同类主体的违约或资产的贬值。信息的溢出可以被拆分为信息发出、信息的接收两步。

从信息发出的角度，一些产生跨行业影响的信息，容易引起广泛的风险传染效应。已有大量严谨的学术研究基于行业或市场指数数据进行了统计分析，这种产生广泛影响的信息溢出者有能源市场（杨子晖、王姝黛，2020）、黄金市场（宫晓莉、熊熊，2020）、日常消费品行业（杨子晖等，2020）、房地产行业（杨子晖等，2018）、金融行业（杨子晖，2020）等，而金融行业中尤以银行业（李政等，2019）、保险业（马亚明、胡春阳，2021）、股票市场和外汇市场（方意等，2021）为主。特别地，政策环境变化、资本市场平稳或震荡对信息的溢出有显著的调节作用（周开国等，2020）。可以说，能源、日消、房地产、保险、外汇以及政策环境都是扰动资本市场的信息来源，而资本市场又会通过信息溢出或催化调节效应产生系统性风险。

信息的接收方面，一些负面信息的放大机制是关键问题，这包括负面信息本身的杠杆机制和接收方的过度反应机制。负面信息的杠杆机制主要来自经济金融体系本身的特征，包括金融体系顺周期行为产生的金融加速器效应会放大信息的直接负面影响（Bernanke et al.，1999），外汇市场竞争性贬值进一步加剧资产贬值和流动性紧张（Corsetti et al.，1999）等。而信息接收方的过度反应机制则产生于投资者信息不对称下的从众行为（Agenor and Aizenman，1998）、过度自信下的过度反应（Horvath，2018）、流动性约束下竞争行为（Yuan，2005）。这些投资者行为会导致负面信息涉及的大量资产被抛售，出现资产大幅贬值或流动性紧张现象。信息接收阶段两种放大机制的抑制需通过政策环境的改善

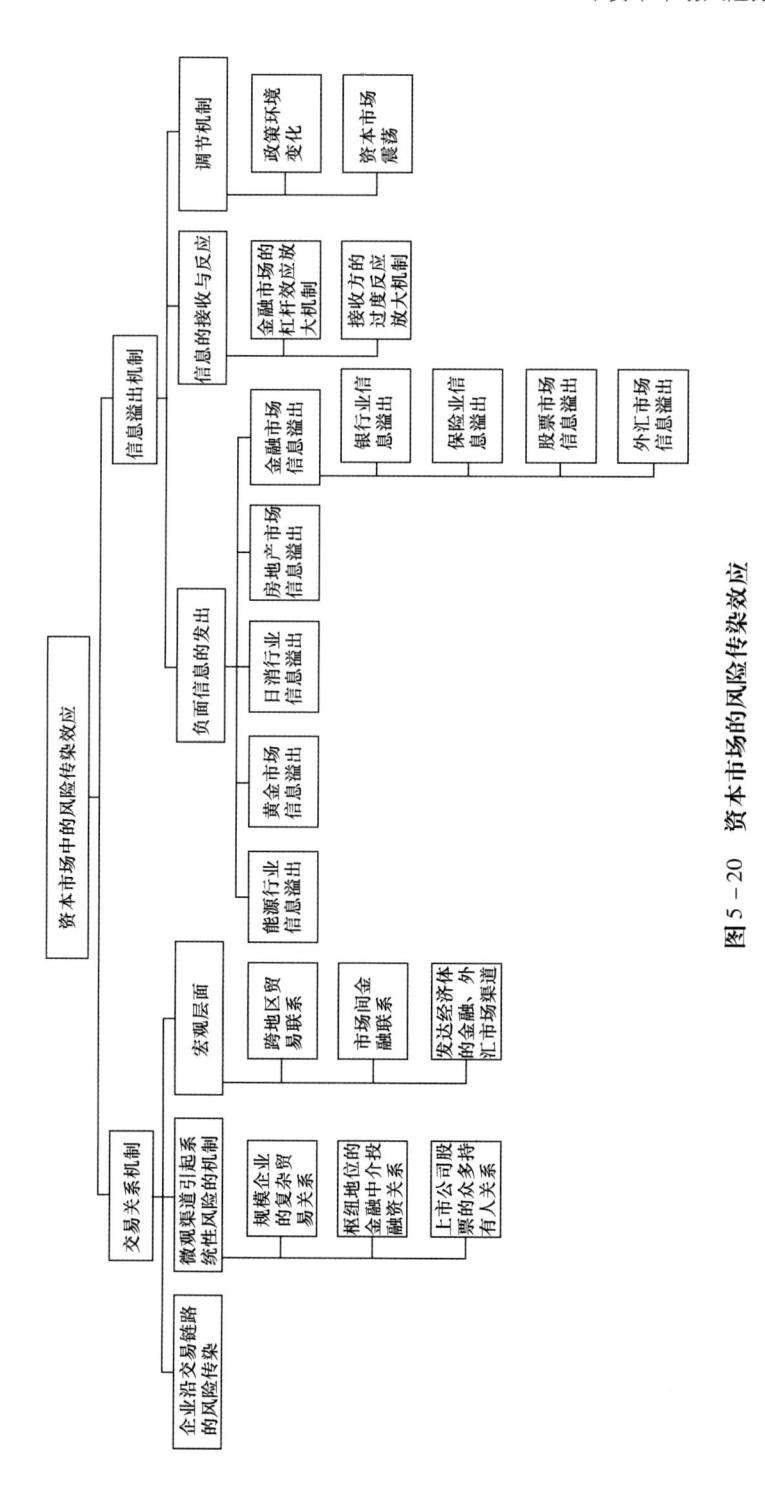

图 5-20 资本市场的风险传染效应

和信息传递的提效来实现。不过这些机制设计的优化是复杂、缓慢的，只有产品或资产竞争力的显著提升，和投资者资产评估技术创新、金融科技和风控模型的迭代，能直接缓解信息不对称下投资人顺周期的过度反应。引导实体经济发展、产业升级、金融中介技术创新才是有效解法。

三　2022年资本市场重要风险演进趋势及政策建议

（一）2022年需要重点关注的风险领域

2022年，随着疫苗的普及和临床药物研发取得进展，新冠肺炎疫情防控有望进入后期，疫情对实体经济的影响继续弱化。实体经济与金融体系中固有的周期性、结构性和体制性问题将上升为阻碍经济高质量发展和金融稳定的主要因素。我们预计，2021年资本市场已经存在的一些风险因素还有可能进一步发展酝酿，国际国内形势变化，还有可能孕育出新的风险因素。2022年国内资本市场需要关注的风险可能主要包括以下几个方面。

1. 弱资质城投债违约的信息溢出效应。地方政府债务监管趋严，部分城投公司市场化转型缓慢，偿债能力持续弱化，市场对城投债违约担忧在增长，加之2022年进入城投债兑付高峰，因此弱资质城投债实质性违约的案例有可能增加。由于相当一部分城投债发行人信息披露质量不高，偿债资金来源不清晰，个别债券违约极有可能产生信息溢出效应，导致投资者增加对全口径城投债的避险情绪，增加了城投债一、二级市场运行的不稳定因素。

2. 科技股回调的板块联动效应。实体经济转型升级决定了高新技术产业的近期前景，随着稳增长任务重新成为2022年的首要任务，经济转型速度可能有所放缓，预计科创板、创业板估值调整的趋势可能延续一段时间，其间市场波动会有所增加，板块联动效应明显。北交所开市和扩容进一步拉低了科技创新型企业的整体估值，为科创板和创业板增加了新压力。使用高杠杆的投资机构和个人投资者可能提高交易频率,达到一定量级的情况下,有可能形成局部市场动荡。

3. 特定行业风险冲击效应。传统能源、冶炼、房地产等行业在实体经济稳增长趋势不明朗、上游原材料价格大幅波动和终端市场复苏缓慢的形势下,同时受到双碳目标和房地产调控政策的持续影响,行业经营困难局面短期不易改观,龙头企业受累于经营规模庞大,债务压力巨大,经营失败风险有所增加。龙头企业经营一旦出现问题,将对股票市场和债券市场产生同步冲击。

4. 问题金融机构风险的网络关联效应。受实体经济转型和新冠肺炎疫情影响,部分行业和地区出现偿债能力下降,增加了金融系统的坏账风险。部分中小银行、信托公司、保险公司等中小规模金融机构面临不良资产增加、资本金不足和筹资困难等问题,出现金融服务能力弱化甚至需要外部救助的情况。金融服务能力的弱化通过问题金融机构的中介功能向其客户网络乃至相关产业链、供应链扩散,间接影响资本市场稳定。

5. 不利国际因素输入效应。随着资本市场开放水平的提高,国际风险向中国资本市场输入的渠道也在增多。新冠肺炎疫情对欧美国家经济的干扰没有结束,经济复苏持续乏力,国际资本市场对经济形势和美联储缩表的担忧仍未解除,国际敌对势力围堵和遏制中国的政策不断加码,这些不利国际因素可能会经由跨国资本流动、跨国金融服务输出乃至外国金融机构和投资者在中国市场的活动等渠道,传导到中国资本市场,形成外部输入性风险。

(二) 相关政策建议

随着资本市场功能完善、服务能力增强和开放程度不断提高,实体经济与资本市场的联系更加紧密,金融业与资本市场融合发展也渐成趋势,这些新变化使得资本市场风险防控工作进一步复杂化,需要采取一些新的政策措施来应对。根据2022年风险防控形势,我们提出以下政策建议。

1. 加强各方面政策协调。加强产业政策、财政政策、货币政策和金融监管政策的协调配合，建立明确、具体的政策制定流程，完善部际联席会议制度，充实国务院金融稳定委职能，支持金融监管部门在宏观调控政策制定过程中扩大参与，有效预防不当政策对资本市场形成次生风险。

2. 盯防问题企业和问题金融机构。对于具有系统重要性意义和网联关联度高的问题企业及问题金融机构，要尽快落实风险防控的领导责任和监督责任。责任人不仅要动态监测个体风险，制定风险防控预案，更要积极协助企业和金融机构改善经营，提高融资能力，在发展中逐步化解风险。

3. 不断提高资本市场韧性。进一步细化对证券发行人和机构投资者及各类投资工具的信息披露要求，落实上市公司实际控制人对公司违法违规的连带赔偿责任。在发行注册制条件下，全面加强资本市场事中事后监管，提高证券发行人的公司治理水平、内部控制水平和信息披露质量，不断增强市场投资者的长期投资信心，全面提高资本市场抗风险冲击能力。

4. 平衡好开放与稳定的关系。在考虑资本市场开放政策的同时，需要切实考虑市场抗风险能力的现状，加强商务、外事部门同金融监管部门和主要金融机构的沟通，充分评估具体开放政策对资本市场稳定和金融业稳定的潜在影响。加强开放条件下国内市场主体的能力建设，积极应对市场开放条件下不利国际因素可能带来的风险挑战。

5. 运用数据技术提高风险防控能力。运用先进的数据收集、分析和处理技术，动态监测重点风险源和市场运行层面风险。加强对重点企业和金融机构进行产业链供应链水平的监测。提高对外围市场的分析能力，引入人工智能技术分析和预测外围市场风险，不断完善风险预警模型。

6. 加强党对资本市场风险防控工作的领导。针对日益突出的分业监管与市场融合发展的矛盾，充分发挥党中央对各级各类金融机构党组织的集中统一领导优势，经由党组织渠道迅速将中央风险防控战略布署和具体政策传达到具体企业和金融机构，用最短的时间确保风险防控措施落实到位。同时，还可以发挥党对各实体经济监管部门和金融监管部门统一领导优势，促进监管部门间协调配合，形成合力共同化解资本市场风险。

2021年保险业风险分析[*]

近年来，保险业充分发挥风险保障功能，满足人民群众多样化保障需求的产品服务供给进一步丰富，参与社会管理、服务实体经济能力进一步提升。2021年，中国保险业在诸多领域取得了可圈可点的成绩，为行业的高质量、可持续发展奠定了坚实基础。2021年，保险行业人士普遍反映需求收缩，且对将来的预期转弱，抱持一定的悲观情绪。这既有外部环境因素的影响，如经济增长中枢下行、人口结构加速变化、金融市场持续波动以及利率处于下行区间，也离不开保险业自身的加快革故鼎新，使得潜在风险提前释放，经受着保险业由规模增长转向高质量发展的"阵痛"。中长期看，中国保险业发展空间广阔、发展韧性强大的基本特征并没有改变。

一 保险业运行状况及风险特征

（一）保险公司市值下降

2021年上市保险公司估值显著下降（见图6-1）。2021年末，保险板块的市盈率（PE）为10.02，而在2020年末为16.17。市盈率的这一变动主要受保险公司盈利改善和估值下降的共同影响。保险股与所有A股的市盈率之差从2020年末的-7.21，恶化到2021年末的-10.11。

---

[*] 执笔人：王向楠，中国社会科学院金融研究所保险与社会保障研究室副主任、副研究员。

2021年末,保险板块的市净率(PB)为1.44,仍显著大于"1",但较2020年末(1.59)下降了。保险板块的市净率的此变动受到保险公司估值下降和资本实力稳定的共同影响。保险股与所有A股的市净率之差也从2020年末的-1.28,恶化到2021年末的-1.99。保险股占A股总市值的比重从2020年末的3.80%下降到2021年第三季度末的2.21%。

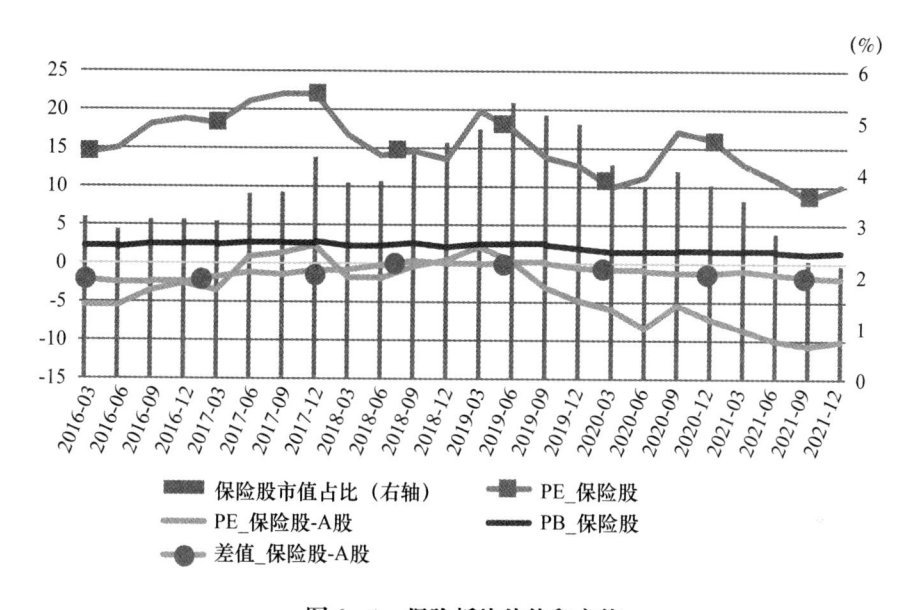

图6-1 保险板块估值和市值

资料来源:证券交易所、Wind、笔者计算。

保险股2021年的表现可谓"很不佳",在80多个行业中处于"垫底"的位置。[①] 在《金融风险报告2020》中,通过对财务指标、行业增长趋势、保单定价模式、投资环境等的分析,我们已经对这种情况有所预言。[②] 2021年第一、第二、第三和第四季度,所有A股涨幅分别为1.5%、14.2%、4.9%和2.13%。反观各上市保险公司(见图6-2),

---

① A股范围内,未包括在美国和中国香港地区上市的公司。
② 可参见王向楠关于"保险业金融风险分析";胡滨主编,程炼、郑联盛副主编:《金融风险报告2020》,中国金融出版社2021年版。

2021年前四个季度简单平均看，每个季度，中国人保跌3.8%，中国人寿跌1.9%，中国平安跌3.5%，中国太保跌5.8%，新华保险跌5.2%。具体差异与它们的业务结构、改革力度、估值修正、投资回报和创新能力有关。考虑到上市的这几家保险公司均是行业龙头企业，中小险企的日子就更难过了。

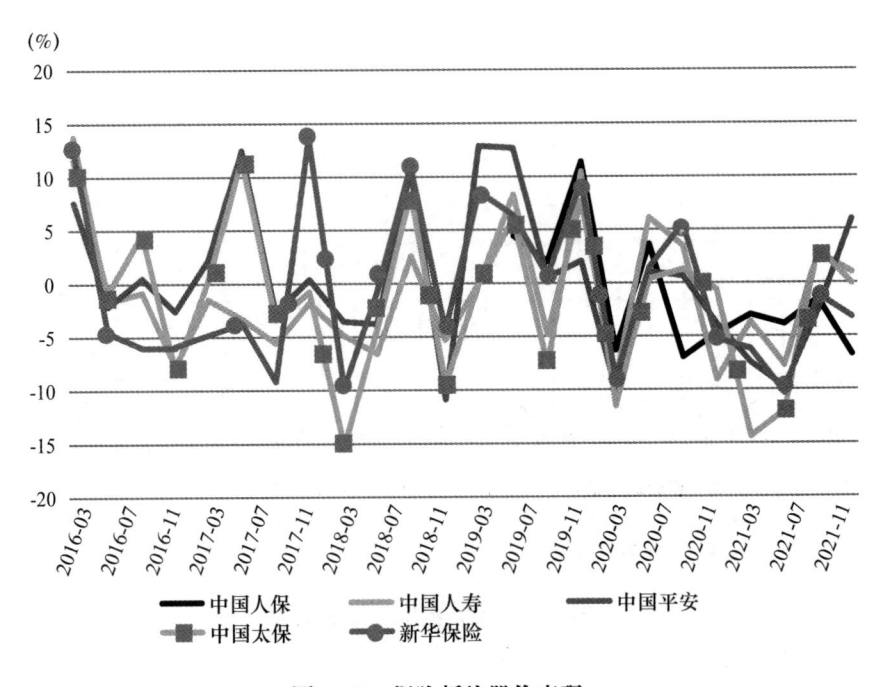

图6-2 保险板块股价表现

资料来源：证券交易所、Wind。

考虑到保险行业的盈利指标的数据很少公布，笔者收集了上市公司的数据，用图6-3报告了相关情况。常用的财务指标——资产利润率（Return on Assets，ROA）上，保险业ROA在2021年上半年为0.37%，从纵向上看，较2020年上半年保险业ROA低0.26个百分点，从横向上看，较2021年上半年所有A股的ROA低0.10个百分点。近年来，保险业的盈利日益向头部企业集中，因此，中小险企的日子应当更艰难。随着承保业务的竞争,保险公司越来越倚重投资收益,2021年上半年,5家上市险企的投资收益率的算数平均值为5.5%,与2021年上半年和2021年下半年相比差别不大。可见,在利率下行的大环境下,寿险公司取得了较好的投资回报。一年新业务价值(New Business Value,NBV)是一个反映寿险业务表现的及时性较好的综合指数。2021年上半年,5家上市险企的一年新业务价值同比增长率的算数平均值达到了-20.4%,其最主要的影响因素是寿险个人代理人渠道的收缩。

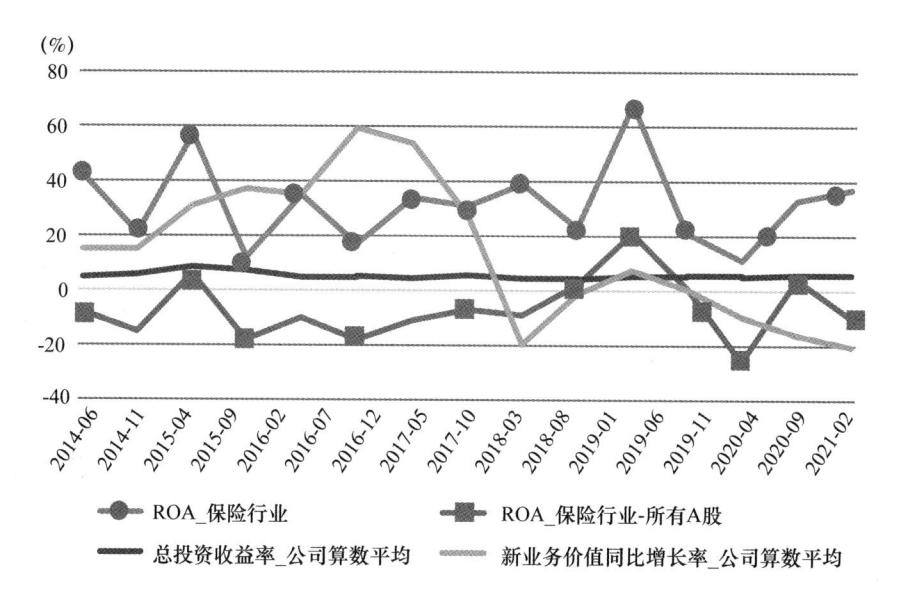

图6-3 上市保险公司盈利

资料来源:证券交易所、Wind、笔者计算。

(二)保险中介继续承压

保险业的一个特色是存在多种分销和服务渠道,并且不同渠道擅长服务的产品有很大差异,所以保险中介是保险业一类重要的市场主体。2021年以来,在中国新三板挂牌的多家民营保险中介摘牌,在美国上市的有互联网特色的保险中介龙头企业的股价也大幅下降,这些均反映出,保险中介这类市场主体的经营越发困难。此外,4家上市保险公司的营销员人数仅在上半年就减少了108万人，降幅达到了20.2%。

2021年，保险中介的准入和合规门槛提高了。一是机构准入门槛提高了。专业代理机构的数目从高峰年份（2010年）下滑，这是因为监管部门提高准入门槛，并在整顿完成前暂停了牌照的发放。2021年11月，银保监会发布《保险中介行政许可及备案实施办法》，并于2022年2月1日起施行，保险中介行政许可流程得以进一步理顺和明确，为开放牌照的发放奠定了程序基础。二是业务资质要求提高了。例如，2021年1月银保监会印发的《保险中介机构信息化工作监管办法》从基本要求、信息系统、信息安全、监督管理等方面对保险中介机构提出了全方位细致要求。三是违规处罚力度加强了。2021年，银保监会向保险中介做出的检查、处罚和公示的力度均有所加强。例如，"停止、限制业务"这种对机构较严重的处罚经常使用，"当事人被三年禁入保险业"的严厉处罚多次出现。2021年有将近3000家保险兼业代理或专业中介机构的牌照被注销。

2021年，保险中介活动的收入下降了。保险公司的业务及管理费用与保费收入之比在2021年1—10月为10.4%，较2020年同期下降1个百分点，而业务及管理费用与总资产之比在2021年1—10月为1.7%，较2020年同期下降0.3个百分点（见图6-4）。主要驱动因素是，大力压降中介费用成为多类保险业务改革的调整空间。其一，2021年1—8月，车险手续费率为8.3%，同比下降7.3个百分点（银保监会数据）。其二，2021年10月，银保监会办公厅发布的《关于进一步规范保险机构互联网人身保险业务有关事项的通知》规定，一年期及以下专属产品预定费用率不得高于35%；一年期以上专属产品不得设置直接佣金和间接佣金，首年预定附加费用率不得高于60%，平均附加费用率不得高于25%。其三，10月，银保监会印发《意外伤害保险业务监管办法》，继续加强监管，给保险公司设定了6类意外险业务（根据个人/团体、一年及以下/一年以上、交费期限分别设定）的平均附加费用率上限，并对实际支付佣金费用率超出报备佣金费用率的公司,依法追究相关责任。为让这些限制中介费用的措施落地,监管部门加强了监督检查、回溯性分析和信息披露机制建设。此外,个人独立代理人的推广实施,也给兼业代理网点和专业代理机构的中介形式带来了一定冲击。其四,"双录"要求的趋严可能对"线上推介+线下成交"的保险中介活动产生了一定影响。

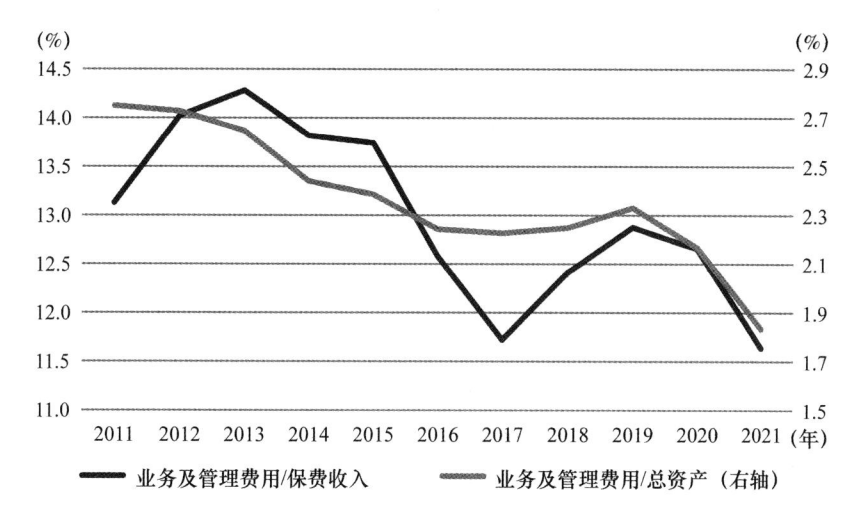

图6-4 业务及管理费用占比

资料来源:银保监会、笔者计算。

(三) 偿付能力充足稳定

保险机构需要持有与其业务风险相匹配的资本。偿付能力充足率及其扩展指标是国内外保险监管中反映保险机构综合风险的一个核心方法论,它考虑了不同业务的风险程度和不同资本的质量。中国保险业的偿付能力处于合理区间(见图6-5)。2021年末的行业整体的综合偿付能力充足率为232.10%,近几年保持稳定。2021年末的财产保险公司综合偿付能力充足率为283.70%,维持了2021年以来的高位。2021年第三季度末的人身保险公司综合偿付能力充足率为222.5%,较2020年末的

278%，有明显下降。2021年第三季度末，再保险公司综合偿付能力充足率为311.2%，这高于全球再保险业的整体水平（即使数值的差异在一定程度上是由于监管体系不同造成的），中国再保险公司综合偿付能力充足率已经连续5个季度超过300%。随着保险业对重大灾害事故损失、长寿风险、新型健康风险等承担力度的加大，中国再保业务做好了充足的资本储备[①]，推动了中国再保险市场的发展。[②] 在法治建设上，新修订的《保险公司偿付能力管理规定》2021年1月25日发布，并于3月1日正式执行。

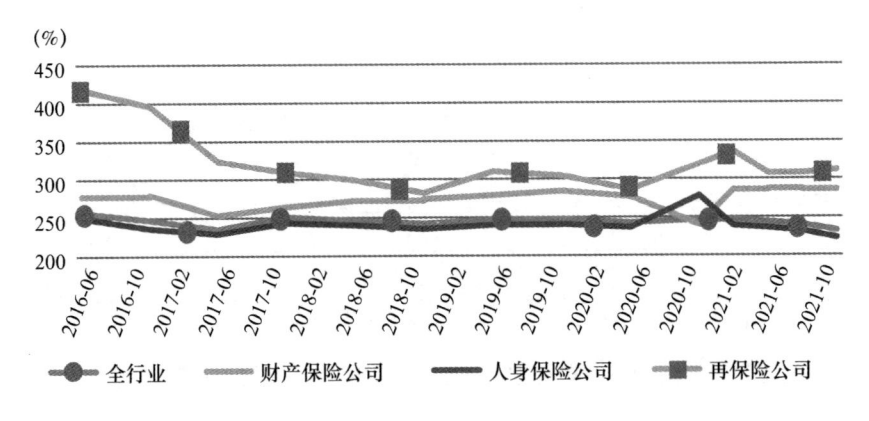

图6-5 偿付能力充足率

资料来源：银保监会。

自然环境呈现长短期变化，经济社会的发展是分阶段的，各类市场活动是动态的，保险业自身也处于转型发展时期。因此，对于保险经营活动中风险的性质、大小和复杂性，需要与时俱进地识别、评估和管理。2021年，"偿二代"二期工程的发布增进了规则的完备性，更加注重规则的前瞻性，并能发挥更大的外溢性。

---

① 可见报道：钱林浩：《巨灾风险管理工具箱"扩容"保险公司获准在港发行巨灾债券》，《金融时报》2021年10月13日。

② 目前，中国再保险市场规模在百慕大、美国、德国和瑞士之后，位居全球第五名。

（四）年内收入未更平稳

收入平滑性可视为一种对宏观审慎风险的短周期分析。中国保险业存在的"开门红"现象是业内人士皆知，而业外普通人难以理解的。"开门红"现象在寿险中较为明显，在健康保险中次之，在短期险种中较不明显。"开门红"的出现和壮大有其原因：一是人们在"两节"期间的现金流更充裕、家庭责任感更强，更会购买保险这种渴求性弱的产品；二是岁末年初也是产品更新换代之时，可以采取"炒停售"等营销方式。虽然公司普遍积极参与"开门红"，但是个体理性并不代表集体理性。"开门红"使一部分保费提前实现，造成的主要是保费收入的跨月调整，并没有带来总量的增减效应。不仅如此，在"开门红"时期，各类损害消费者合法权益、违反公平竞争秩序和产品管理规定的行为也会集中出现，容易出现相互效尤、法难责众的情况。弱化"开门红"而形成一年中均衡发展的格局，是有利于行业健康和高质量发展的。对此，监管部门在敏感时期提醒，并建设日常制度，希望实现"年度业务平稳发展"。

对于年内收入的均衡性，笔者设计了三个指标，相关数据报告于图6-6。一是前两个月的保费收入占全年保费收入的比重。图6-6中，2020年该指标虽然较2017年的高位（38.8%）下降，但仍保持在30%左右。二是对每个自然年度，计算人身保险保费收入的上年11—12月的同比增长率、当年1—2月的同比增长率、当年3—4月的同比增长率和当年5—6月的同比增长率，然后，在该自然年度计算这4个增长率数字的标准差。标准差越大，说明保费收入越不均衡，"开门红"现象越严重。图6-6中，该指标近年来没有显著变化。三是在每个自然年度，计算各人身保险公司在第一季度的保费排名序列、在全年的保费排名序列，再计算这两个序列的相关系数。相关系数越大，说明"开门红"对全年保费排名的影响越大。图6-6中，前两个月与全年公司保费排名的相关系数在2020年仍高达0.9598，所以，"开门红，红全年"仍是现实情况。

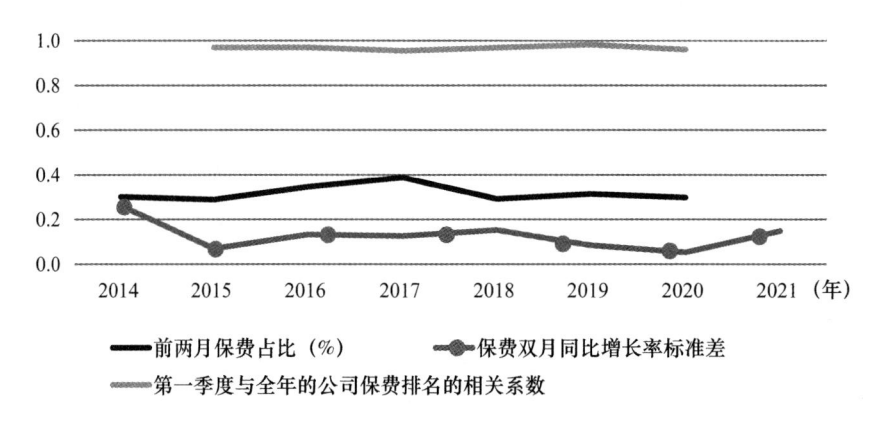

图 6-6 "开门红"与年内不同时期收入的稳定性

资料来源：银保监会、笔者计算。

专题 1 保险业宏观审慎风险可关注的指标

中国保险业已建成偿付能力监管、资产负债管理等风险管理方法体系，在关注微观风险的同时，多处关注了宏观审慎风险，并且设计的监管措施有些是同时针对微观风险和宏观审慎风险的。近年，包括中国在内的很多国家和相关国际组织加强研究了宏观审慎风险及其监管中应关注的指标。[①] 对于保险业宏观审慎风险应关注的指标，国际保险监督官协会（International Association of Insurance Supervisors，IAIS，2021）进行了总结[②]，如下：

1. 基于宏观数据评估保险业对整体经济的风险暴露的指标

（1）偿付能力。这包括偿付能力充足率、利率变化、GDP 增速变化、主权和主要指数的信用违约互换（CDS）价差的变化、通货膨胀率变化、房地产估值变化、权益估值变化、权益价格变化、信用评级及展

---

① 中国人民银行于 2021 年 12 月发布了《宏观审慎政策指引（试行）》，明确了建立健全中国宏观审慎政策框架的要素。
② 这些因子更关注保险业系统性风险中的顺周期成因，而对于更广泛的保险系统性风险或重大风险，可参见王向楠等（2021）在欧洲、国际、中国等相关政策性研究的基础上，从业务类型（entity-based）、单个机构（entity-based）和部门整体（sector-based）进行的分析。

望的变化、久期错配、财务实力评级、汇率变化、保险业前景、波动率指数变化。

（2）利润。这包括投资收益的变化、混合比率的变化、净资产收益率、再投资率的变化与保证利率的变化、企业分红的变化、新业务线的变化、赔付的变化、不同部门保费收入的变化、银行业利润的变化、企业部门利润的变化、权益价格和国有企业及所在地区期望利润的表现（保险业和非保险活动）、失业和企业偿债状况变化、已付利率（paid-up rates）的变化、毛保费收入和净保费收入变化、信贷—GDP比率缺口（credit-to-GDP gap）变化、家庭债务与可支配收入之比的变化、家庭债务清偿比率的变化、家庭可支配收入的变化。

2. 基于微观数据识别保险业的特殊变化趋势

（1）一般性的。这包括保险业的市场份额、保险费率和承保绩效的变化、费用的变化、保单取消和失效率的变化、权益价格的变化、资产配置的变化、所有者权益和保单分红的变化、资本要求的变化、股东资本投入、利率和通货膨胀率的变化、发病率和死亡率的变化、资产和负债的变化、Jaws比率（费用相对于保费的增长）、保单条款的变化、法律法规的变化。

（2）具体和小概率事件。如流行病、自然灾害和网络攻击。这包括事件频率和严重性的变化、偿付能力状况的变化、流动性状况的变化、利润的变化、资产的变化、资产配置的变化、市场状况变化带来的抵押要求变化、负债的变化、在市场流动性不足时转向盯住模型（market-to-model）定价、操作和运营连续性的变化。

3. 从个体层面和行业层面分析资产负债错配带来的流动性风险

（1）资产端。这包括资产流动性程度、银行贷款在资产组合中占比、对主权债券的投资变化、对权益的投资变化、对基金的投资变化、资产组成变化、企业债务投资变化、高杠杆贷款变化、贷款抵押债券变化、金融担保变化、再估值、资产的信用质量恶化（如评级下降）、衍生品持有变化、证券资产变化、资产的平均久期、一级、二级和三级资产的变化、主权债券收益率和价差的变化、利率变化、市场波动率提高、期权保证金或衍生品要求增加。

（2）负债端。这包括营业中断保险和流动性保险的赔付变化、由于交通活动变化造成的赔付变化、赔付的净值和总值变化、保险赔付三角、承保保费的净值和总值变化、限制利益（Limitation of Benefit，LOB）直接承保保费的变化、退保和保单失效的变化、保险人总借款、债务的平均久期、非保险负债的到期和赎回结构的变化、保险人的短期负债、人寿保险的财务担保、信用额度或信用证提款、诉讼和声誉风险。

4. 评估交易对手违约风险

这包括保险人偿付能力充足率、保险业资产和负责的集中度、保险人的信用质量、期望违约率、保险人利润水平、衍生品敞口（境内和境外）、特定行业（如金融、房地产）和地区的敞口、市场集中度风险、再保险覆盖、对其他金融机构的敞口。

5. 监测保险业对宏观经济冲击的脆弱性

这包括GDP增速变化、失业水平、通货膨胀率、利率、储蓄率、权益价格变化、债券收益类变化等。

（五）集中程度略有变化

市场集中度分析侧重于市场行为风险，也与审慎风险相关。

财产保险公司方面。图6-7中财产保险公司的CR3（前三家最大的公司的市场份额之和）和CR10（前十家最大的公司的市场份额之和）的值已经分别从2019年的64.5%和85.4%[①]，提高到2021年第二季度的69.7%和87.1%。（1）市场结构主要受机动车险条款费率综合改革的影响。面临生存压力的中小公司应当更坚定地走以服务竞争赢得消费

---

① 市场集中度可采用多种指标。除本报告采用的CR3和CR10之外，CR4、CR5、CR8和赫芬达尔指数也是常用的，其中，CR5和赫芬达尔指数是《中国金融稳定报告2020》分析保险业市场集中度时采用的。

者、以创新发展提升效率的道路,加强自主研发和改良创新型产品,在市场未达到激烈竞争状态的一段时期中降低赔付成本［可参考Reimers和Shiller（2019）］。对于产品条款的管制应当进一步放松,推动创新型产品上市,促进多元化竞争。同时,注意发挥市场机制的作用,鼓励扭亏无望的保险机构采取并购重组等方式退出市场。(2) 与政策性农业保险、巨灾保险等一样,惠民保产品这种政策性产品已经出现了大公司、本地公司主导的趋势,这整体上不利于中小公司的参与。

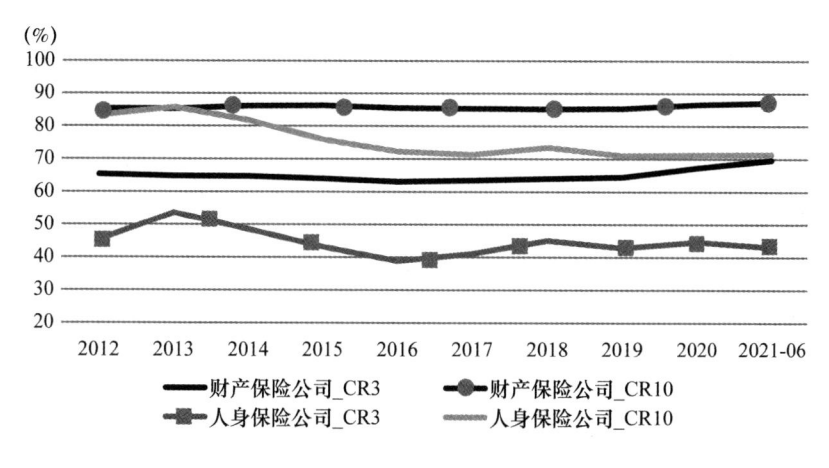

图 6-7 保险市场集中度

资料来源：银保监会、笔者计算。

人身保险公司方面。因为产品结构和销售渠道的变化一直较大,所以市场集中度并没有出现趋势性变化（见图6-7）。CR3和CR10在2019年分别为42.8%和71.0%,在2021年第二季度分别为43.1%和71.4%。不过,未来人身保险公司的市场集中度可能会上升。2021年10月22日,银保监会发布《关于进一步规范保险机构互联网人身保险业务有关事项的通知》。根据该通知的规定,个别中小公司将被迫停止互联网保险业务,大量中小公司由于短期内不能补充资本,无法达到连续四个季度综合偿付能力溢额高于30亿元（该通知的"征求意见稿"中为50亿元）,或者无法实现风险综合评级连续四个季度（或两年内六个季度）风险综合评级在 A 类以上，所以不能发展保险期间十年以上的普通型人寿保险（除定期寿险）、普通型年金保险产品等储蓄性产品；由于附加费用率的限制，缺乏相应股东资源、依赖手续费竞争的中小公司的收入增长将遭受打击。2021 年末，第四季度已有多家中小公司宣布关停互联网渠道，或者从互联网下架多款网销产品。

（六）行业金融安全无忧

保险业对外开放早、开放力度大。近几年，保险业从股权、地域、产品服务等方面进一步推动制度型开放，落实外资企业国民待遇，因此，外资对保险集团（控股）公司、财产保险公司、寿险公司、健康保险公司、养老险公司、再保险公司、保险资管公司、保险中介公司等均加大投资。例如，2021 年 11 月，监管部门批准中信信托将其所持有的中德安联人寿 49% 的股权转让给安联（中国），中德安联人寿将成境内第二家外资独资寿险公司。尽管如此，外（合）资保险公司的市场份额在 2021 年 1—3 月仍然呈现波动的趋势①（见图 6-8），其中：财产保险公司方面，这三个月的数值略高于 2019 年和 2020 年前三个月的数值；人身保险公司方面，这三个月的数值均未突破 10%，与 2019 年和 2020 年的前三个月的数值相当。此前，外资公司的市场份额曾在 2019 年 12 月和 2020 年 5 月两次突破 10%。② 在再保险方面，中国市场对国外再保险机构的吸引力和依存性均很强。目前，外资再保险公司数量为 8 家，超过中资的 6 家（含中农再），并且 2021 年外资再保险公司的市场份额继续保持在一半以上。在京沪广深等"一线"地区，外资公司的市场份额更高。随着保险业进入力度加大，外资股份所对应的市场份额指标的数字增长越来越快。即使如此，外资进入不足以威胁中国的保险业的金融

---

① 2021 年 4 月之后的数据公开渠道无法获得。
② 可见报道：陈婷婷、周菡怡：《外资险企逆袭 市场份额创下年内新高》，《北京商报》2020 年 7 月 1 日。

安全。

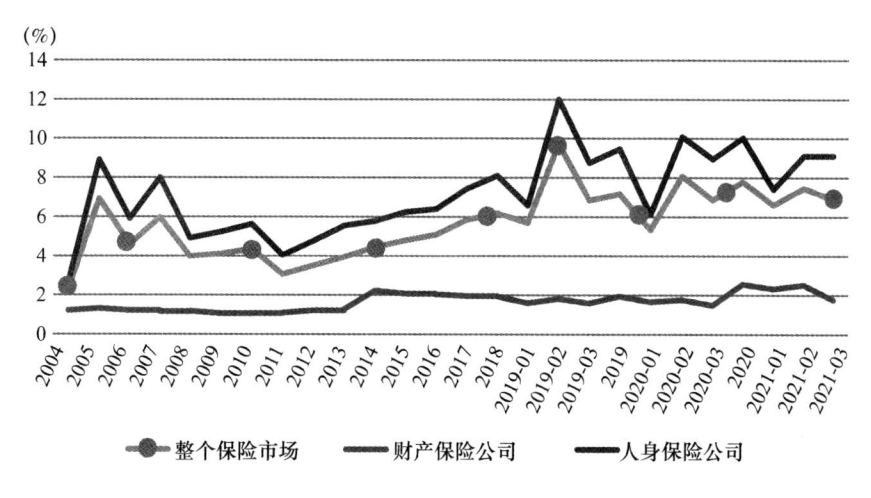

图6-8 外（合）资公司市场份额

资料来源：银保监会、笔者计算。

对于中国保险服务贸易的改善，普通人最直接的体会是内地居民赴港买保险的少了，从2018年的434亿港币，减少到2021年前三季度的仅有4.7亿港币（见图6-9）。除疫情造成的人员往来受限之外，还有两方面原因。一是在保障方面：内地的重疾险和长期寿险在保障内容丰富性、费率和综合服务等方面的竞争力均提升较快；特别是，随着粤港澳大湾区建设的加快，根据《重大疾病保险的疾病定义使用规范》（2020年修订版）以及《中国人身保险业重大疾病经验发生率表（2020）》，多家保险公司陆续推出大湾区专属重疾险产品，费率下降。[①] 二是在理财方面：内地保险资金的运用空间扩宽，险资投资收益较好，内地长期保单的投资收益更具吸引力；人民币对美元汇率走势较平稳，呈双向波动，居民配置境外美元类资产的明显减少。

---

① 除少儿阶段的个别年龄点之外，大湾区投保人的重疾发生率低于全国水平，男性低9%左右，女性低6%左右。

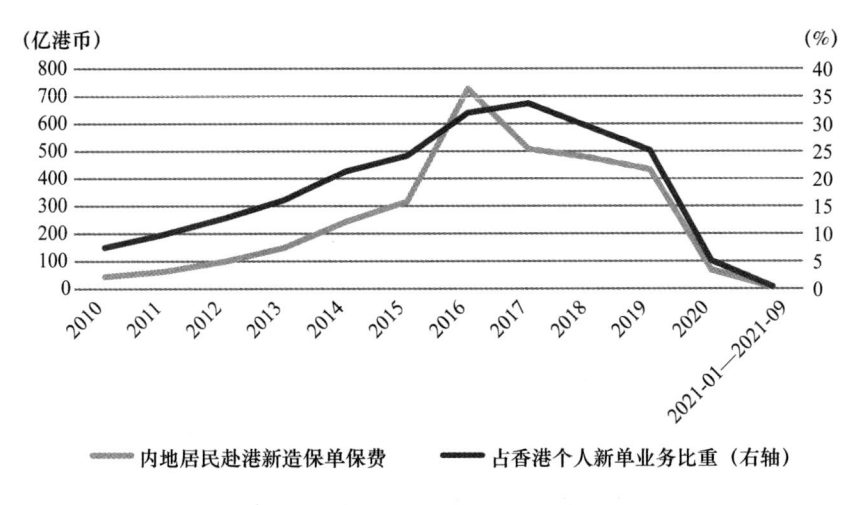

图 6-9 内地居民赴港买保险

资料来源：中国香港地区保监局。

二 保险业若干风险领域的分析

(一) 部分风险尚未承保

服务实体经济是金融的天职，也是防范金融风险的根本举措。满足保险消费者的风险管理需求是保险业的根本目的，所以不提供保险产品服务，或者提供不合适或低质量的产品服务是保险领域的一大风险源。当前，有部分风险并没有被承保。

1. 部分营运车辆

作为财产保险市场上的长期主导产品，车险综合改革后，商业险的投保率从改革前的80%上升至2021年9月的87%（数据来自银保监会），但与此同时，一些机动车的"剩余保险市场"问题越来越严重。无论是大货车还是出租车，投保商业车险越来越难，甚至投保交强险也不顺利。花样拒保频发主要是由于：这些用途或类型的车辆的赔付率明显高于普通车辆。在这种情况下，市场机制应当发挥调节作用。由于缺乏驾驶员、车辆使用行驶、行驶路线、挂靠企业等车辆风险相关数据，保险公司拟定的费率会偏高，但现实情况是，车险费率自由调整的空间非常有限。2021年，银保监会在新闻发布会上透露，自2020年9月车险综合改革启动以来，保费收入减少超1700亿元，车险赔付率由改革前的56.9%上升至73.3%，"降价、增保、提质"的阶段性目标基本完成。"限价"的一个副产品是剩余保险市场（surplus insurance market）。[1]从理论和国际实践来看，在保险管制越严、保险越被视为一种必需品的地区和场合，剩余保险市场问题就越重要。

机动车险的"投保难"问题应当得到解决。对于交强险，《交强险条例》第十条明确规定，被投保人选择的保险公司不得拒绝或者拖延承保，所以拒保交强险是不合法的。对于商业车险：从单家公司看，拒保是可以理解的；从全行业看，普遍性的拒保或拖延承保是不合理的，因为这些车辆是国民经济和社会运行所必需的，且更容易出现交通方面甚至生产方面的严重事故和社会纠纷。而《消费者权益保护法》和《保险法》并没有对经营者拒绝为特定消费者群体提供服务作出规定。

2. 部分特定人群

一是残疾人。中国残疾人总数超过8500万，约占总人口的6.4%。残疾人在日常生活和个人发展的多个方面面临风险，这些风险缺乏保障会严重影响残疾人的自主生活和社会融入。当前，残疾人保险产品的可及性较"弱"。其一是对于智力残疾人和精神残疾人：投保意外伤害险、医疗险、重疾险、寿险或年金险时大多被拒保；在家庭财产保险和车险上需走单独的核保程序检测被保险人的民事行为能力。其二是对于肢体、视力、听力或言语上的残疾人：意外险、医疗险和重疾险方面难以获得承保，个别保险公司对残疾程度很低的人可以单独核保；寿险和年金险方面，大部分保险公司可以承保，小部分保险公司拒保。此外，残疾人保险的服务可及性"不佳"。

---

[1] 可参见仇兆燕、房文彬《大货车：买不到保险，我太难了》，《中国银行保险报》2021年7月30日。

二是非传统就业人员。"非传统"就业形式多样,包括劳动关系稳定的兼职工作者、长期和短期临时工、自我雇佣者、平台工作者、正式统计遗漏人员等,人数众多。他们在既有保障体系中,在投保手续、雇主匹配交费、携带、中断后续保等方面均处于劣势,所以获得的社会保障也常常是不足的。这也是高收入国家普遍存在的现象。[①] 因此,他们需要商业保险公司提供更自主、更灵活和更多层次的保障。

(二) 业务增长出现乏力

1. 财产保险增速大概率为负

2021年,财产保险保费收入增速继续下降(见图6-10)。2021年的保费同比增长率为-2%,出现1998年(便于查到数据的最早年份)以来的首次年度负增长,这是2020年第四度罕见出现季度负增长的趋势的延续(分析可见《金融风险报告2020》)。2021年,各险种保费收入

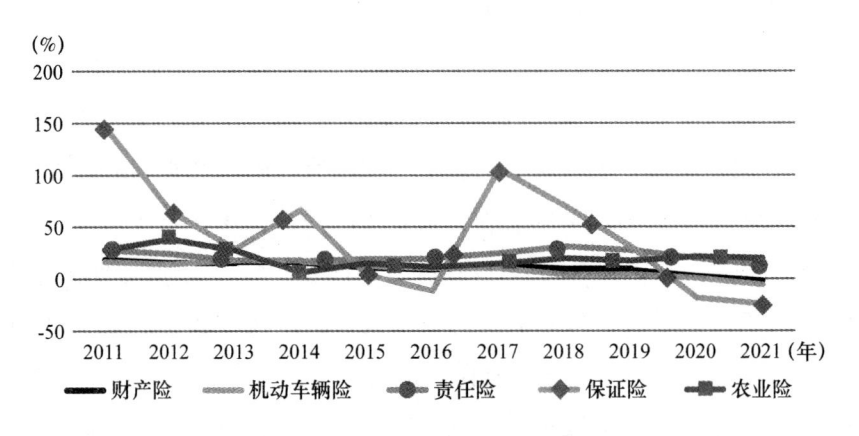

图6-10 财产保险保费收入增速

资料来源:银保监会、笔者计算。

[①] 可参见:OECD, 2020, Increasing the role of retirement savings plans for workers in nonstandard non-standard, OECD Pensions Outlook (Chapter 3), OECD Publishing。

的情况如下。(1) 机动车险保费收入同比增长 -5.7%，这归因于车险综合改革带来的费率下降，而受改革带来的"扩面"效应的影响较小，所以属于"供给冲击"；(2) 责任险同比增长 13.0%，继续保持较快增长，但增长率已经从 2018 年的 30.9% 逐步回落；(3) 保证险同比增长 -24.3%，降幅较 2020 年扩大约 6 个百分点，连续 4 年增速下滑，连续 2 年为负增长，保证险仍处于周期性的收缩阶段；(4) 农业险增长平稳，同比增长 19.7%。

2. 人身保险增速明显下滑

2021 年，人身保险保费收入增长明显下滑（见图 6-11），保费增长率为 -0.3%，是 2012 年以来的最低值。2021 年各险种的保费收入情况如下。(1) 寿险，其保费收入同比增长 -1.71%，是继 2011 年后的又一次负增长。各公司改革寿险销售人员管理体制，提质增效，承担了转型阵痛，影响了寿险保费收入；(2) 健康险，其保费收入同比增长 3.4%，较之过去几年明显下降。健康险处于前期重疾险需求提前实现的调整期，而多地出现的城市定制商业医疗保险拉低了人们对其他医疗险以及疾病险的需求和价格，例如，短期健康保险有从百万医疗险向"惠

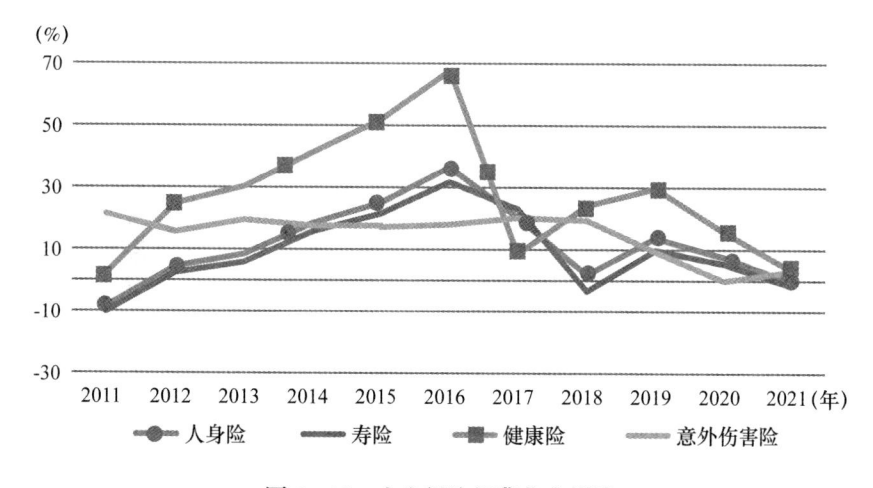

图 6-11 人身保险保费收入增速

资料来源：银保监会、笔者计算。

民保"过渡的趋势。这些均不利于保险公司获得保费收入。如此看来，实现《关于促进社会服务领域商业保险发展的意见》中提出的"健康保险保费规模在2025年达2万亿元"的目标，有较大压力。（3）意外伤害险，其保费收入恢复增长，同比增速为3.1%。过去两年，意外伤害险的治理度过了调整期。

保费增长乏力增加了人身保险外勤的"内卷"。例如，公司要求给业务员更大的压力购买"自保件"，其通常是指保单的投保人、被保险人或受益人三者至少一人为业务员本人或其近亲属。又如，在业绩压力下，人身保险公司各类假人力、假出勤、假投保等现象愈演愈烈。

需要说明的是，银保监会办公厅2021年12月24日发布的新闻公告以及其他一些公告中，对于可比口径的保费收入等指标，可以剔除几家处于风险处置阶段的保险公司的数据。这是合理的。不过，因为无法进行各险种的分析，所以本报告目前无法使用该信息。

（三）赔付成本明显上升

赔付率是反映保险经营成本的一个及时性好的指标。图6-12报告了几个险种的简单赔付率（即"赔付支出"/"保费收入"）。2021年，财产保险的赔付率为65.9%，较2020年大幅提高了7.6个百分点，延续了2018年以来的上升趋势。车险综合改革设置了"降价、增保、提质"的目标，车辆平均保费较改革前下降21%，87%的消费者的保费支出下降，但是，2020年第四季度承保的车险新单出现了承保亏损，且2021年1—10月，交强险承保的亏损也超过20亿元（银保监会数据）。在不断变化的外部环境下，财产保险公司有提高车险自动定价系数的压力，从而调整费率。2021年，意外伤害险的赔付率为29.1%，延续了2014年以来的微弱上升的趋势，但赔付率低于"常识"。对此，2021年10月发布的《意外伤害保险业务监管办法》规定，"对年度累计原保险保费收入连续三年超过500万元的保险期限一年及以下的意外险产品，如过往三年再保后综合赔付率的平均值低于50%，保险公司应及时将费率调整至合理水平，并按相关要求重新报送审批或备案"，该条规定将于 2023 年 1 月 1 日起执行。

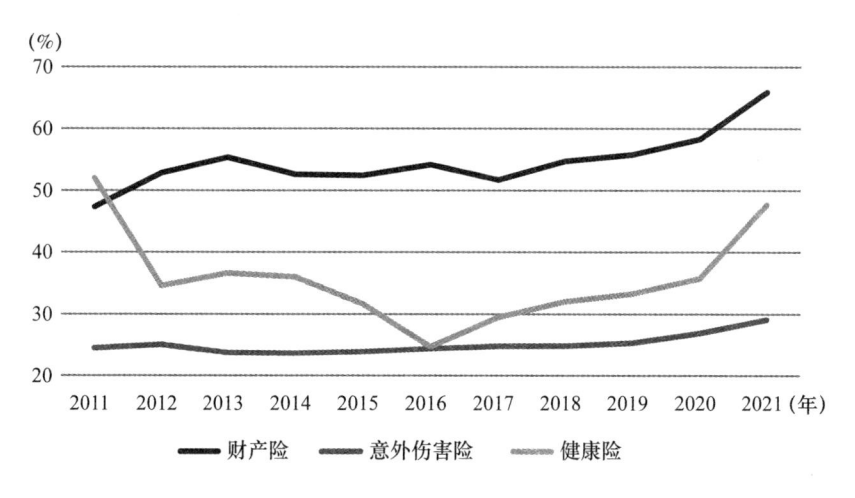

图 6-12 部分险种赔付率

资料来源：银保监会、笔者计算。

2021 年 1—10 月，健康保险赔付支出为 3397.19 亿元，同比增长达 54.25%，其中，医疗费用保险赔付支出 1754.25 亿元，疾病保险赔付支出 748.36 亿元（银保监会数据）。2021 年，健康保险的赔付率为 47.7%，较 2020 年大幅提高了 11.9 个百分点，延续了 2014 年以来的上升趋势。在健康保险赔付率上升的过程中，健康管理服务也在及时跟进。各地的城市定制健康保险（"惠民保"）在快速发展，截至 2021 年 12 月，已有 100 多个城市的超过 9500 万人投保。

（四）消费投诉有消有涨

保险容易出现消费纠纷，这是因为：保险依托于各类风险场景，是高度专业性的服务；保险赔付金很可能远超过保费，所以射幸性强，可能涉及较大利益；保险的投保方可能有多个当事人，风险事故还可能涉及其他当事人，所以容易由于不同人的利益分歧而产生纠纷；一些保险合同从生效到履行间隔较长时间，容易生变。因此，有效减少和公正处理保险纠纷是保险市场行为风险管理的重要内容。

保险业一直关注消费者的投诉情况，保险公司也普遍忌惮消费者向监管部门投诉。图6-13报告了两类主体（财产保险公司和人身保险公司）的两类主要纠纷（销售纠纷和理赔纠纷）情况。从2020年第四季度到2021年第四季度，财产保险公司销售纠纷的占比从5.4%下降到3.4%，财产保险公司理赔纠纷的占比一直保持在30%左右，人身保险公司销售纠纷的占比从23.7%上升到27.5%，人身保险公司理赔纠纷的占比从6.5%下降到5.9%。到2020年保险业调整了投诉指标的计算方式[1]，笔者仅对第四季度数据进行分析。2021年第四季度，财产保险公司销售纠纷（1293件）同比下降10.6%，财产保险公司理赔纠纷（10506件）同比上升22.4%，人身保险公司销售纠纷（10362件）同比上升64.1%，人身保险公司理赔纠纷（2645件）同比上升3.2%。这些领域的纠纷呈"此消彼长"的态势，有一定趋势性的是——人身保险公司销售纠纷有一定增加。

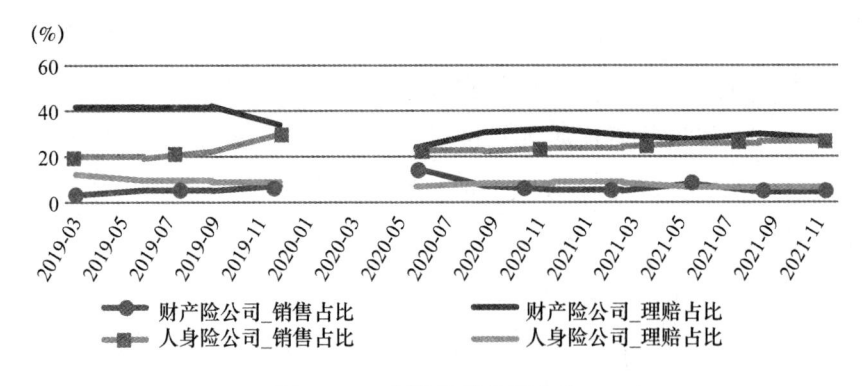

图6-13 保险监管投诉案件

资料来源：银保监会、笔者计算。

---

[1] 见报道：韩宋辉、陈羽：《保险投诉量为何激增？计量口径变化有玄机》，《上海证券报》2021年5月27日。

（五）民间众筹或存风险

当正式保险制度的作用发挥不足时，当事人往往通过非正式保险方式来解决遇到的现实问题。这最引人注目的是大型互联网平台提供的网络互助。① 市面上还出现了其他互助类组织，例如通过"保险统筹"为大货车等营运车辆投保，即向车主集资，要求车主缴纳相应的交通安全统筹费，形成统筹资金，为参与统筹的大型货车提供保障。这属于运输行业内部的行业互助。这有助于解决风险保障问题，但存在多种隐患，包括：交费后，难以保证在出险时充分获赔；由于逆选择，保费可能越来越高；欺诈的发生率高。如果这种规模大了，或涉及较多数量的不特定人，要考虑擅自设立金融机构、非法集资、保险诈骗等潜在风险。此时，制度及其相应监管就应当提上议程。

三 保险业风险管理展望及分析

（一）继续增强对现实风险的承保

1. 部分营运车辆

当前阶段，解决部分营运车辆投保难问题可以采取如下对策。一是对拒保交强险的公司进行惩罚。二是向保险公司充分披露驾驶员、车辆使用行驶、行驶路线、挂靠企业等车辆风险相关数据，并增加从人因素的数据，以更精确衡量车辆风险，改进定价。三是所谓"没有不可保的风险，只有不可保的费率"，所以，监管部门可以允许更大幅度拉开车辆之间、驾驶员之间、路况之间的费率差距。四是开发更智慧的保险保单，对于车辆变更使用性质的情况，保险公司可以根据保单预定调整费率，拒绝对相关风险造成的事故赔偿，甚至中止保单。五是应鼓励各家公司加强对这些车辆的承保，如要求一家公司承保这些车辆的保险金额

---

① 对于大型互联网平台的网络互助及其风险分析，可见本书的"金融科技"部分。

的增幅不低于某个值,该值是该公司车险整体保额的增幅、这些车辆整体损失的增幅等因子的简单函数。六是对于那些嫌费率高而自称买不到保险的人,进行舆情回应,澄清事实。

2. 部分特定人群

一是残疾人。为了推动残疾人保险供给,建议[1]:考虑将银保监会纳入残疾人工作委员会;加快建设主要类型残疾人的风险数据库;政府为残疾人提供基础层次的保险;完善对残疾人金融服务获得权的法律规范;提高各类保险业务机构对残疾人群体的服务;鼓励各地残疾人福利彩票基金安排固定比例的资金用于残疾人团体保险;在《保险法》《消费者权益保护法》和《侵害消费者权益行为处罚办法》中加入对残疾人等弱势群体的金融服务获得权的保护。

二是灵活就业人员。个人养老金计划完全可以纳入灵活就业人员。对此,银保监会发布的《关于进一步丰富人身保险产品供给的指导意见》要求[2]:与基本社会保障制度加强衔接,充分考虑新产业新业态从业人员和各种灵活就业人员工作特点,加快开发适合的商业养老保险产品和各类意外伤害保险产品,提供多元化定制服务。考虑到平台企业的聚合劳动者的风险同质化强,保险机构可以加强与平台企业合作,提供物美价廉的定制化保险产品。

(二) 进一步挖掘保险的增长潜力

1. 财产保险

对于财产保险增长应保持乐观。在中高收入经济体中,除贸易中心的货运及海上保险占比较高、保险中心的再保险占比较高之外,车险、企业及家庭的财产损失险、通用责任险是财产保险的三个主要险种。这

---

[1] 这段政策建议与周玲博士、黄进博士合作完成。
[2] 可见报道:王宏:《监管呼吁丰富养老、普惠保险产品供给 人身险产品有望迎来扩容》,《财联社》2021年10月16日。

三大险种在不同经济体之间差异较大。车险占比与经济体的收入水平有一定的负向关系，中国的当前这种变化有综合改革之外的原因。中国家庭住宅财产有很大的风险有待保险保障，灾害数据的积累和建模方法的成熟会促进对房产的保险、城市定制的巨灾保险。中国各类侵权责任的明确和严格执法可能促进对各类责任险的需求。此外，其他险种仍有较大增长空间：财政对农险发展给予了强大的支持，其中，中央财政的补贴为333.45亿元，较2020年增长了16.8%；中国农险的扩面和升级使得农险占据较高的比重；社会融资缺口大，保险业通过积累经验，加强数据整合，可以发挥资本和分析的优势，稳步发展信用保证险。

2. 人身保险

中国死亡保险的主动需求不强，市场已经有了一定的发展，今后发展的重点是养老险和健康管理服务。对于养老险，关注能够区别于其他理财产品的年金险业务及其投资业务。这对营销服务人员有较高的技能要求。他们要先理解长寿风险、政策风险、投资风险、通胀风险等概念，以及所销售产品要解决哪些风险、仍存在哪些风险。高龄人群的金融保险知识和技能整体上较弱，这要求公司多为消费者讲解，帮助消费者分析。保险公司更应当以客户为中心，将保单视角转为客户视角。

（三）持续完善赔付率监测和调节

一是车险。"综改"后，气候变化趋势中的短期极端天气事件让车险赔付率大幅上升，河南暴雨的赔付案件已达52.88万件，赔付金额已达97亿元，其中大部分为车险（2021年12月1日，数据来自银保监会）。车险——这一分散性强的险种在天气事件面前也有可能成为"巨灾敞口"。保险公司对气候相关风险的定价整体上偏低。保险公司的定价和风险管理模型习惯于采用历史经验数据，因此，应当增强对于风险趋势（包括气候变化）的预测。发展新能源车险专属产品，改善承保新能源汽车普遍亏损的情况。

二是短期健康保险。短期健康保险的经营模式变化快，风险敞口也在快速增加，尤其是中小财产保险公司的短期健康保险业务的经营业绩波动较大。对此，银保监会于 2021 年 1 月 11 日发布《关于规范短期健康保险业务有关问题的通知》，要求保险公司定期披露个人短期健康保险整体综合赔付率指标。① 笔者认为，对于任意一家公司：如果短期健康保险赔付率持续偏低，而消费者权益保护指标不差的话，那么，一定有其合理的创新之处，所以通常没有理由批评；如果短期健康保险赔付率持续偏高，而公司综合成本率和偿付能力没有低于正常水平，那么，自然有市场机制调节；如果短期健康保险赔付率高低波动很大，说明市场环境变化快，公司也在积极调整，应当理解。对于全行业，如果短期健康保险赔付率持续上升，导致综合成本率较高，且这些成本没有通过其他方式得到有效补偿，那么就需要调整"游戏规则"。

今后，进一步改善理赔工作还可关注如下方面。一是提高理赔数据真实性。推动保险公司调整优化考核绩效及强化准备金管理，继续加强对车险数据真实性的检查和处罚。为了助力构建顺畅的财政支农渠道，营造良好的农业商业环境，应加强农险业务事后评价的奖惩机制，继续改善农险活动中的不规范现象。二是扩展理赔活动空间。各城市的灾害的来源和特征差异很大，保险公司可以结合城市风险治理的各种场景，提供覆盖一揽子可保风险的保险机制，并利用其风险管理技术工具、理赔服务网络、市场化调动机制等，加强与政府相关应急管理部门的合作。

（四）不断加强消费者权益的保护

在加强保险消费者权益保护方面，有多方面的工作可以做。一是产品设计方面。根据银保监会发布的《万能型人身保险管理办法（征求意见稿）》（2021 年 10 月），强化万能险的保障功能，产品的保险期限不得低于 5 年，结算利率的演示要符合规范。二是销售方面。加强负面清单建设，例如，不采取《意外伤害保险业务监管办法》（2021 年 10 月发

---

① 可见报道冷翠华《上半年部分险企短期健康险赔付率剧烈波动 惠民保或将拉高行业赔付水平》，《证券日报》2021 年 8 月 6 日。

布）所列举的强制搭售、捆绑销售等10类行为，又如，加强"双录"的施行。三是针对备案、承保两张皮的情况，加强事后问责力度。例如，根据《财产保险公司保险条款和保险费率管理办法》（2021年10月施行），对条款费率问题要追究直接责任人的责任，对其违规行为加以处理。又如，根据中国保险行业协会发布的《保险销售从业人员执业失信行为认定指引（征求意见稿）》（2021年9月16日），建立保险销售人员的"失信灰名单"制度。四是机构管理方面。根据银保监会发布的《银行保险机构消费者权益保护监管评价办法》（2021年7月发布），从消费者角度出发，衡量并推动提升保险机构的消费者服务水平。五是提升机构服务能力。例如，根据《进一步规范保险机构互联网人身保险业务有关事项的通知》的规定，在投保、核保、承保、服务等方面提升在线运营能力，从多个方面建立便捷高效的在线服务体系。

（五）考虑健全非正式保险的规制

保险业是一个主体组织形式很丰富的行业，中国的企业组织形式还不够支持保险业态的多样性。最典型的是，相互或互助保险组织。2005年1月，经国务院同意，阳光农业相互保险公司开业。此后，有几家农村保险互助社获得了授权。2015年，《相互保险组织监管试行办法》出台，不久后，三家相互保险社成立。相互或互助保险组织在经营目的、治理形式、风险特征等方面，与股份有限的保险公司或有限责任的保险公司有明显区别，所以需要特殊的监管规定和其他法律规则。

在一些发达国家和发展中国家，存在大量的相互保险公司、相互社、互助社、合作社、友爱社、共济会、丧葬会社等类型的风险共担保障组织。它们受《公司法》《保险法》（《保险业法》）《相互制组织法》，或者更细致的《合作社法》《友爱社法》等规范。中国虽然于2015年出台了《相互保险组织监管试行办法》，但是，相关法制建设还需要加强，这是制约中国相互或互助类风险共担组织发展的主要原因之一。这一情况也影响了对这些组织参与者的保护和监管，不利于这些组织发挥积极作用。

2021年房地产金融风险分析[*]

2021年的房地产市场走出一波探底行情，商品住宅销售同比增速持续下降，至第三季度转为负增长；70城市商品住宅销售价格涨幅持续回落，至9月涨幅首次转负。住宅销售市场的趋冷通过开发商的拿地投资行为影响到土地市场，第三季度土地流拍数量大幅上升，成交土地溢价率大幅下降。住房租赁市场与上述两个市场走势完全不同，一线城市走出了一波上涨行情，这主要是受益于新冠肺炎疫情稳定以及机构化租赁比例持续提高。

房地产金融风险方面，租金资本化率大幅下降，这表面上意味着风险释放，但结合库存再次高企的情况来看，这可能是房价快速下跌的前兆。从部分城市新增住房贷款价值比的估算情况来看，新增个人住房贷款抵押物保障程度较高，个人住房贷款整体风险可控。2021年房地产金融的风险主要集中于房企违约上，从债券违约的数量和金额来看，房企占据整个债券市场的27.49%和29.27%。

2021年中国房地产市场最大的风险点莫过于恒大风险事件。恒大风险事件的性质是流动性危机而不是资不抵债，由于恒大资产规模庞大，若恒大因流动性问题倒闭，将产生广泛和深远的负面影响，因而市场情绪高度波动：房企债券信用利差迅速扩大、房企股票大幅震动、评级机构也纷纷调低各类房企的评级。恒大风险事件爆发的微观原因包括三点：第一，地产主业大举加杠杆扩张；第二，多元化经营战略未见成效；第三，大股东高分红政策掏空了上市公司。

---

[*] 执笔人：蔡真，中国社会科学院金融研究所货币理论与货币政策研究副主任、副研究员。

除恒大风险事件外，针对房企的各类债权类产品都出现了大量违约：银行开发贷不良率大幅上升，一些国有银行和股份制商业银行的不良率达到正常时期的3—4倍；房地产信托相关产品违约大幅上升，占信托违约总金额的42.8%；P2P及私募理财方面，恒大财富、锦恒财富（为佳兆业融资）、尚智逢源（为ST中迪融资）等机构产品相继出现兑付危机。这意味着行业风险比市场感受的还要严重。导致房企违约集中爆发的原因包括基本面和金融制度两个层面：基本面方面，无论是经济增长、人口、城镇化、房地产税还是教育"双减政策"，都构成了房地产市场的下行压力；金融制度方面，房企融资模式以短期的银行信贷为主，这使得金融波动很容易传导至房地产市场，随着影子银行体系的发展房企融资也走向灰色地带，而随着影子银行的治理房企融资爆雷事件就频频发生。

未来风险演进趋势重点关注两个方面：第一，部分三、四线城市的房价大幅下跌，由此可能产生的负资产和地方财政不可持续的风险，地区方面应特别关注东北地区；第二，房企违约事件还会持续爆发，应特别关注在三、四线布局较重的房企的违约风险。政策建议方面，短期政策目标应以防止泡沫破裂为主，中长期政策目标应以稳定房价为主。

与2020年相比，2021年房地产市场的风险点发生了转换。2020年风险点主要集中于长租公寓"爆雷"事件，其原因是新冠肺炎疫情导致一、二线城市租金价格持续下跌，而"租金贷"的运营模式难以抵挡系统性风险冲击。2021年风险点则转换至住房买卖市场：一些城市房价下跌明显，这些城市的地方政府出台了房价"限跌令"；开发商债务违约不断，恒大风险事件引起市场情绪剧烈波动。我们在《金融风险报告（2020）》中对风险演进趋势的判断一语成谶，同时我们建议"三道红线"以稳步推进为主基调也得到验证。[1]

---

[1] 参见胡滨主编《金融风险报告（2020）》，中国金融出版社2021年版。第176页原文："部分财务杠杆率较高且资金周转能力较弱的'踩线'房企，其短期偿债压力较大，流动性严重吃紧，融资规模收紧可能导致其现金流断裂，而且还存在引发房企与银行、信托等相关联金融机构和债券市场的交叉违约，可能会产生一定程度的系统性冲击。因此，我们认为'三道红线'规则需以稳步推进为主基调，并设置较合理的过渡期，否则短期产生的负面效应恐超过正面效应。"

本章首先分析房地产市场形势和房地产金融整体风险状况，其次探讨2021年房地产金融的主要风险点，主要包括恒大风险事件、房企违约集中爆发等，最后对房地产金融的风险演进进行预判，并提出相关政策建议。

一 房地产市场形势及房地产金融风险概览

（一）房地产市场运行情况

2021年中国房地产市场走出一波探底行情。各季度商品住宅销售面积增速分别为68.09%、11.62%、-14.46%和-19.83%，商品住宅销售额数据更不理想，各季度分别为95.46%、18.89%、-14.91%和-20.16%（见图7-1）。增速从第三季度由正转负的原因是，受部分大型房企流动性风险爆发的影响，部分购房者因预期房价下行和担心购买期房可能会陷入烂尾楼纠纷，暂缓了购房计划。从累计数据看，全年商

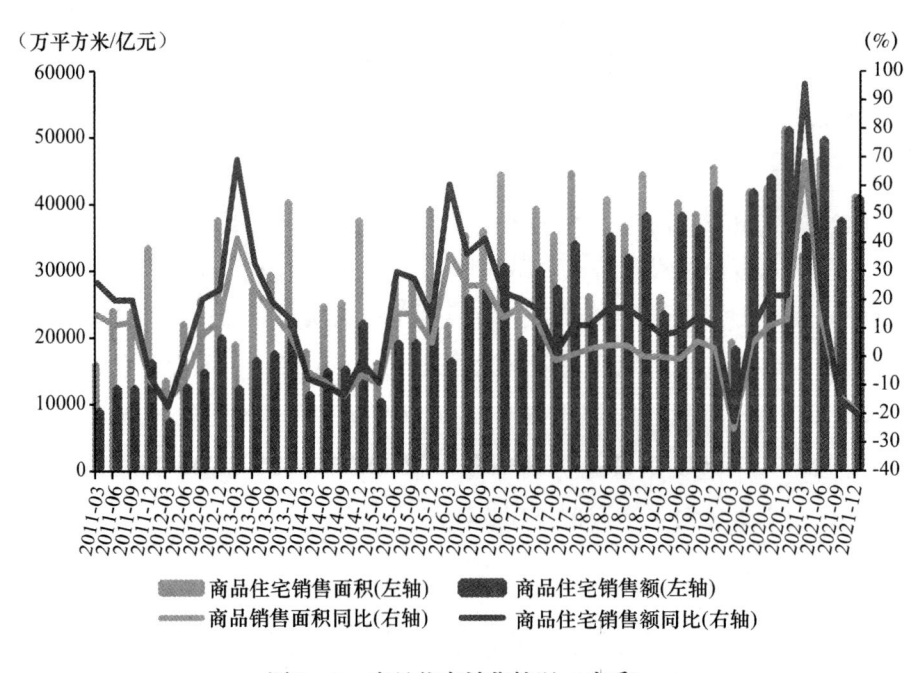

图7-1 商品住宅销售情况（当季）

资料来源：根据Wind数据计算。

品住宅销售面积达到15.65亿平方米，同比增长1.1%；商品住宅销售额为16.27万亿元人民币，同比增加5.3%。总体来讲，累计数据并不能反映2021年的房地产形势，这主要是由2020年的低基数效应造成的。结合住宅竣工数据可以看出房价下行压力，全年全国商品住宅竣工面积同比增长了10.8%，远超销售面积增速。这一方面是因为受大型房企流动性危机影响销售下滑，另一方面是因为开发商受"三道红线"规则影响加快销售回款以达到监管目标。

国家统计局公布的70个大中城市商品住宅销售价格变动数据更加直观地反映了房价下行压力，尽管2021年新建商品住宅和二手住宅销售价格累计上涨了2.0%和1.0%，但第三季度以来月度环比涨幅持续下行［见图7-2（a）］。分城市层级看，一线城市在上半年涨幅越大，在第三季度涨幅下跌越快，以二手住宅为例，环比涨幅最大值为0.70%，最小值为-0.40%［见图7-2（b）］；二线城市环比涨幅最早达到峰值，新建和二手住宅价格涨幅在4月分别达到0.6%和0.4%，随后开始下降［见图7-2（c）］；三线城市上涨动力不大，从8月开始加速下跌［见

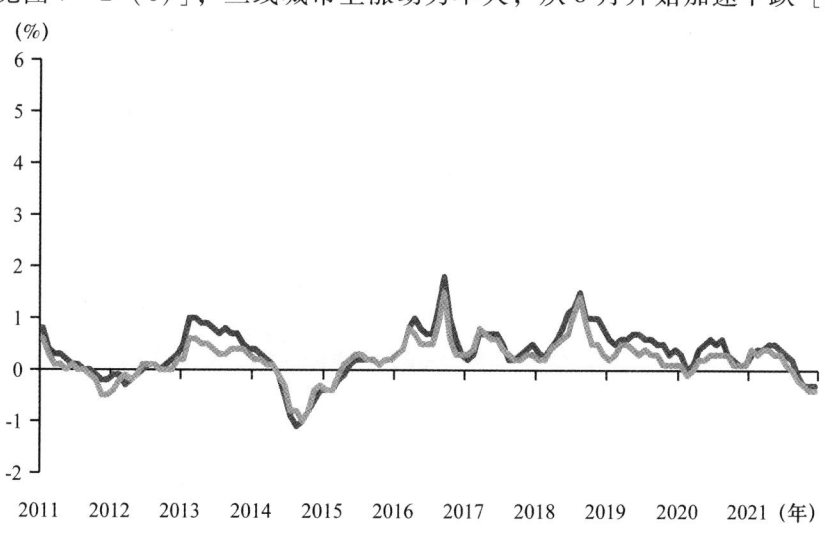

(a)

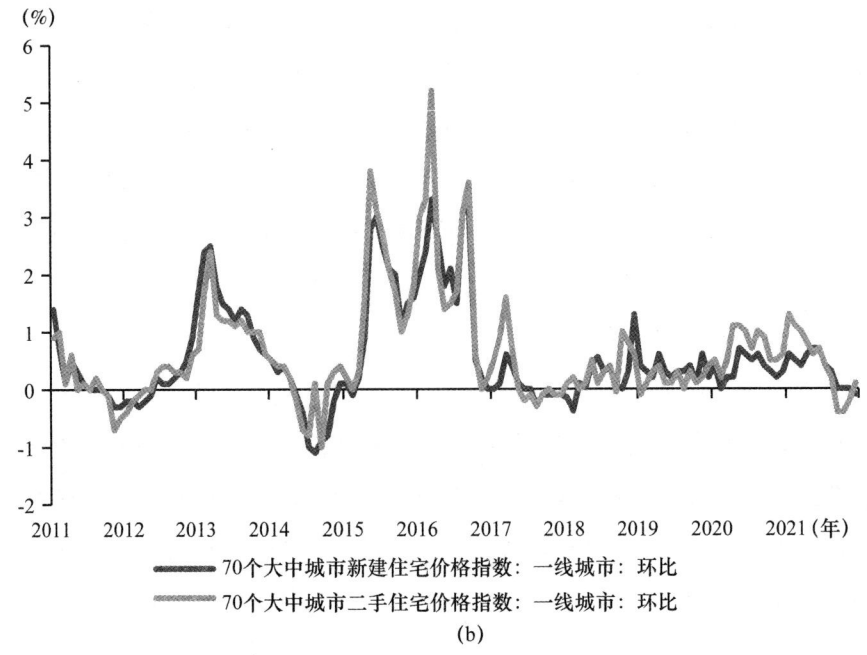

(b)

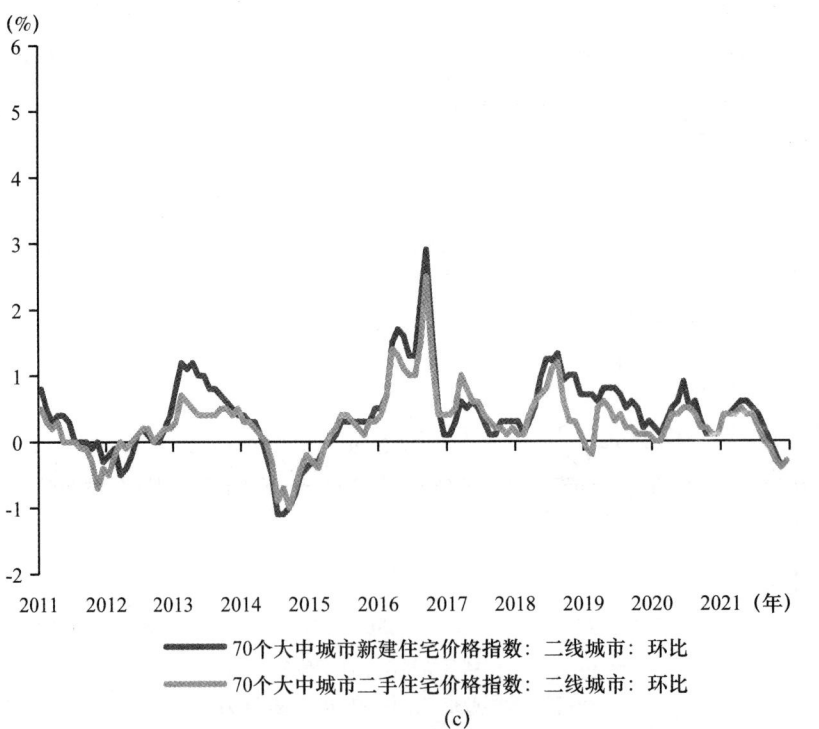

70个大中城市新建住宅价格指数：一线城市：环比
70个大中城市二手住宅价格指数：一线城市：环比

(c)

70个大中城市新建住宅价格指数：二线城市：环比
70个大中城市二手住宅价格指数：二线城市：环比

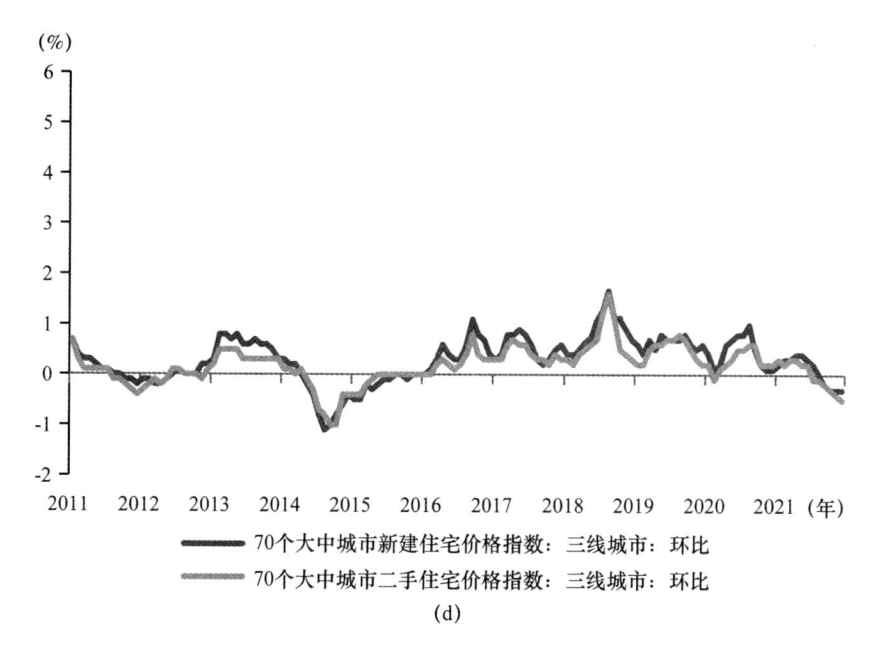

图 7-2 70个大中城市房价走势（环比）

资料来源：国家统计局、Wind。

图 7-2（d）]。整体来看，房地产市场从第二季度末第三季度初开始回调，并在 9 月出现本轮房地产调控以来住房销售价格环比涨幅首次转负的情况，70 个城市中共有 36 个城市的新建商品住宅销售价格和 52 个城市的二手住宅销售价格出现环比下降。

住宅销售市场的趋冷通过开发商的拿地投资行为影响到土地市场。2021 年 100 个大中城市住宅类土地供应面积为 4.48 亿平方米，同比下降 19.18%；成交面积为 3.16 亿平方米，同比下降 27.23%；成交金额为 4.11 万亿元，同比下降了 9.63%，成交土地单位面积均价同比上涨了 24.18% [见图 7-3（a）]。土地成交单价的上涨并不能说明土地市场是过热的，这主要是受第一轮"土拍两集中"政策影响：当市场还不清楚土拍新规则是造成地价上升还是下降的时候，房企首要面临的问题是生存问题，即手中必须有地才能生产经营，因而导致房企在第一轮土拍中形成"志在必得"的气势，从而使得上半年成交土地溢价率略有上升，相应地，土地流拍数量较 2020 年同期也有所下降。然而从第三季度开始，房企在销售端受需求低迷影响，在资金端受"三道红线""贷款两集中"政策以及流动性风险传染影响，它们很快意识到第一轮"土拍两集中"，拿到的土地很难有销售端和资金端的支撑，于是房企拿地规模大幅下降土地市场整体迅速降温（即使一线城市也不例外），土地流拍数量大幅上升，成交土地溢价率也快速下降至年末的 2.57%〔见图 7-3（b）〕。

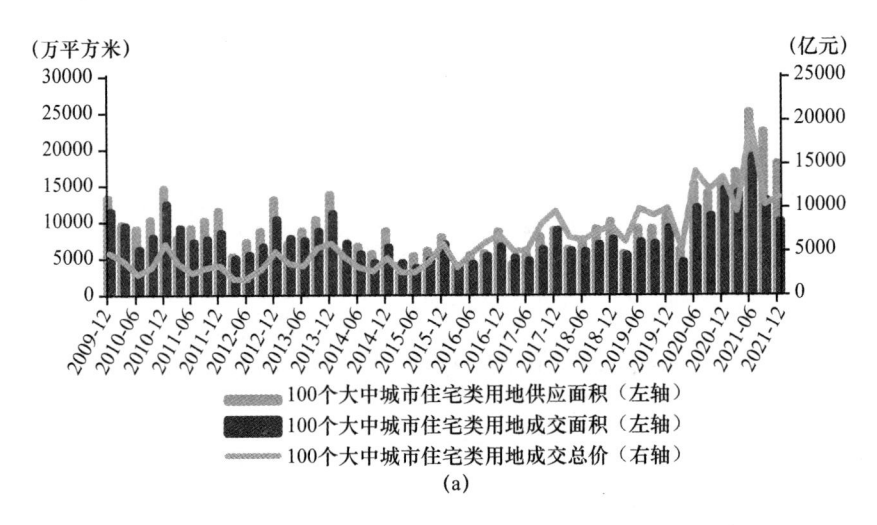

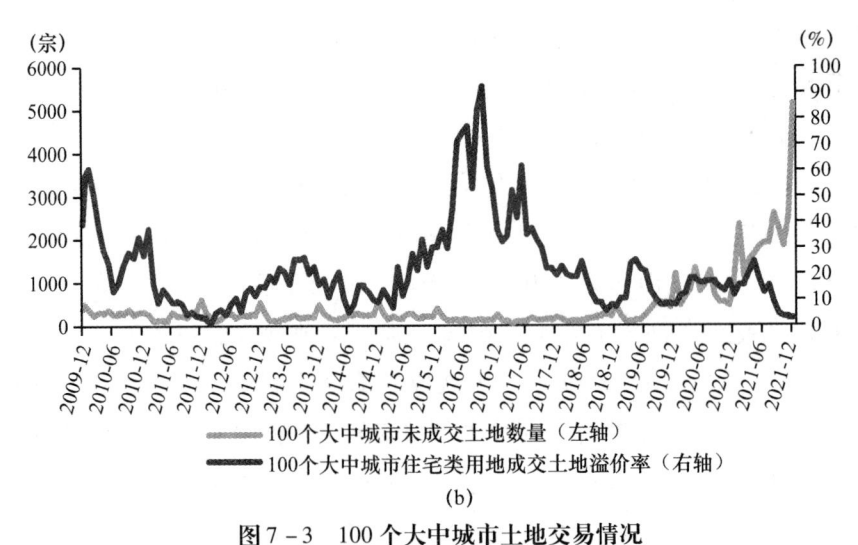

(a)

(b)

图 7-3 100 个大中城市土地交易情况

资料来源：Wind。

住房租赁市场与住房销售市场和土地市场的走势完全不同,一线(尤其是强一线)城市走出了一波上涨行情。根据中原地产统计的四个一线城市、两个二线城市的租金数据,2021年北京租金水平累计上涨了13.41%;深圳租金水平累计下降了4.59%;上海租金水平累计上涨了9.84%〔见图7-4(a)〕;天津租金水平与2020年同期持平;成都租金水平累计上涨了2.01%;广州租金水平累计上涨了3.73%〔见图7-4(b)〕。这一轮租金上涨的原因是:受疫情影响较大的住房租赁市场,于2021年第一季度开始逐渐升温;第二季度之后伴随着毕业季的到来,旺盛的住房租赁需求带动租金价格季节性上升,样本城市住房租金价格普遍上涨(深圳除外);此外机构化租赁也在一定程度上推高了租金,因为长租房企业需要通过涨租回收装修成本,2021年北京、上海这两个机构化住房租赁占比最高的城市租金价格累计涨幅最大。第四季度开始由于疫情因素和季节性因素的影响将逐渐远去,租金价格也有所回调。

(二)房地产金融风险概览

本节从三个方面概括房地产金融的风险:第一,房地产市场自身风险,它是房地产金融风险的源头,主要通过租金资本化率和库存去化两个指标反映;第二,住房按揭贷款的风险,它主要反映了房地产市场需求侧的金融风险,我们用新增贷款价值比(LTV)表示;第三,房企违约风险,它主要反映了房地产市场供给侧的金融风险,我们主要观察债券市场的违约情况。

租金资本化率是由每平方米住宅的价格除以每平方米住宅的年租金得到,其含义是一套住宅完全靠租金收回成本要经过多少年,可以较好地用于刻画房价泡沫程度。这一概念与租售比类似,但更加直观。2021年,四个一线城市的租金资本化率总体呈下降态势,平均租金资本化率从年初的69.70年下降至年末的57.78年。主要原因是:2020年下半年一线城市住房市场出现了明显过热迹象,四个城市的相关部门均陆续出台调控收紧政策。在深圳、广州、上海二手房指导价政策出台后,因指

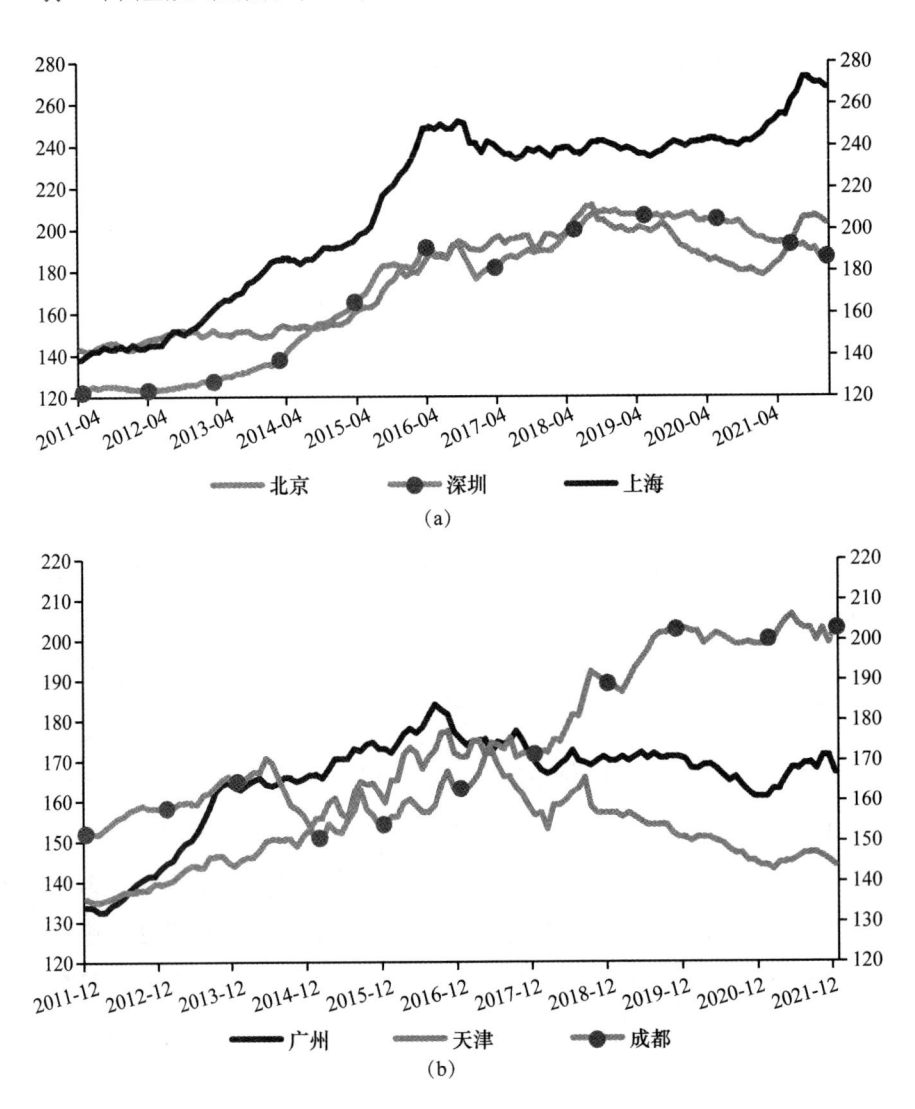

图 7-4 中原二手住宅租金指数（定基 2004 年 5 月 = 100）

资料来源：中原地产、Wind。

导价低于市场实际成交价且银行按照指导价发放贷款，这一定程度降低了居民购房可用杠杆，三城住房市场的交易规模大幅下滑，房价快速上涨势头得到有效遏制［见图 7-5（a）］。同期，二线城市的租金资本化率也表现出下降趋势，且二线热点城市的下降幅度大于二线非热点城市；

二线热点城市的平均租金资本化率由年初的 57.44 年下降至年末的 53.02 年；二线非热点城市的平均租金资本化率略有下降，由年初的 48.50 年下降至 2021 年 9 月末的 47.04 年［见图 7-5（b）］。三线城市方面，平均租金资本化率基本保持不变，2021 年末为 42.13 年，略低于年初的 42.53 年［见图 7-5（c）］。

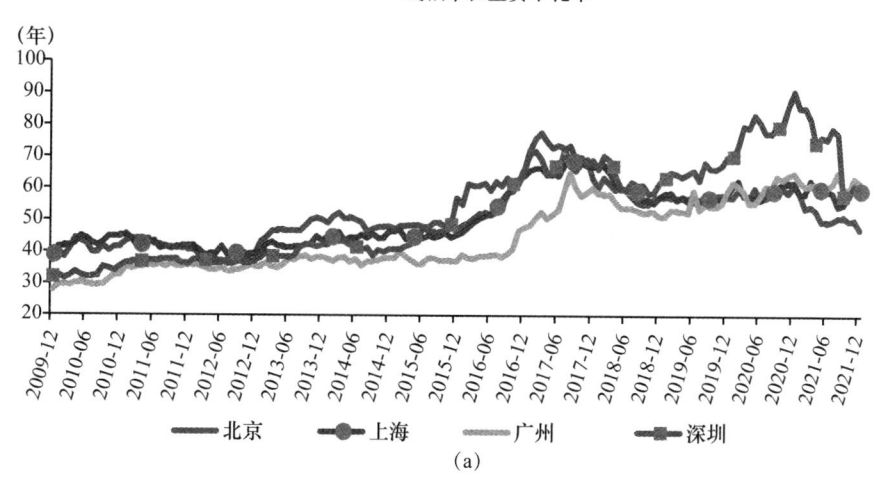

一线城市租金资本化率

(a)

二线城市租金资本化率

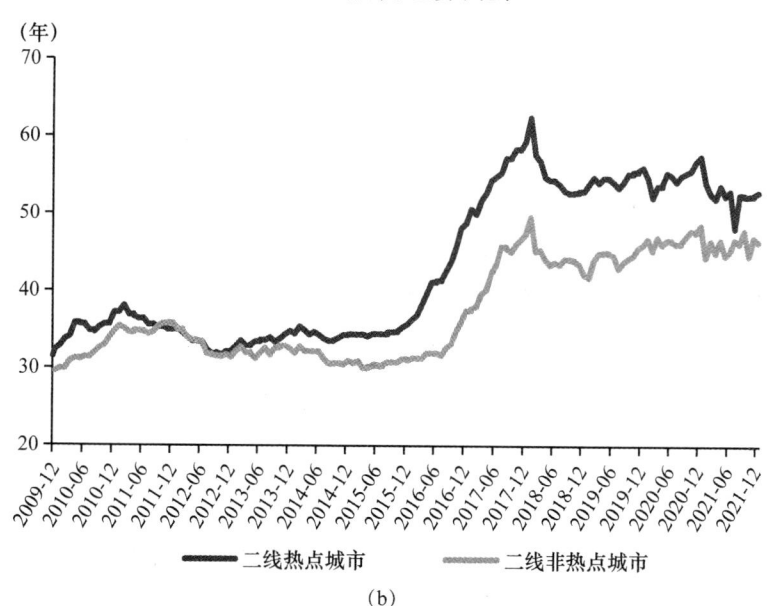

(b)

三线城市租金资本化率

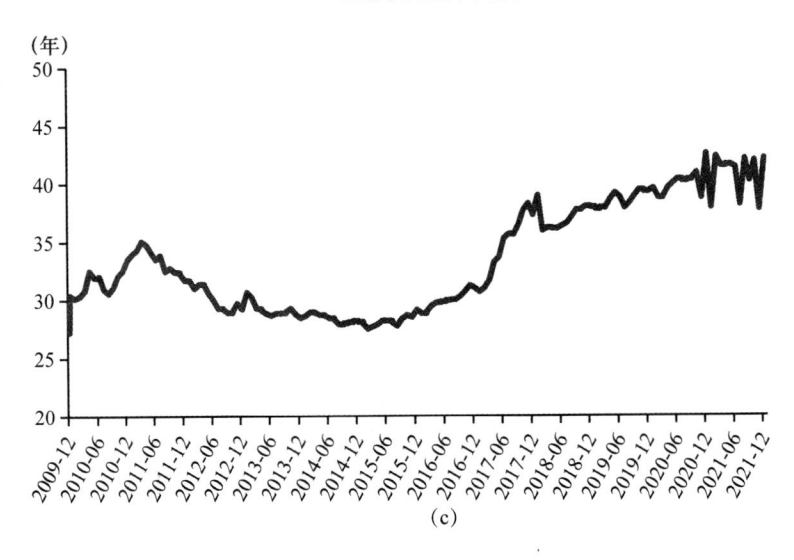

(c)

图 7-5　租金资本化率走势

注：本报告监测的二线热点城市包括杭州、南京、苏州、武汉、成都、厦门、福州、西安、合肥，二线非热点城市包括天津、重庆、郑州、长沙、南宁、青岛、宁波，三线城市包括昆明、太原、兰州、乌鲁木齐、呼和浩特、湖州、泉州、常德、蚌埠。

资料来源：国家金融与发展实验室监测数据。

整体来看，进一步收紧的房地产调控政策在一线城市和部分二线热点城市逐渐显现效果，房地产价格泡沫得到一定程度的遏制。然而对于房价泡沫的遏制也须辩证地考察，尤其是对于租金资本化率急速下降的情况（比如深圳），这意味着房价的快速下跌。通常而言，繁荣时期的房价上涨与危机时期的房价下跌往往是非对称，房价的快速下跌可能是危机的前兆。进一步考察深圳房价下跌的原因，主要是因为住房按揭供给不足，从而导致房地产开发的整个资金循环不畅，因此缓解流动性不足是应对危机的首要措施。

租金资本化率是从相对价格上反映风险，库存数据则是从数量上反映风险。从去库存的情况来看，18 个城市平均住宅库存去化月数由 2020

年12月末的11.7个月上升至2021年底的18.9个月,整体上表现出滞销的现象(见图7-6)。分城市层级来看,2021年一线城市住宅库存去化周期基本保持稳定,12月底一线城市平均住宅库存去化周期为6.5个月,反映出一线城市抗风险能力较强。二线城市住宅库存去化周期从年初以来持续下降,至6月底降至年内最低点8.4个月,第三季度开始快速回升,至12月底上升至15.3个月,二线城市下半年库存快速回升与按揭贷款发放不足以及市场观望情绪较浓有关。三线城市方面,住房交易市场降温较快,住宅库存去化的压力大幅上升,12月底三线城市平均住宅库存去化周期为34.9个月,较2020年末上升了18个月。将库存数据结合租金资本化率数据来看,三线城市的市场面临较大风险,一些城市(如唐山、昆明、岳阳等)出台了房价"限跌令",这些政策从另一个侧面说明了风险,我们也应注意市场难以通过价格出清带来的问题。

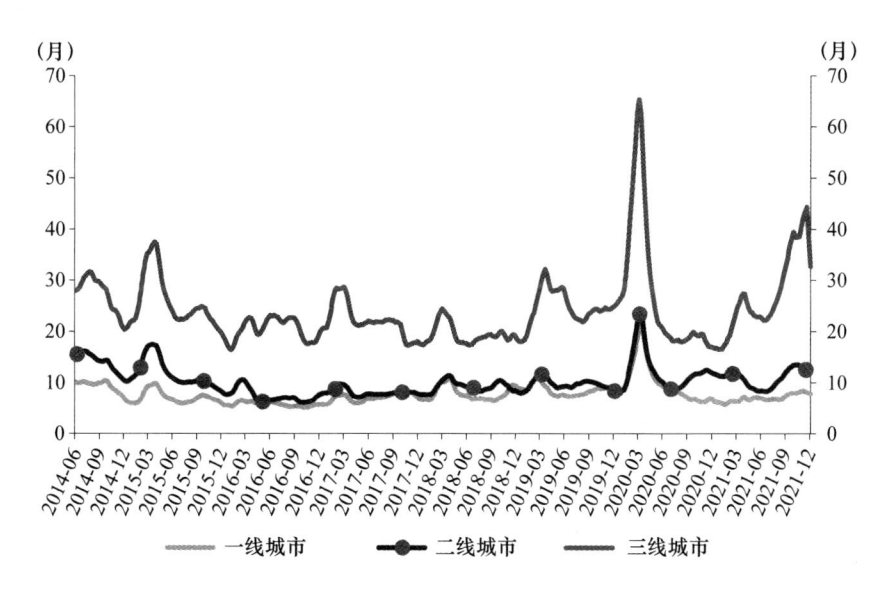

图7-6 各城市房地产库存去化情况(3周移动平均)

注:本图中的一线城市包括北京、上海、广州、深圳,二线城市包括杭州、南京、苏州、厦门、南昌、福州、南宁、青岛,三线城市包括泉州、莆田、东营、东莞、舟山、宝鸡。

资料来源:根据Wind统计计算。

新增个人住房贷款价值比（Loan to Value，LTV），可以衡量住房价值对新增个人住房贷款的保障程度，也可以用于反映银行个人住房贷款违约风险的大小。相关研究表明，LTV与个人住房贷款违约率显著正相关，如果这一指标数值较低，说明购房中使用自有资金的比例较高，则银行等金融机构面临的风险不大。

2021年，一线城市中北京的平均新增住房贷款价值比为13.74%，处于较低水平；深圳的平均新增住房贷款价值比为38.01%［见图7-7（a）］，相较于2020年大幅下降，这既反映了2020年深圳房价泡沫中的杠杆因素，也反映了2021年严查房抵经营贷违规入市的效果；上海的风险相对较低，平均新增住房贷款价值比为20.05%；广州的平均新增住房贷款价值比为28.82%，处于合理水平［见图7-7（b）］。二线城市方面，重庆的平均新增住房贷款价值比为64.57%，处于较高水平；南京的平均新增住房贷款价值比为29.61%；厦门的平均新增贷款价值比为26.78%［见图7-7（c）］；郑州的平均新增住房贷款价值比为33.20%；武汉和天津的平均新增住房贷款价值比分别为19.31%和19.06%，风险较小［见图7-7（d）］。整体来看，受益于较高的首付比例、较低的LTV，中国新增个人住房贷款抵押物保障程度较高。2021年部分一线城市按指导价发放贷款，由于指导价低于实际成交价，贷款比例比按指导价计算的比例还低，这使得整体个人住房贷款风险更加可控。

2021年房地产金融风险主要集中于房企违约上。仅从债券市场的违约情况来看，房企违约与前三年相比无论是数量还是金额都表现出激增的态势。2021年，房企境内信用债违约数量为69只，占境内债违约数量的27.49%，涉及重庆协信、天房集团、华夏幸福（包括子公司九通基业投资）、泰禾集团、泛海控股、新华联、四川蓝光、三盛宏业、正源地产、鸿坤伟业、华业资本、阳光城、花样年、新力地产14家债券发行主体，违约规模（违约日债券余额）为759.15亿元，占境内债前三季度总违约规模的29.27%（见表7-1）。

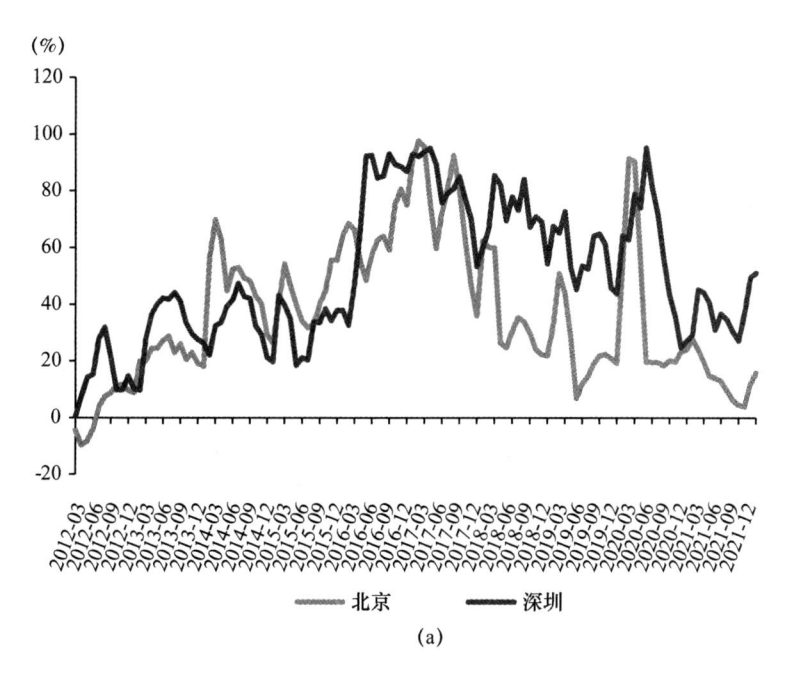

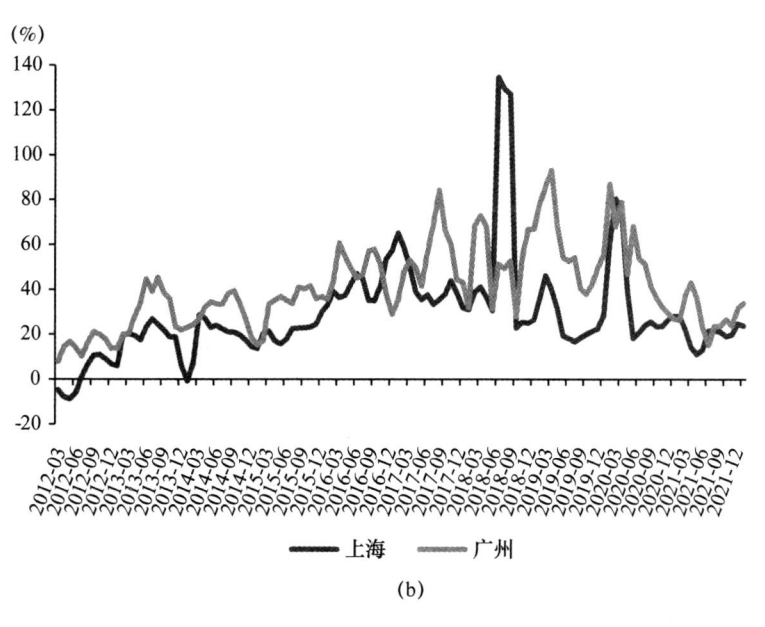

2021 年房地产金融风险分析

(a)

(b)

(c) 重庆 南京 厦门

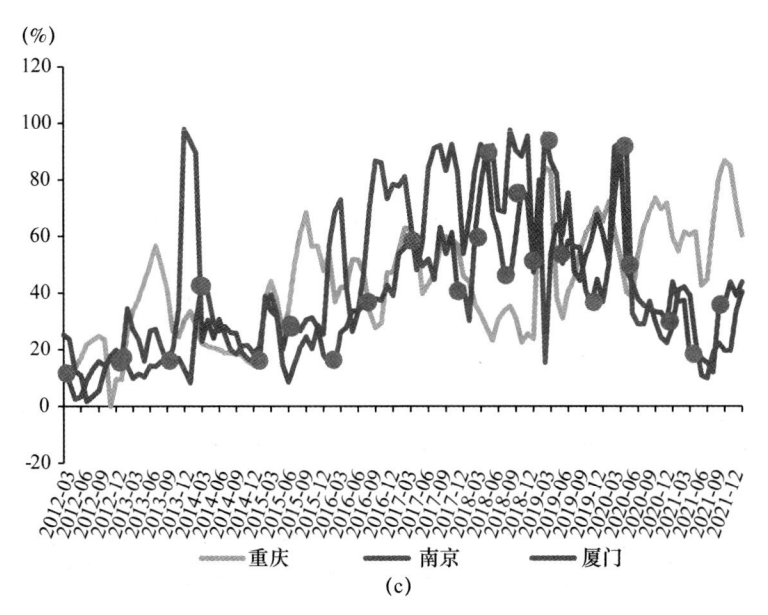

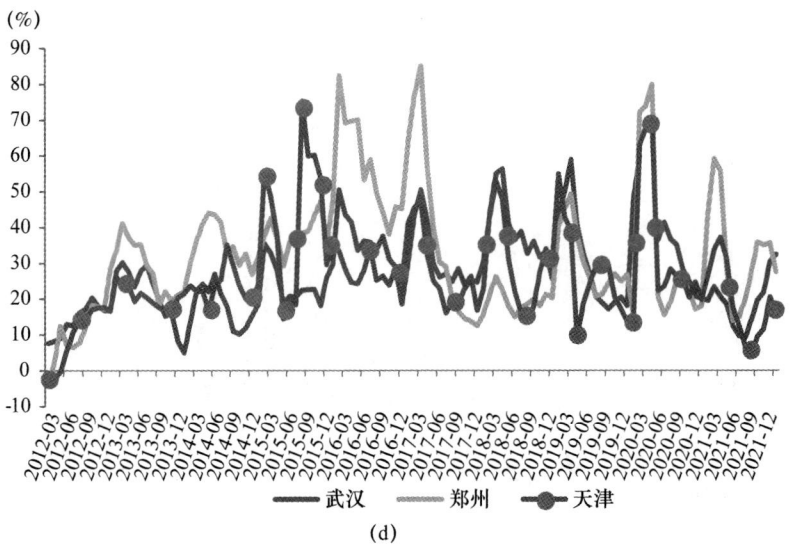

(d) 武汉 郑州 天津

图 7-7 一线和部分二线城市新增贷款价值比（3个月移动平均）

注：理论上，贷款价值比（LTV）不应超过70%。导致计算结果存在差异的原因是：第一，我们使用用月度余额之差表示新增量，两者之间存在差异；第二，由于不能直接得到个贷数据，我们使用总贷款数据或居民中长期贷款数据再乘以某一系数得到个贷数据。但是，我们保持单个城市在时间上的系数一致，以及不同城市在方法上的一致，因此数据依然具有参考意义。该指标出现负值的原因来自第一条。

资料来源：国家金融与发展实验室估算。

表 7-1　　　　　　　　　房企信用债违约情况

年份	房企境内信用债违约数量（只）	违约数量占比（%）	房企境内信用债违约金额（亿元）	违约金额占比（%）
2018	6	3.64	34.90	2.30
2019	14	5.71	87.06	4.51
2020	19	8.09	269.89	10.68
2021	69	27.49	759.15	29.27

资料来源：Wind。

（三）房地产金融风险走势分析

1. 短期风险走势分析

短期看房地产下行压力会有所缓解，房企违约扩大化的趋势会有所遏制。因为金融监管部门采取了有针对性的措施，主要包括两个方面。

第一，引导市场预期。由于恒大风险事件导致了购房者较浓的观望情绪，房企销售回款不畅，加之风险通过合作开发商、债权人、供应商形成网络传导态势，因此从源头遏制市场悲观情绪至关重要。2021年9月29日，人民银行和银保监会在联合召开的房地产金融工作座谈会上表示，围绕"稳地价、稳房价、稳预期"目标，准确把握和执行好房地产金融审慎管理制度，并要求金融机构按照法治化、市场化原则，配合相关部门和地方政府共同维护房地产市场的平稳健康发展，维护住房消费者合法权益。2021年10月20日金融街论坛年会召开，中国人民银行副行长潘功胜表示，在金融管理部门的预期引导下，金融机构和金融市场风险偏好过度收缩的行为逐步得以矫正，融资行为和金融市场价格正逐步恢复正常。国务院副总理刘鹤表示，目前房地产市场出现了个别问题，但风险总体可控，合理的资金需求正在得到满足，房地产市场健康发展的整体态势不会改变。来自监管部门及其主要负责人的表态有效引导了市场预期，尽管信贷投放的行动还在进行中，但市场悲观情绪已大幅缓解。

第二，信贷托底。个人按揭贷款、开发贷、房地产信托贷款的一致性收缩导致市场下行和房企流动性紧张，因此向房企注入流动性成为当务之急。2021年10月15日第三季度金融统计数据新闻发布会召开，中国人民银行金融市场司司长邹澜表示，部分金融机构对房企"三线四档"融资管理规则存在一些误解，并已于9月底指导主要银行准确把握和执行好房地产金融审慎管理制度，保持房地产信贷平稳有序投放。2021年11月19日，中国银保监会新闻发言人答记者问时表示，10月末，银行业金融机构房地产贷款同比增长8.2%，整体保持稳定。与此同时银行间债券市场重新对房企开放，11月共有招商蛇口、保利、中海等16家房企发行306.7亿元信用债。这些措施都使得房企流动性得到明显改善。

2. 长期风险走势分析

长期看房地产市场并不乐观，市场依然存在下行压力，房企爆雷违约还会时有发生，这主要取决于两大因素：第一，基本面的长期因素；第二，金融层面的制度因素。

基本面首先从供给侧也即存量的角度分析，中国早在2016年人均住房面积就已达到40.8平方米，同时期俄罗斯人均居住面积只有24.9平方米，从户均角度计算甚至高于德国、荷兰这两个发达国家。[①]从国际比较的视角看中国住房并不存在供给缺口，这也是2016年之后房价缺乏上涨动力的重要原因之一。

其次从需求侧展开分析，大致包括五方面的慢变量发挥着决定性作用。

其一，经济增速持续下行。中国经济增长已由高速转为中高速的新常态，居民收入在GDP中份额没有明显上升趋势，这意味着居民收入增速将更快趋于稳态。缺乏收入面的支撑，加之居民债务堆积，对房地产

---

① 参见蔡真等著《中国住房金融发展报告（2019）》，社会科学文献出版社2019年版，第6页。

市场而言意味着加速下行。

其二，人口红利转变为人口负债。西方近百年的历史经验表明，房价与人口红利存在典型正相关关系。其道理很简单：当经济处于人口红利期时，社会的总抚养比低，整个社会的储蓄水平较高，加之年轻人口对住房需求大，自然伴随着房地产市场的上升行情；当人口红利转变为人口负债时，一方面直接导致需求萎缩，另一方面经济增长逻辑转变以及债务堆积，导致房地产下跌力量集中释放。2013年是中国人口红利窗口关闭年，之所以房地产市场未出现下行是因为城镇化进程还未完结，这一滞后效应未来一定会得到体现。此外，一胎化的计划生育政策导致住房在代际传承中大量过剩，两因素叠加形成螺旋式下行压力，须高度警惕。

其三，城镇化进程明显放缓。城镇化是房价上涨的另一动因，一方面，城镇化使得人口由农村向城市聚集，导致住房需求增加；另一方面，城镇化过程中伴随着大量的基础设施建设，这些投资最终都会内化到住房价格中。国际经验表明，当城镇化率达到65%—70%后，城镇化进程将明显放缓，即人口不再表现为集聚，而是由城市中心向郊区和城市带扩散，当城市规模不再扩张时基础设施建设也相应停滞。2020年中国城镇化率达到63.9%，这意味着中国城镇化进程距第二阶段结束至多3—4年，城镇化很快进入后期或尾声阶段，房价上涨失去动力。

其四，房地产税加速推进。2021年10月全国人大授权国务院在部分城市开展房地产税改革试点，这意味着存量房地产税将成为影响房地产市场的一个长期制度性因素。市场普遍预测税率在1%左右。从投资角度看，中国住房租金资本化率普遍不到2%，1%的持续税收成本将引致大量的住房抛售行为。目前市场只是在传闻的情况下已出现上海抛售93套房、苏州拙政别墅陡增10套挂牌房源、深圳一次性挂牌23套学区房的现象，这对当下的脆弱市场无异于雪上加霜。从消费角度看，中国房价收入比为30（一线城市更是高达50），倒算过来一年的住房持有成本在2%—3%，在此基础上加上1%的税收成本将加剧普通居民家庭负担。考虑到中国住房自有率在80%以上，房地产税开征必须有较大免征额，否则将产生较大负面影响。

其五，教育"双减"政策对学区房影响明显。近年来房价上涨的一个重要因素是学区房，即教育投入资本化到住房价值中。2021年5月中央政治局会议点名学区房炒作后，各地相继出台多校划片、教师轮岗制度，7月针对校内校外课业负担的"双减"政策出台，这些政策使得学区这一结构性因素从房价中釜底抽薪。2021年8月，作为学区房风向标的北京德胜片区二手房成交量减少五成，房价下跌近10%；北京蜂鸟家园因对口中关村三小被视为海淀学区房"天花板"，自9月至今成交不超过5套。

金融层面的制度因素主要集中于房企的融资模式，对房企进行信贷融资是中国的一大特色。从国际经验来看，房地产开发经营要么通过REITs募集资金，要么通过股票IPO或发行债券融资，这些融资方式都属于直接融资，很少使用贷款这种间接融资方式。

贷款对房企融资的最大弊端是期限短、不稳定，这使得金融波动很容易传导至房地产市场。2016年以来，随着影子银行体系的发展，房企融资也走向灰色地带，从贷款到信托融资再到P2P理财，呈现出清晰的发展路径；然而，随着这些涉嫌违规产品逐渐进入金融治理框架，房企融资爆雷事件频频发生。除了金融治理的因素，人为停贷抽贷也是造成危机爆发的重要因素，从数据看，2021年第三季度开发贷余额为12.16万亿，同比增长仅为0.02%，为15年来历史最低点；维持房企经营的"血液"在主动脉上被完全截断，这也造成其他通路相继爆雷。

二 房地产金融主要风险点及原因分析

（一）恒大风险事件

2021年中国房地产市场最大的风险点莫过于恒大风险事件。2021年6月恒大被曝出部分商票逾期未兑付的消息，7月又出现广发银行宜兴支行冻结恒大相关公司存款新闻,此后事件进一步发酵。恒大作为一家资产达到2万亿元以上的房企,其违约产生的影响引起了市场人士和监管层的高度关注,人民银行和银保监会在8月19日约谈了恒大高管。作为中央银行和金融监管机构,直接约谈一家实体企业(非金融机构),这在历史上是极为罕见的。本节首先分析恒大风险事件的性质,其次讨论其产生的影响,最后分析恒大风险事件的原因。

1. 恒大风险事件的性质——流动性危机还是资不抵债

(1) 流动性风险分析

恒大2021年半年报显示,现金及现金等价物金额为867.72亿元(已扣除受限现金),短期借贷及长期借贷当期到期金额为2499.49亿元。因而现金短债比为0.34,其含义是:一年内有100元债务到期,而恒大目前手头只有34元可用于还债。

实际的流动性风险比上述数值反映的还要大。由于管理层对短期偿债能力提出了监管要求,恒大采取了用其他应付款借入现金的方法规避监管。由于其他应付款不计为短期有息负债,但实际上依然是负债。恒大一年到期的应付贸易款及其他应付款为5824.31亿元,如果扣除掉一年到期的应收贸易款416.45亿元,净的一年到期其他应付款为5407.86亿元,考虑这部分短期负债后,修正的现金短债比为0.11,这实际上意味着恒大十分之九的短期债务还不上,短期流动性缺口规模达到7039.63亿元。恒大的流动性问题岌岌可危。

(2) 资产负债分析

负债分析:①表内负债:(ⅰ)合约负债1857.46亿元,指恒大销售住房但还没交付形成的负债,相对应地,资产中的持作出售竣工物业和受限制现金两个科目规模为1704.65亿元,这一项净负债152.81亿元,相对于2万亿资产规模风险不大。(ⅱ)应付贸易款及其他应付款共计8384.52亿元,相对应地,预付款和应收贸易款及其他应收款共计2999.81亿元,这一项净负债5384.71亿元,规模较大且一年期到期占比高，是主要债务风险，应引起高度重视。(ⅲ)借款，包括银行贷款、交易所和银行间市场的债券，共计 7165.32 亿元，其中一年期到期占比达到 46.8%，且违约会影响到金融市场和银行体系稳定，也应引起高度重视。以上三项负债规模达到 1.26 万亿元，考虑现金及现金等价物 1587.52 亿元，表内的还款缺口为 1.10 万亿元。②表外负债：恒大的表外负债主要包括两项：对合作方、合营、联营公司担保 294.84 亿元，已订约但没有拨备的承诺 4396.15 亿元。表内表外两项合计的还款缺口为 1.57 万亿元。

资产分析：负债对企业而言是硬约束，资产则会随公允价值的变化而变化，因此重估资产价值是资产分析的重点，是判断恒大是否有能力偿债的关键。①开发中物业账面价值为 1.26 万亿元，占总资产的 54.7%，是重点分析对象。这一科目包括在建工程以及土地储备，在建工程已经按市价估值，土地储备按原值计价，需重估。恒大年报显示，2020 年底恒大土地储备原值 4901 亿元，同时年报还给出一、二、三线土地储备占比和各自的楼面地价，我们计算当前楼面地价相对于购地时楼面地价的增速，并按各级城市权重求得土地储备的估值，其结果为 7296.75 亿元。开发中物业的估值为（1.26 - 0.49）+ 0.73 = 1.5 万亿元。②厂房、设备、使用权资产、投资性物业合计 2601.42 亿元，已按市价计量，但有高估可能性，按八折计值为 2081.14 亿元。③以权益法入账的投资，这其中恒大持有的盛京银行股份以及恒大人寿股份具有变现价值。恒大持有盛京银行 36.4% 的股份，盛京银行股东净资产为 821.54 亿元，则恒大持有盛京银行股份的市值为 299.04 亿元。恒大持有恒大人寿 50% 的股份，恒大人寿股东净资产为 218.78 亿元，则恒大持有恒大人寿股份的市值为 109.39 亿元。两者合计市值 408.43 亿元。④体现在商誉和无形资产中以非控股权益进行的投资，主要包括三家公司：恒大物业、恒大汽车以及恒腾网络，三者的市值分别为 631 亿元、591 亿元和 328 亿元，恒大间接持有的股份分别为 60.84%、74.95% 和 55.64%，三者合计市值 1009.35 亿元。其他资产因变现较为困难暂不考虑，以上资产合计1.86万亿元，总体上可以应对表内表外负债。

专栏：恒大流动性危机爆发始末

2021年6月初，恒大集团被曝出部分商票逾期未兑付。

2021年6月7日，恒大发布辟谣公告，承认个别项目公司存在极少量商票未及时兑付的情况，集团高度重视并安排兑付。

2021年6月22日，惠誉国际将恒大集团的长期外币发行人违约评级由"B+"下调至"B"，评级展望为"负面"。

2021年7月13日，江苏省无锡市中级人民法院批准广发银行宜兴支行诉讼前财产保全的申请，裁定冻结中国恒大旗下子公司宜兴市恒誉置业、恒大地产集团共1.32亿元人民币的银行存款。7月19日消息广泛流传后多家与中国恒大有关的上市公司股票大幅下跌。中国恒大于同日下午3时发表声明，指广发银行宜兴支行滥用诉讼前保全。7月22日，恒大集团发表声明指广发银行申请财产保全一事已妥善解决。

2021年7月26日，《明报》报道"锄Dee会"成员持有的上市公司在6月和7月分别买入中国恒大发行的债券和票据，包括中誉集团和泛海国际。

2021年7月27日，中国恒大宣布取消此前公布的特别分红方案。同日，新闻报道标准普尔将中国恒大的信贷评级由"B+"下调两级至"B-"，评级展望为"负面"，中国恒大旗下的恒大地产、天基控股的评级展望亦同样被评为"负面"。

2021年7月28日，惠誉国际再次调低中国恒大的评级，由"B"下调至"CCC+"。

2021年8月2日，中国恒大向腾讯出售恒腾网络7%的股份，总代价20.685亿元。同时向独立第三方出售4%的股份，总代价11.82亿元。中国恒大同时向恒腾网络提供一笔共20.7亿元的五年期无抵押无息股东贷款。

2021年8月6日，财新网报道，中华人民共和国最高人民法院要求所有涉及中国恒大的案件须移交由广州市中级人民法院集中管辖。同日，标准普尔将中国恒大、恒大地产及和天基控股的信用评级由"B-"下调两级至"CCC"及展望"负面",属于标准普尔的"垃圾债券"评级,只比正式债务违约高四级。

2021年8月11日,《香港01》独家报道中国恒大计划将恒大物业出售给万科牵头的企业。翌日,《财联社》报道万科、碧桂园曾与中国恒大洽谈,因价格不合而退出收购事宜。

2021年8月17日,恒大地产董事长从集团董事局主席许家印改为赵长龙,集团总经理及法人亦从柯鹏变为赵长龙。

2021年8月19日,中国人民银行、银保监会相关部门负责人约谈恒大集团高管,强调恒大集团必须认真落实中央关于房地产市场平稳健康发展的战略部署,努力保持经营稳定,积极化解债务风险,维护房地产市场和金融稳定;依法依规做好重大事项真实信息披露,不传播并及时澄清不实信息。

2021年9月8日,有传媒报道中国恒大通知两家银行将停止支付9月21日到期的贷款利息。多家评级机构调低中国恒大的信用评级。穆迪将信用评级由"Caa1"下调至"Ca",惠誉将中国恒大的信用评级由"CCC+"下调至"CC"。

2021年9月8日,《财新》指出恒大集团旗下的投资理财公司"恒大财富"已暂停部分兑付。9月10日,董事局主席许家印召开"恒大财富专题会",来自中国各地的投资者到恒大位于深圳的总部及分公司抗议,要求赎回理财产品,并高叫"许家印,还我血汗钱!"等口号。会上恒大财富执行董事兼总经理杜亮承认5月31日因家中有急事已提前赎回所投资的理财产品。

2021年9月13日,由于恒大财富爆发兑付危机,有多名投资者包围了恒大在广东深圳的总部大楼抗议。恒大晚间发布声明称,"公司目前确实遇到了前所未有的困难,但公司坚决履行企业主体责任,全力以赴复工复产,保交楼,想尽一切办法恢复正常经营,全力保障客户的合法权益。"而此时有6名高管提前赎回恒大财富。恒大集团随后责令6名管理人员提前赎回的款项必须限期返还。2021年9月13日，恒大集团提供现金分期兑付、实物资产兑付、冲抵购房尾款兑付三种方式供投资者选择。

2021年9月14日，恒大集团在向香港交易所提交的公告中承认，恒大物业合约销售金额在2021年6月至8月呈下降趋势，并预测在9月将继续大幅度下降。

2021年9月15日，标普再次下调恒大集团信贷评级，由"CCC"下调至"CC"，并指出流动性和融资渠道严重萎缩。同日，中诚信国际将恒大地产的信用等级由"AA"调降至"A"。

2021年9月16日，恒大集团所有存续的公司债券停牌1个交易日。

2021年9月29日，宣布出售盛京银行19.93%的股权给沈阳市一家国企，共作价99.93亿元人民币，全部用作偿还对盛京银行的债务。

2021年10月4日，香港联交所披露，中国恒大的股票于10月4日上午9时起短暂停止交易。

2021年10月10日，恒大集团称，提前赎回恒大财富投资产品的6名高管，已经在10月8日前将所有提前赎回的款项全数归还至恒大财富指定账户，并已对6名高管进行问责惩处。

2021年10月15日，中国人民银行金融市场司司长邹澜在第三季度金融数据统计发布会上表示，恒大集团问题是个别现象，其金融风险外溢性"可控"。

据知情人士透露，中国恒大为避免美债违约，10月已出售2架私人飞机，套现超过5000万美元，而目前正准备为另一架大型飞机寻找买主。

2021年11月16日，据媒体报道，从7月1日至今，为了维持集团流动性，许家印已通过变卖个人资产或质押股权等方式筹集资金，累计已向集团注入超70亿元现金，维持恒大的基本运营。

2. 恒大风险事件的影响

若恒大因流动性问题倒闭，将产生广泛和深远的负面影响。第一，影响地方政府税收收入，截至2020年底恒大应付土地增值税749亿元，而广东省2019年的土地增值税收入只有1403亿元。第二，影响债券市场稳定，2021年上半年恒大优先票据和债券存量余额为1778亿元，而2020年债券市场总体违约额为2315亿元，恒大一家倒闭在债券市场的影响接近于去年整个市场的影响。第三，形成大量银行不良贷款，2021年恒大半年报显示，恒大的银行贷款3520亿元，主要涉及民生银行、农业银行、浙商银行、光大银行、工商银行等，国有和股份制银行占比较大，冲击银行体系稳定。第四，影响上下游企业正常经营，目前恒大上下游合作企业接近上万家，若恒大倒闭将对经济平稳健康运行造成冲击。第五，影响社会稳定，恒大存在大量已售未交楼的商品房，若恒大倒闭将导致数百万业主面临无法收楼的风险，严重影响社会稳定。

由于市场并不能确定恒大风险事件的性质是流动性风险还是资不抵债风险；即使市场确定恒大面临的是流动性风险，也不能确定恒大会不会因为流动性问题倒闭。如若恒大倒闭，鉴于其倒闭可能产生的广泛而深远的影响，金融市场出现了典型的负面情绪传染的现象，具体表现为如下三点：第一，债券市场针对房企已出现典型的"投资安全转移"（Flight to quality）现象，国内债券市场AA级房企的信用利差出现高位剧烈波动的特征，最高点7月1日达到377个BP（见图7-8）；境外债券市场上，同一信用主体债券的折价率明显高于境内债券，平均差异达到10%以上。第二，股票市场地产板块高度敏感，9月23日救恒大传闻一出，许多困境地产股大幅上涨，反映出二级市场焦虑的情绪。第三，信用评级机构近期下调了多家房企评级，包括银城国际、新力控股、花样年、建业地产、华南城等，这与危机中评级机构的"墙倒众人推"的操作手法极为类似。

由于恒大面临的主要问题是流动性危机，央行在9月24日的货币政策委员会第三季度例会中表示：维护房地产市场的健康发展和维护住房

图7-8　AA级地产债信用利差高度波动

资料来源：Wind。

消费者的合法权益①；10月15日，在人民银行2021年第三季度金融统计数据新闻发布会上，央行相关负责人表示：部分金融机构对于30家试点房企"三线四档"融资管理规则也存在一些误解，将要求"红档"企业有息负债余额不得新增，误解为银行不得新发放开发贷款，企业销售回款偿还贷款后，原本应该合理支持的新开工项目得不到贷款，也一定程度上造成了一些企业资金链紧绷。②随着监管层的相关表态，个人住房按揭投放明显加速，保利发展和招商蛇口等房企在银行间市场发债获批，房企融资环境边际改善，流动性问题逐步得到缓解。

3. 恒大风险事件原因分析

恒大风险事件的首要原因是地产主业大举加杠杆扩张。在地产去库

---

① 参见人民银行网站：http://www.pbc.gov.cn/goutongjiaoliu/113456/113469/4350647/index.html。
② 参见人民银行网站：http://www.pbc.gov.cn/goutongjiaoliu/113456/113469/4361524/index.html。

存和棚改货币化安置背景下，恒大在2016年和2017年迅速扩张，新增拿地金额分别达到2044亿元和2380亿元。扩张主要依靠加杠杆驱动，恒大的净负债率由2015年的136%上升至2016年的175%，2017年一举超过200%，高达240%；尽管2017年后恒大的净负债率有所下降，但同期应付账款及其他快速从2017年的3995亿元增长至2021年上半年的9511亿元，年均复合增长率高达28%［见图7-9（a）］。这实际上是将原来对金融机构负债转移到产业链合作企业，这也导致出现流动性危机的时候商票兑付较金融负债更早爆发。

2017年之后货币化棚改逐渐退出，而恒大在三、四线城市布局较多，这导致恒大净利润及归属母公司利润从2018年峰值后快速下滑，2020年公司净利润降至314亿元（仅为2018年的一半），归属母公司净利润仅有81亿元，严重缩水［见图7-9（c）］。由于恒大扩张依靠短期融资，融资成本大幅高于同样民营性质的房企，在毛利率下行叠加融资成本高企的作用下，2020年公司净利率仅为6%，大幅低于同行［见图7-9（d）］。

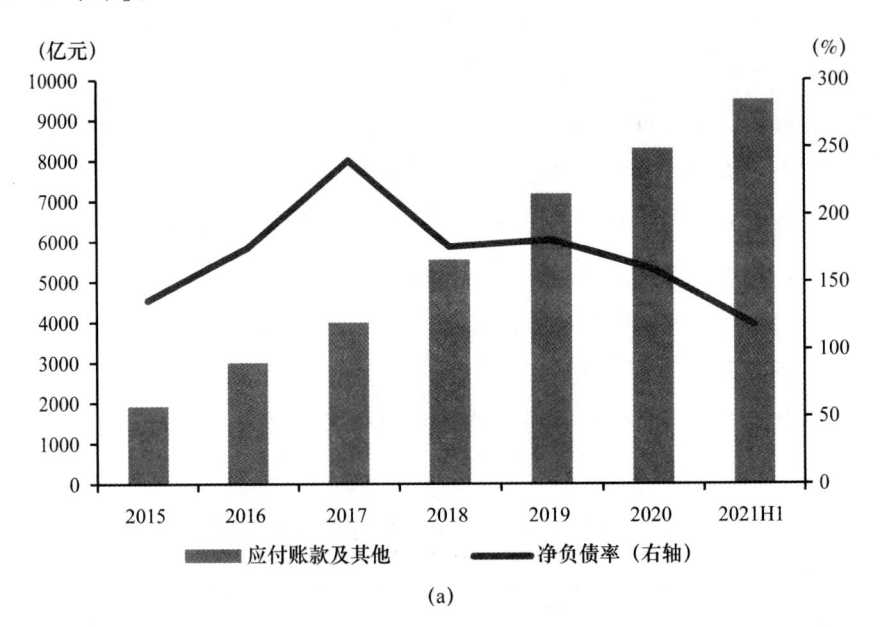

(a)

(b)

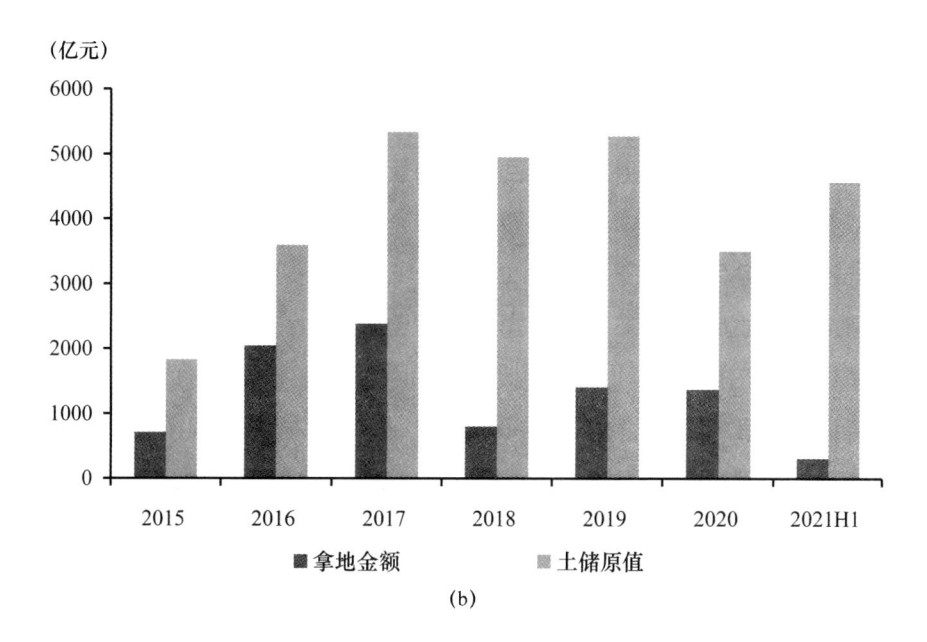

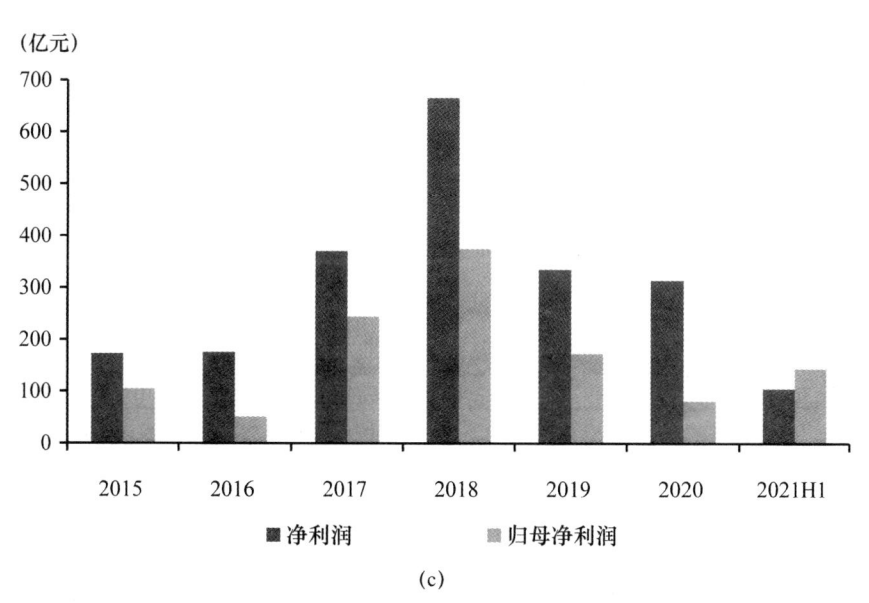

(c)

(d)

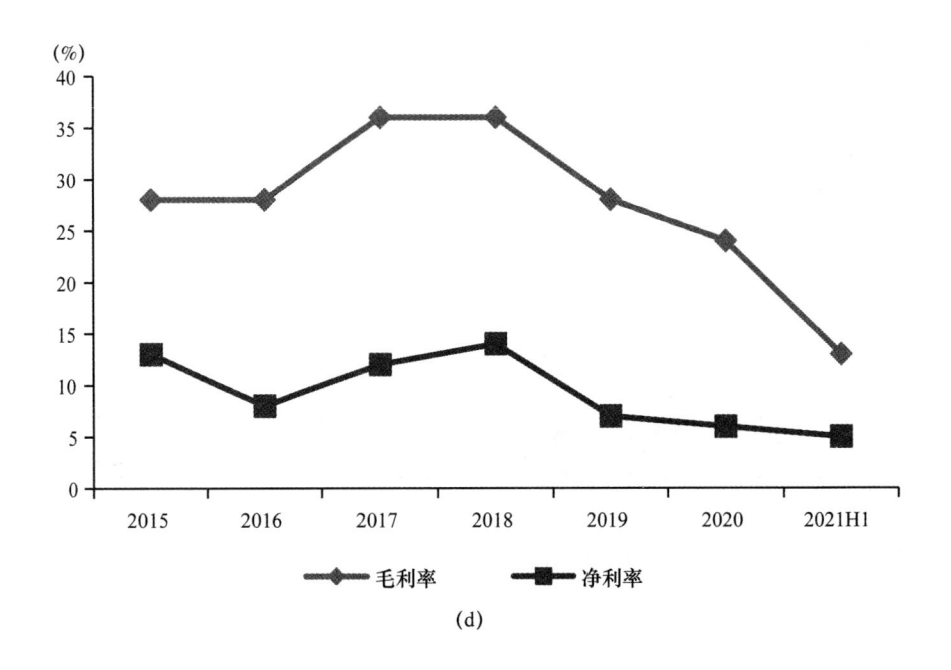

图7-9 恒大加杠杆快速扩张

资料来源：根据恒大各年年报整理。

导致恒大风险事件的第二原因是多元化经营战略未见成效。恒大的业务多元化已形成"八轮驱动"（包括地产、汽车、物业、文旅等），但多元化上市平台并未盈利，在2016年至今归属母公司净利润已累计亏损139亿元。以恒大新能源车业务为例，2016年至2021年上半年公司归属母公司利润累计亏损177亿元，经营性现金流和投资性现金流净额持续为负，业务开展完全靠融资支持，但目前距离量产还有很长的路要走。

除了公司经营层面的问题外，恒大集团持续高比例分红政策也削弱了公司现金流。近十年来恒大集团累计分红超过1000亿元，2013—2020年恒大累计分红724亿元，股利支付率高达48%，远高于同行（见图7-10）。2021年7月15日，恒大突发公告商讨派发特别股息，市场质疑此

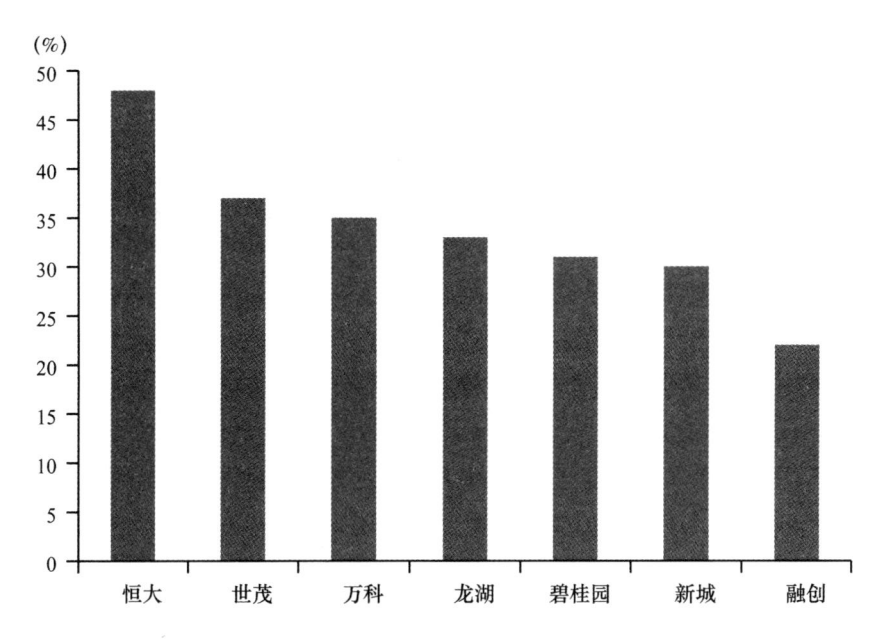

举"掏空上市公司",随后公告决定取消特别分红。

图 7-10 2013—2020 年部分上市房企股利支付率对比

资料来源：根据公司各年年报整理。

（二）房企违约集中爆发

2021 年恒大风险事件成为整个行业最引人注目的事件，然而除此之外，实际上针对房企的各类债权类产品都出现了大量违约，这意味着行业风险远比市场感受的还要严重。银行开发贷方面，国有银行中工商银行和交通银行的不良余额成倍上升，股份制银行中的中信银行和招商银行也表现出这样的趋势，这说明房企违约早有苗头，只是今年集中爆发。从不良率数据来看，工商银行、中国银行、中信银行、光大银行、浦发银行房地产贷款不良率较高，分别为 4.29%、4.91%、3.31%、3.10% 和 3.03%，这一数值大约是正常时期不良率的 3—4 倍。城商行数据主要反映了地区开发贷的情况，除西部重庆的开发贷不良率较高外，上海和杭州的情况也不乐观（见表 7-2）。信托方面，今年已有中信信托、光大信托、国民信托、民生信托等机构房地产相关产品出现违约，金额合计480亿元，占整个信托违约比例高达42.8%（见图7-11）。P2P及私募理财方面，恒大财富、锦恒财富（为佳兆业融资）、尚智逢源（为ST中迪融资）等机构产品相继出现兑付危机。

表7-2　　　　部分上市银行房地产开发贷款不良情况　　（单位：亿元、%）

银行	房地产贷款不良余额			房地产贷款不良率		
	2021年H1	2020年	2019年	2021年H1	2020年	2019年
工商银行	319.11	162.38	109.36	4.29	2.32	1.71
中国银行	334.91	—	—	4.91	—	—
建设银行	115.64	90.11	52.74	1.56	1.31	0.94
农业银行	132.70	142.09	100.38	1.54	1.81	1.45
交通银行	64.61	47.11	8.77	1.69	1.35	0.33
邮储银行	0.12	0.17	0.12	0.06	—	—
中信银行	92.35	96.33	34.26	3.31	3.35	1.19
民生银行	43.49	30.4	13.25	1.04	0.69	0.28
光大银行	13.66	16.29	9.51	3.10	—	—
招商银行	43.28	11.90	16.36	1.07	0.30	0.44
浦发银行	104.64	71.72	87.90	3.03	2.07	2.63
平安银行	16.61	5.71	26.98	0.57	0.21	1.18
上海银行	47.16	37.47	1.54	2.73	2.39	0.10
浙商银行	10.42	1.46	4.28	0.61	0.09	0.29
杭州银行	10.93	12.79	0.92	2.63	2.79	0.27
重庆银行	8.11	5.65	2.46	6.28	1.79	2.09

图 7-11 房地产信托违约攀升

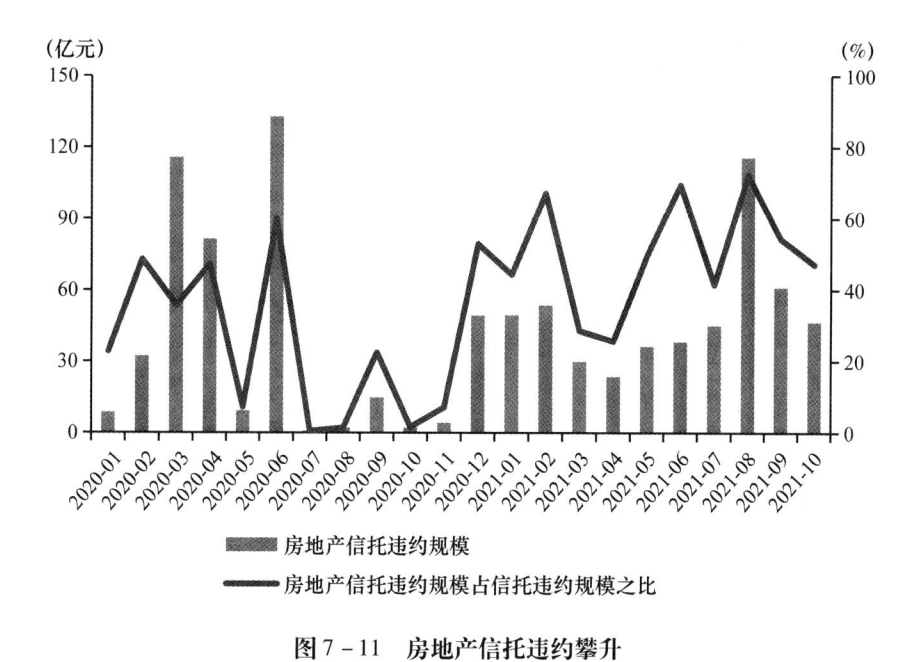

资料来源：用益信托研究院不完全统计。

三 未来风险演进趋势及政策建议

未来一段时间内房地产市场和房地产金融的风险主要集中于以下两个方面：第一，部分三、四线城市的房价大幅下跌。短期看三、四线城市处于"高房价、高库存"的有价无市状态，长期看部分三、四线城市呈人口净流出状态，因而房价面临较大下行压力。由此产生的风险包括两点：其一，部分城市的住房可能出现负资产情况，由此导致这些地区个人按揭贷款不良率上升。其二，由于房价下跌，部分三、四线城市的土地财政可能出现不可持续的情况。第二，房企违约事件还会持续爆发。这一方面是由于房地产市场人口、城镇化的基本面支撑，另一方面房企目前的融资模式还是以短期的债权为主，这两方面因素叠加还会使部分房企面临较大的流动性压力。这里应特别关注在三、四线布局较重的房企的违约风险。

政策建议方面，从短期看政策目标包括两个方面：一是在整体层面要防止泡沫破裂，二是在局部层面要防止个别房企违约造成传染效应，有效隔离风险。防泡沫破裂方面措施包括三点：第一，降低存款准备金率。降低准备金率一方面可以增加商业银行的可贷资金，另一方面可降低商业银行的资金成本。2021年12月15日人民银行决定下调金融机构存款准备金率0.5%，此次降准预计释放资金1.2万亿元，为金融机构节省资金成本约150亿元。第二，加大个人按揭贷款的投放。由于降准后的资金一部分要用于对冲到期的中期借贷便利，真正可用于放贷的资金大约只有5000亿元，此外银行针对可贷资金还存在行业分配问题，因此还需加大个人按揭贷款的投放引导。应针对自住性购房者加大房贷力度，只要有工作（即有稳定收入）即可放贷，这样既在需求端有效支持了房企，同时又控制住了风险。第三，在对房企信用风险进行充分评估的前提下，加大开发贷投放力度、加快信用债发行。防风险传染方面，针对已经违约房企的措施包括三点：第一，考虑民生端，通过对房企注入流动性或进行债务展期维持房企稳健经营，确保"保交楼"活动顺利推进。当然，在注入流动性过程也应要求房企提供高质量抵押品。第二，考虑资产端，应避免快速清算资产导致的价格下跌，避免恐慌情绪向整个金融市场蔓延，通过地方政府主导协调各方债权人利益，采取缓慢分解和处置资产的措施有序释放风险。第三，为防止流动性注入带来的道德风险，对房企无序扩张进行严惩，具体措施包括三点：其一，限制房企经营杠杆和财务杠杆；其二，严惩开发商财务造假行为；其三，剥离房企多元化经营中的金融相关业务。

从中长期看，政策目标是稳定房价，这需要进行相应的体制改革：第一，坚持"房住不炒"精神，大力发展住房租赁市场，通过相关财税金融措施将需求引导至住房租赁市场。第二，改变房企融资制度，减少房企信贷投放，加大长期限信用债的发行，防止金融波动与房价波动形成正反馈机制；推行和完善REITs制度，形成直融机制，盘活存量资产。第三，稳步协调推进房地产税制改革，综合考虑房地产税改革对地方财政的增量作用、居民负担增加以及对银行体系产生的负面影响。

2021年人民币汇率与国际收支稳定性分析[*]

2021年12月中央经济工作会议指出,一方面,中国经济发展面临需求收缩、供给冲击、预期转弱三重压力;另一方面,外部环境更趋严峻和不确定。汇率是外汇市场的重要价格,国际收支是国内国际双循环重要关联节点。新冠肺炎疫情冲击叠加百年未有之大变局加剧了本外币市场不确定性,人民币汇率与国际收支的稳定性,成为观察外部冲击下中国国际金融风险的重要指标。

一 人民币汇率波动与国际收支再平衡

(一)人民币汇率波动与国际市场风险的外溢传导

2021年人民币兑美元汇率中间价"动态趋稳",既有贬值也有升值,总体上相比过去进入相对更窄区间双向波动(见图8-1、图8-2)。伴随人民币兑美元双边汇率"动态趋稳",2021年人民币有效汇率指数"持续升值",人民币CFETS汇率指数与BIS人民币名义有效汇率指数NEER都呈现出趋势性升值(见图8-3),人民币有效汇率指数升值率呈现出"升值累积"的单边波动(见图8-4,2021年人民币CFETS指数升值率大都在零线以上)。

---

[*] 执笔人:林楠,中国社会科学院金融研究所国际金融与国际经济研究室副主任、副研究员。

1. 人民币兑美元汇率走出"独立行情"。一方面，2021年下半年，中美汇率出现了"分叉"，相比美元汇率指数升值，人民币兑美元双边汇率升值更强，走出了"独立行情"；另一方面，人民币兑美元汇率中间价和人民币多边有效汇率指数，在自身汇率体系内部呈现"同升共振"（见图8-2）。具体来看，人民币兑美元双边汇率"动态趋稳"与人民币多边汇率指数"持续升值"共振调整，同步升值。人民币汇率指数整体走强情况下，人民币汇率进一步升值是否可持续？如何保持汇率在合理均衡水平上基本稳定？这些问题都有待进一步考量和优化。

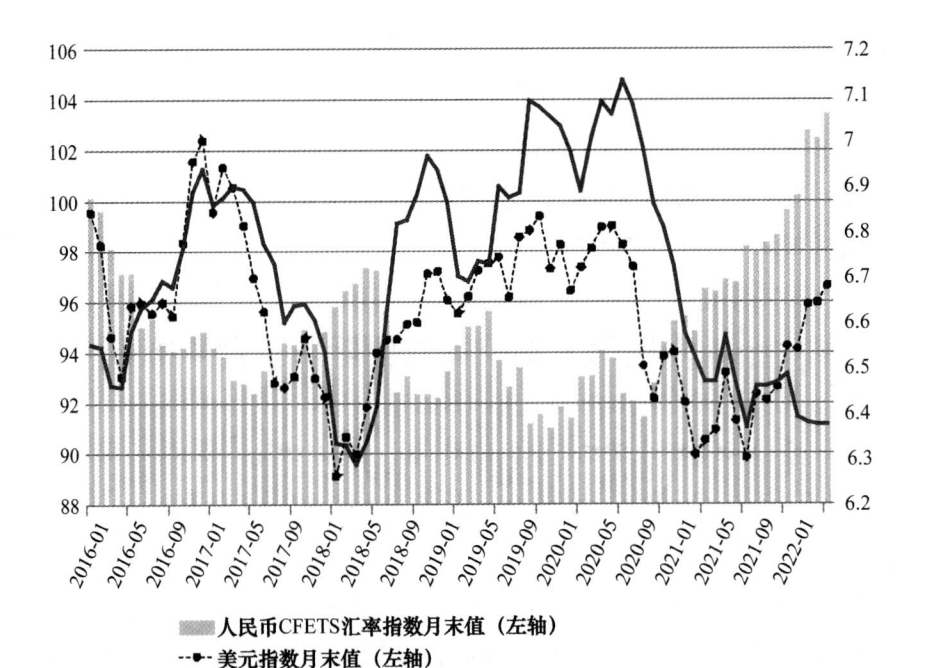

图8-1 人民币汇率与美元指数

资料来源：Wind 和笔者计算绘制。

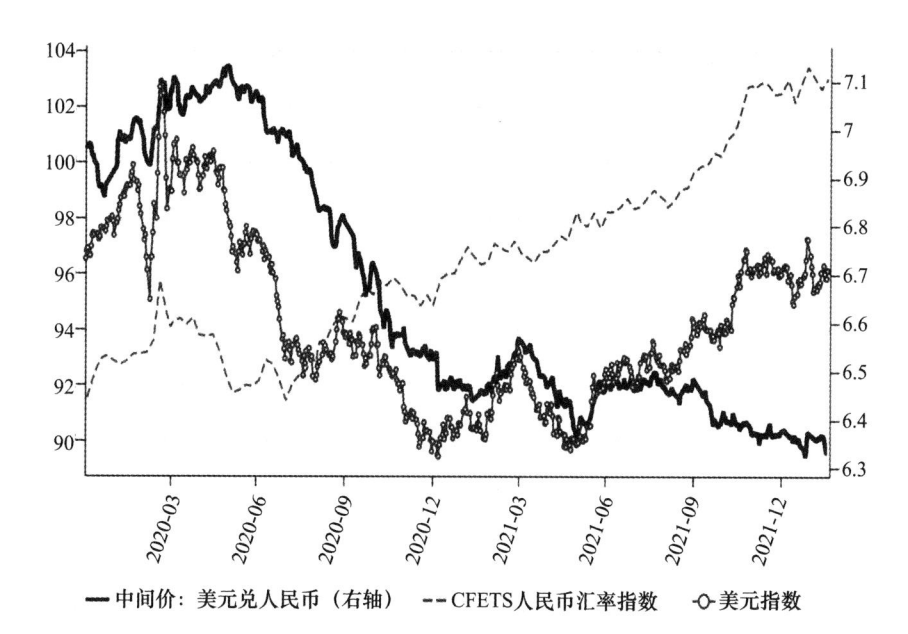

图 8-2 人民币汇率与美元指数

资料来源：Wind 和笔者计算绘制。

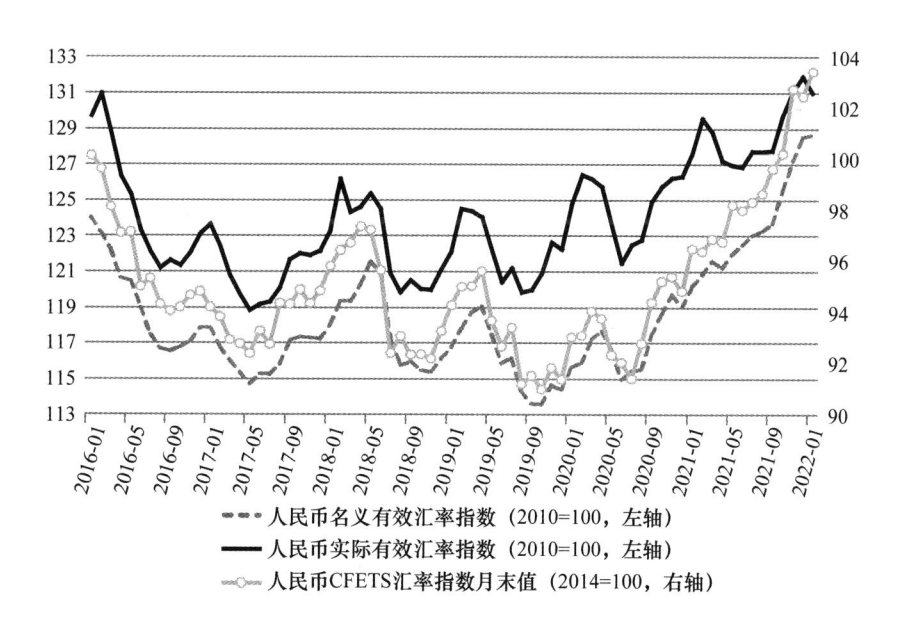

图 8-3 人民币有效汇率指数

资料来源：Wind。

2. 篮子货币汇率持续走强可持续性问题。从2005年"7·21"汇改至2021年末，人民币兑美元、欧元、日元双边汇率分别累计升值29.8%、38.7%和31.8%。[①] 尽管中美双边汇率震荡收敛，人民币兑美元汇率升值率在零线上下波动（见图8-4），但是人民币名义有效汇率的单边升值较为明显（见图8-3、图8-4）。伴随人民币名义有效汇率指数持续升值（见图8-3、图8-4），单边升值压力在不断累积，其可能导致对外出口竞争力下降，对外需拉动及经济复苏都可能带来相对价

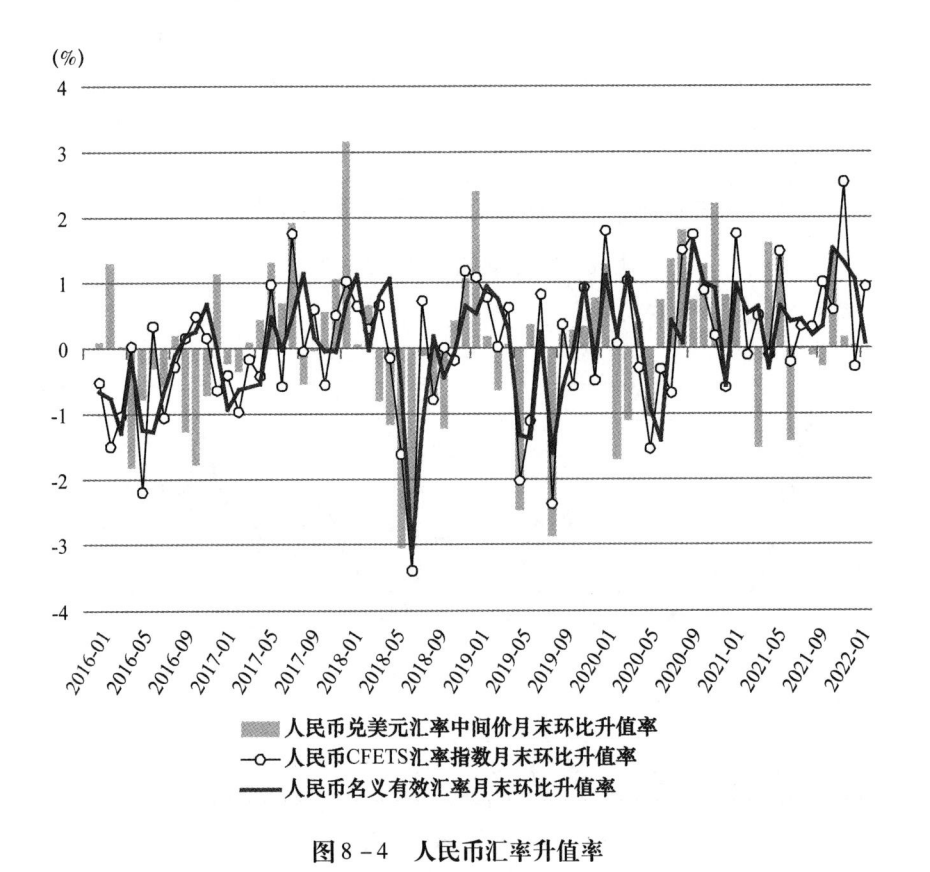

图8-4 人民币汇率升值率

资料来源：Wind和笔者计算绘制。

[①] 资料来源自《2021年第四季度中国货币政策执行报告》，2022年2月11日，中国人民银行官网，http://www.pbc.gov.cn/goutongjiaoliu/113456/113469/4469772/2022021119311841777.pdf。

格扰动。2021年12月9日,中国人民银行决定上调金融机构外汇存款准备金率2个百分点,从7%上调到9%。此前,2021年12月6日,中国人民银行决定下调金融机构存款准备金率0.5个百分点。本外币资金在各自存款准备金率的"一下一上"调整下,总量"一增一减",但人民币汇率升值压力能否缓释有待进一步观察。

3. 国际市场风险外溢下的汇率传递问题。长期以来,中国的国际收支贸易差额和直接投资差额与人民币实际有效汇率的关联越来越强(见图8-5),伴随着直接投资差额在区间内波动,人民币REER"8·11"汇改后呈现区间波动动态趋稳态势。相对2005—2015年,近十年的实际

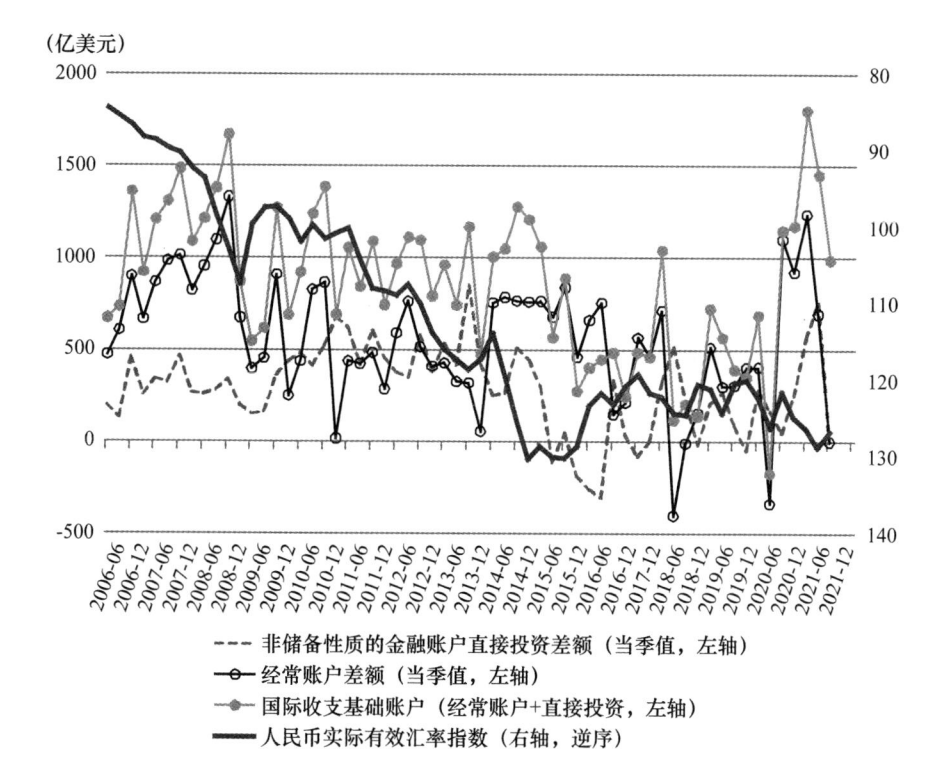

图 8-5 人民币 REER 与国际收支基础差额

资料来源:Wind 和笔者计算绘制。

汇率升值大趋势而言，疫情冲击前，人民币实际有效汇率 REER 趋势性升值"斜率"变得更为"平缓"，即人民币 REER 动态趋稳；疫情时期，人民币 REER 呈现"稳中有升"（见图 8-5、图 8-6）；未来将面临继续动态趋稳还是趋势性升值的抉择。从国际市场风险外溢传导看，中国的贸易条件、贸易差额（当月值）与美元指数的关联性，相比它们与人民币 REER 的关联性更强，再结合人民币汇率中间价与美元指数相互关联，综合来看，对于国际大循环，国际市场风险（如美元指数变化）、外部冲击若在"自动稳定器"调节功能缺乏下，会通过国际收支的贸易渠道和金融渠道传导到国内。总之，中美的实际汇率动态、中国贸易条件变化与国际收支的相互叠加值得关注（见图 8-6）。

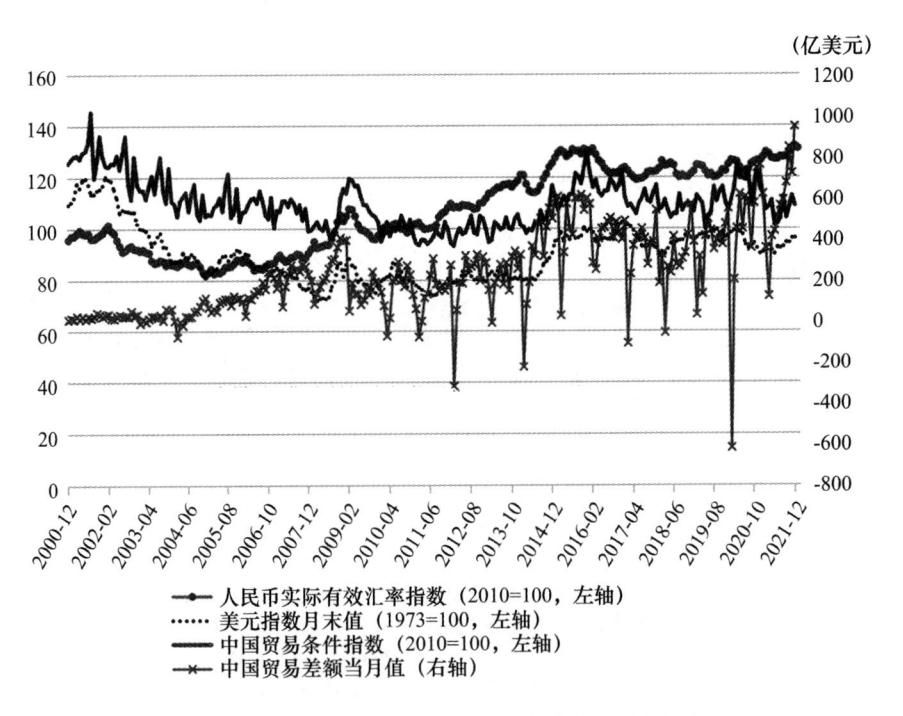

图 8-6　人民币 REER 与中国贸易条件、贸易差额

资料来源：Wind 和笔者计算绘制。

4. 涉外企业面临外部环境不确定性增大。一方面，人民币汇率波动是重要的市场风险。2021年人民币兑美元汇率呈现"M"形调整（见图8-2），与此同时，人民币汇率走势呈现双向波动也更加难以准确预测。①另一方面，全球疫情冲击仍是最大的外部不确定性，涉外企业面对全球供应链产业链"断链"风险、外需收缩压力、中美汇率变化等国际市场风险。疫情冲击下，市场主体（特别是涉外企业）需要理性面对汇价涨跌，如何降低企业汇率避险成本，为企业提供汇率避险服务已日益紧迫。

（二）国际收支再平衡与国际投资头寸净资产变化

从国际收支流量角度来看，初步统计，2021年中国经常账户顺差3157亿美元（其中，国际收支口径的货物贸易顺差5545亿美元，服务贸易逆差977亿美元），资本和金融账户中，直接投资顺差2048亿美元，储备资产增加1886亿美元。②

1. 2021年中国金融账户重现2020年以来的逆差。中国经常账户、资本金融账户差额从2020年下半年以来多为"一顺一逆"，2021年二季度转为"双顺差"，2021年下半年再次为"一顺一逆"（见图8-7、表8-1）。值得注意的是，疫情冲击下中国对外净资产有所下降。从国际收支存量看，截至2021年9月末，中国对外净资产存量20251亿美元，较上年同期23682亿美元，同比下降14.5%（见表8-2）。

2. 未来"稳外贸"面临的挑战不容小觑。2021年12月中央经济工作会议指出，扩大高水平开放，多措施稳定外贸。从中国经常账户货物

---

① 正如中国人民银行2021年第二季度《货币政策执行报告》专栏5"人民币汇率双向波动成为常态"所指出，未来人民币汇率双向波动也将是常态，人民币既可能升值也可能贬值，没有任何人可以准确预测汇率走势。参见《2021年第二季度中国货币政策执行报告》，2021年8月9日，中国人民银行官网，http://www.pbc.gov.cn/eportal/fileDir/goutongjiaoliu/resource/cms/2021/08/20210810154959888989.pdf。

② 资料来源自《2021年第四季度中国货币政策执行报告》，2022年2月11日，中国人民银行官网，http://www.pbc.gov.cn/goutongjiaoliu/113456/113469/4469772/2022021119311841777.pdf。

贸易差额与GDP之比来看（见图8-7），2021年相比2020年已冲高回落，未来既可能动态趋稳，也可能延续近年来"下行"大趋势。全球疫情冲击下，国际贸易投资最大的不确定性仍是疫情。伴随着全球疫情逐步得到控制，中国对外贸易中枢地位可能会进一步下降，如何实现经济高质量发展下贸易投资结构优化和国际竞争力提升值得关注。

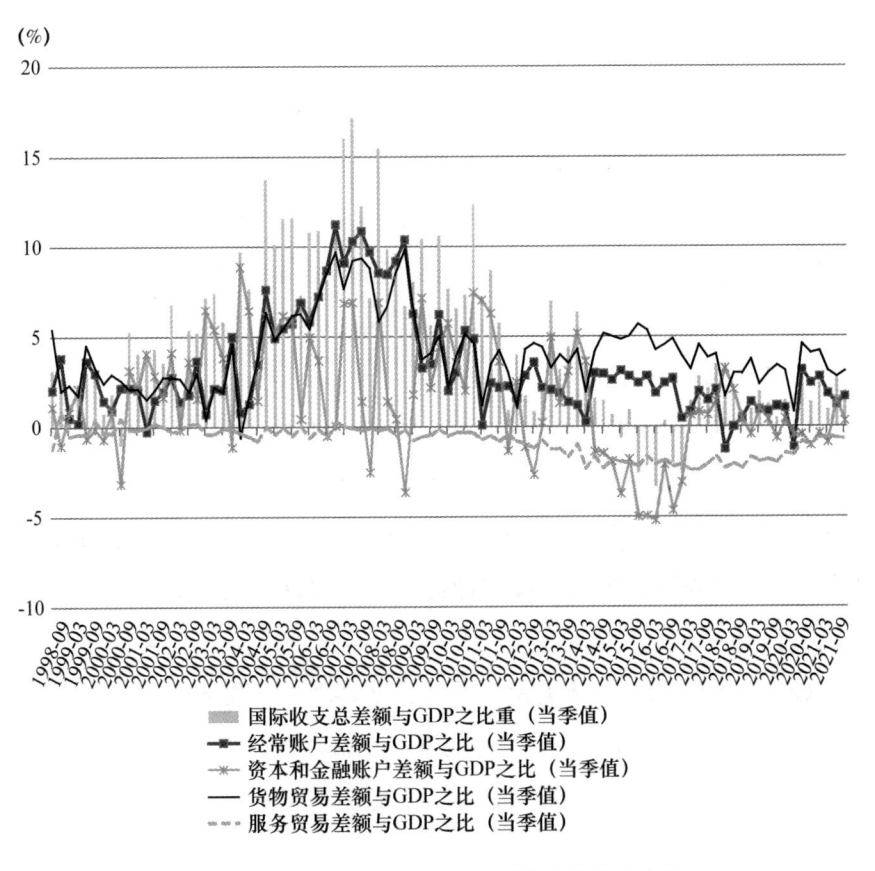

图8-7 中国国际收支差额主要构成的基本走势

资料来源：Wind。

3. 国际收支资本金融账户逆差下"稳外资"压力较大。应对疫情冲击，中国的"稳外资"政策效果较好，外国来华直接投资仍保持稳中有升（2021年9月末存量已突破3.4万亿美元，见表8-2）。疫情冲击下，未来如何进一步实现外资在华生产经营保持稳定，并进一步夯实中国基础账户平衡，以及如何在推动贸易投资提质增效、稳定发展方面仍面临诸多挑战。

4. 中国对外资产与对外负债的存量增长不对称。截至2021年9月末，中国对外金融资产存量90566亿美元，较上年同期83446亿美元同比增长8.53%，对外负债存量70314亿美元，较上年同期59764亿美元同比增长17.65%。综合来看，对外资产及对外负债存量稳中有升、对外净资产稳中有降（见表8-2）。其中，对外债务可持续性问题也值得关注。

5. 全球疫情冲击下跨境短期资本外流压力仍然不容忽视。综合考虑净误差与遗漏项，2021年中国国际收支非储备性质非直接投资金融账户所表示的跨境短期资本流动外流压力较大，自2019年上半年以来近两年一直呈现净流出（见表8-1、图8-8）。

表8-1　　中国国际收支平衡表（BPM6季度表，当季值）　　（单位：亿美元）

项目 \ 国际收支差额	2020年一季度	2020年二季度	2020年三季度	2020年四季度	2021年一季度	2021年二季度	2021年三季度
1. 经常账户	-405	973	933	1238	694	533	736
1.A 货物和服务	-300	1240	1155	1601	965	911	1041
1.A.a 货物	171	1535	1558	1886	1187	1195	1360
1.A.b 服务	-470	-295	-403	-285	-222	-283	-319
1.B 初次收入	-121	-276	-250	-405	-294	-422	-341
1.C 二次收入	16	9	28	42	23	44	35
2. 资本和金融账户	248	-531	-356	-419	-695	133	-483
2.1 资本账户	-1	0	0	0	0	0	1
2.2 金融账户	249	-531	-356	-419	-695	133	-484
2.2.1 非储备性质的金融账户	-2	-340	-263	-173	-345	633	130
2.2.1.1 直接投资	163	47	251	565	757	456	427

续表

项目\国际收支差额	2020年一季度	2020年二季度	2020年三季度	2020年四季度	2021年一季度	2021年二季度	2021年三季度
2.2.1.2 证券投资	-532	424	439	542	35	162	248
2.2.1.3 金融衍生工具	-46	-45	-23	0	18	-1	20
2.2.1.4 其他投资	414	-767	-930	-1280	-1155	17	-566
2.2.2 储备资产	251	-191	-93	-246	-350	-500	-614
2.2.2.1 外汇储备	248	-178	-95	-237	-353	-499	-196
3. 净误差与遗漏	157	-442	-578	-819	1	-666	-253

注：（1）本表计数采用四舍五入原则。（2）根据《国际收支和国际投资头寸手册》（第六版）编制，资本和金融账户中包含储备资产。（3）"贷方"按正值列示，"借方"按负值列示，差额等于"贷方"加上"借方"。本表除标注"贷方"和"借方"的项目外，其他项目均指差额。（4）金融账户下，对外金融资产的净增加用负值列示，净减少用正值列示。对外负债的净增加用正值列示，净减少用负值列示。（5）《国际收支平衡表》采用修订机制。

资料来源：国家外汇管理局。

表8-2　　　　　　　中国国际投资头寸表（季度表）　　　　（单位：亿美元）

项目	2020年3月末	2020年6月末	2020年9月末	2020年末	2021年3月末	2021年6月末	2021年9月末
净头寸	23362	24182	23682	21503	21400	19860	20251
资产	77778	80233	83446	87039	88776	90278	90566
1 直接投资	22262	22737	23571	24134	24319	24620	24685
1.1 股权	19231	19622	20375	20844	21006	21180	21160
1.2 关联企业债务	3032	3115	3197	3290	3313	3440	3525
2 证券投资	6517	7150	7890	8999	9658	10132	9669
2.1 股权	3734	4249	4977	6043	6655	6949	6430
2.2 债券	2783	2900	2913	2955	3003	3183	3239
3 金融衍生工具	105	99	144	191	165	143	138
4 其他投资	17092	17814	19029	20149	21662	21923	22344
4.1 其他股权	84	84	88	89	89	93	93

续表

项目	2020年3月末	2020年6月末	2020年9月末	2020年末	2021年3月末	2021年6月末	2021年9月末
4.2 货币和存款	3876	4159	4507	4865	5292	4795	4964
4.3 贷款	7315	7488	8033	8389	9355	9836	9813
4.4 保险和养老金	148	164	177	166	178	195	212
4.5 贸易信贷	5136	5290	5602	5972	5850	6013	6233
4.6 其他应收款	532	628	621	668	897	990	1028
5 储备资产	31803	32433	32812	33565	32971	33459	33730
5.1 货币黄金	1008	1108	1182	1182	1059	1105	1092
5.2 特别提款权	110	110	112	115	113	114	533
5.3 在IMF的储备头寸	81	96	97	108	103	103	101
5.4 外汇储备	30606	31123	31426	32165	31700	32140	32006
5.5 其他储备资产	-2	-3	-4	-5	-5	-3	-2
负债	54416	56051	59764	65536	67375	70418	70314
1 直接投资	27767	28173	29718	31793	32386	33650	34223
1.1 股权	25109	25470	26880	28814	29415	30593	31077
1.2 关联企业债务	2658	2704	2838	2979	2971	3056	3146
2 证券投资	13363	14528	16056	19545	20289	21090	20548
2.1 股权	8326	9215	9910	12543	12803	13534	12729
2.2 债券	5037	5312	6146	7002	7486	7557	7819
3 金融衍生工具	119	107	113	122	104	85	104
4 其他投资	13166	13244	13878	14076	14596	15593	15439
4.1 其他股权	0	0	0	0	0	0	0
4.2 货币和存款	4606	4545	5021	5266	5682	6217	5884
4.3 贷款	4722	4827	4787	4555	4575	4755	4527
4.4 保险和养老金	142	147	154	167	178	220	232
4.5 贸易信贷	3267	3241	3498	3719	3691	3863	3920
4.6 其他应付款	334	388	318	267	372	438	366
4.7 特别提款权	95	96	98	101	99	100	510

注：(1) 净头寸是指资产减负债，"+"表示净资产，"-"表示净负债。(2) 根据《国际收支和国际投资头寸手册》（第六版）编制。(3) 2017年以来贸易信贷数据根据最新调查结果修订，未追溯调整之前数据。(4)《国际投资头寸表》采用修订机制，最新数据以本表为准。

资料来源：国家外汇管理局。

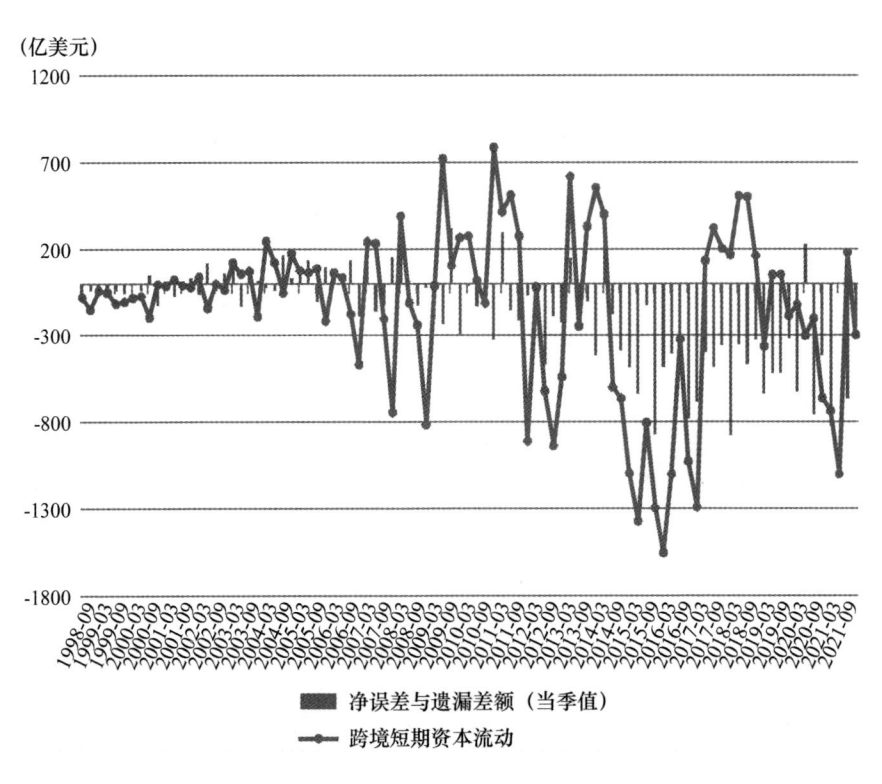

图 8-8 中国国际收支口径下跨境短期资本流动

资料来源：Wind 和笔者计算绘制。

（三）国际收支损益平衡与金融开放汇率共振问题

1. 疫情冲击前中国经常账户收益/GDP 长期为负。对于外国投资者所拥有企业的股权，作为股东在企业获利后取得投资收入，外国投资者的投资收入在国际收支平衡表表示为经常账户收益逆差（即外资企业盈利后，大量利润要汇出）。相比美国、德国和日本，中国经常账户收益/GDP 长期为负（见图 8-9），表明从国际收支角度看，中国从贸易立国向投资立国转型，由以商品输出为主转向资本输出，在可持续发展上彻底摆脱产业低端锁定仍任重道远。

2. 疫情冲击后全球产业链供应链调整外贸外资承压。从进出口贸易方式结构变化看，2021 年（特别是下半年以来）中国进出口贸易方式基

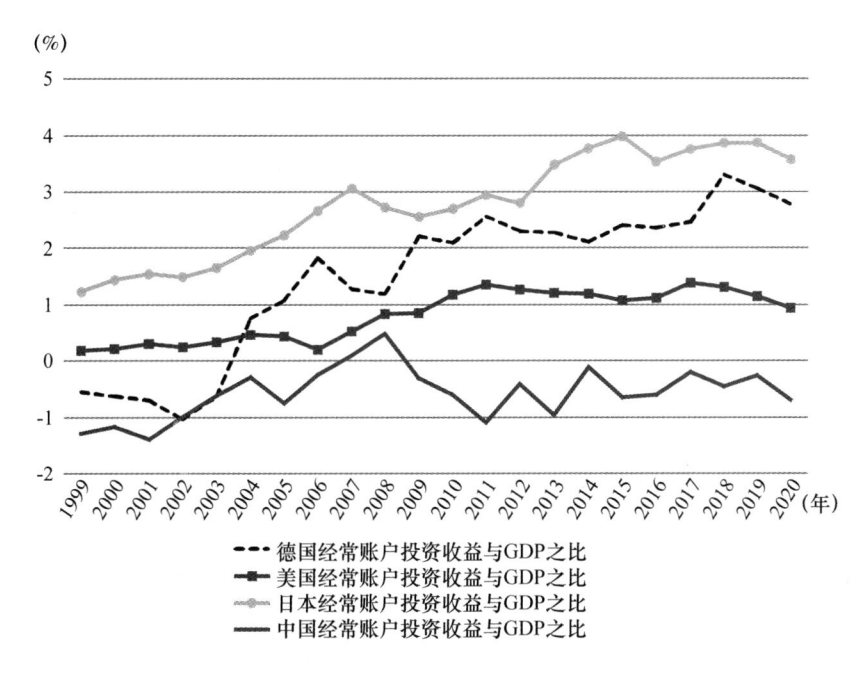

图 8-9 中美日德四国经常账户投资收益差额与 GDP 之比

资料来源：Wind 和笔者计算绘制。

本上呈现一般贸易和加工贸易都稳中有升（见图 8-10）。与此同时，伴随全球产业链供应链价值链重构风险加大，从统筹发展与安全看，保障安全意味全球价值链在总量上效率和长度都需要精练，高端制造业现代服务业供应链脆弱性高，可能存在的"断链"和"断供"风险不容忽视。

3. 货币国际化进程中本国国际收支格局演变抉择。本币国际化本质上需要本币发行国出现国际收支局部缺口来实现。例如，当本国经常账户顺差（若跨境贸易本币结算，则本币回流），本币国际化，资本项目逆差（在本币跨境投融资渠道下本币输出）；反之，当经常账户逆差（若跨境贸易本币结算，则本币输出），本币国际化，资本项目顺差（本币跨境投融资渠道下本币回流），从而本国的国际收支格局演变与本币国际化相呼应。未来中国国际收支格局可能在上述两种格局模式中交替

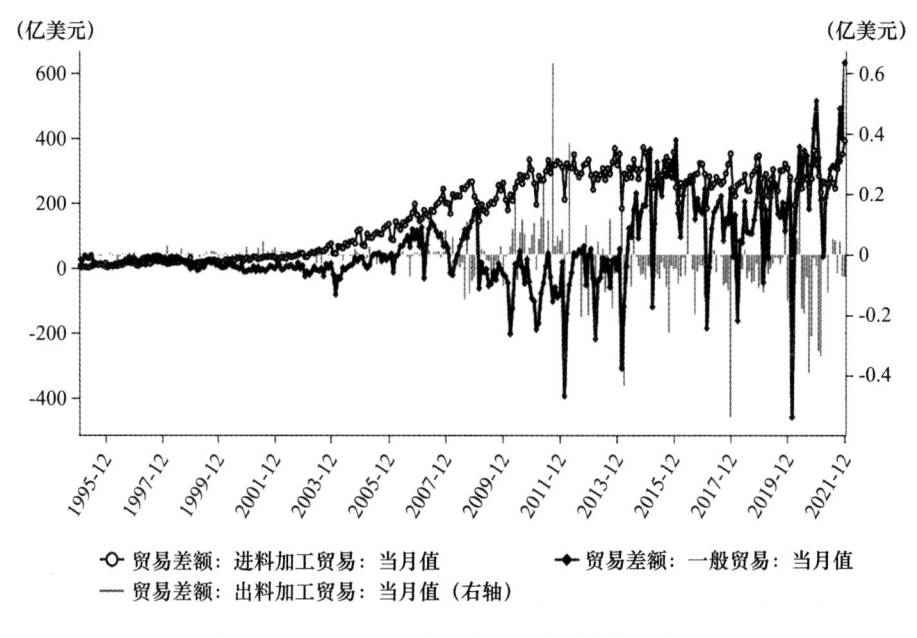

图 8-10 中国加工贸易与一般贸易额当月值

资料来源：Wind。

出现。此外，在金融开放度不断提升下，对于汇率预期变化和金融市场可能受到的外部冲击，也需要密切关注。

4. 汇率动态与跨境短期资本流动"共振"。国际金融扰动在汇率与跨境短期资本流动的联动上表现为"尖点"式跃动，2017年以来人民币兑美元汇率走势与跨境短期资本流动同比增长率相关性显著增强（见图 8-11）。这表明两者的相互影响、相互叠加性在不断增强。跨境短期资本流动更加频繁易变背景下，跨境短期资本流动和人民币汇率预期贬值率关联性更强（见图 8-12）。综合来看，金融开放下人民币汇率与跨境短期资本流动在国际收支金融项下可能同时"共振"。全球疫情冲击，欧美等宏观杠杆率变化，量化宽松货币政策转向，可能再次对中国宏观金融货币稳定产生外部冲击影响，对此需要密切关注金融渠道下人民币

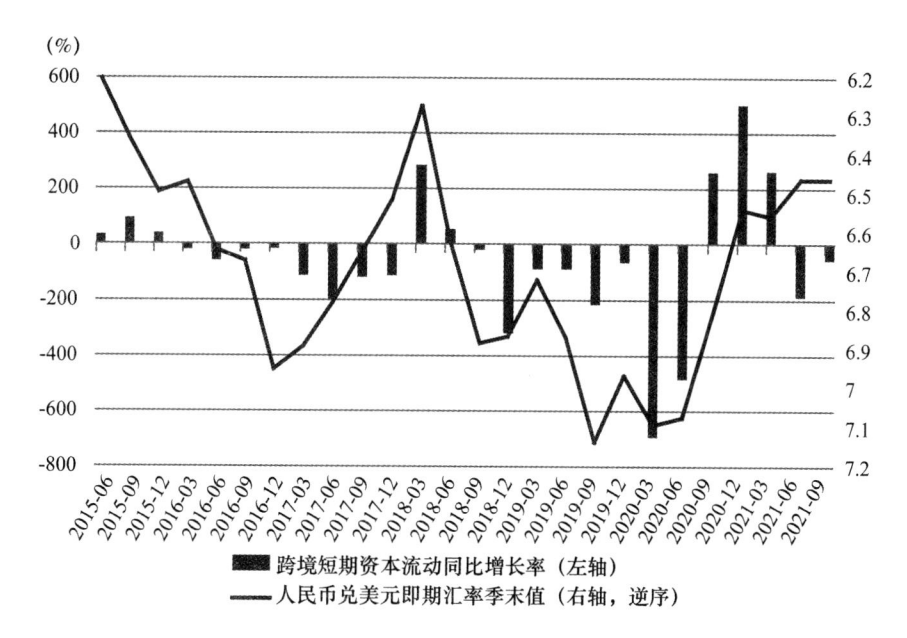

图 8-11 人民币汇率与跨境资本流动增长率

资料来源：Wind 和笔者计算绘制。

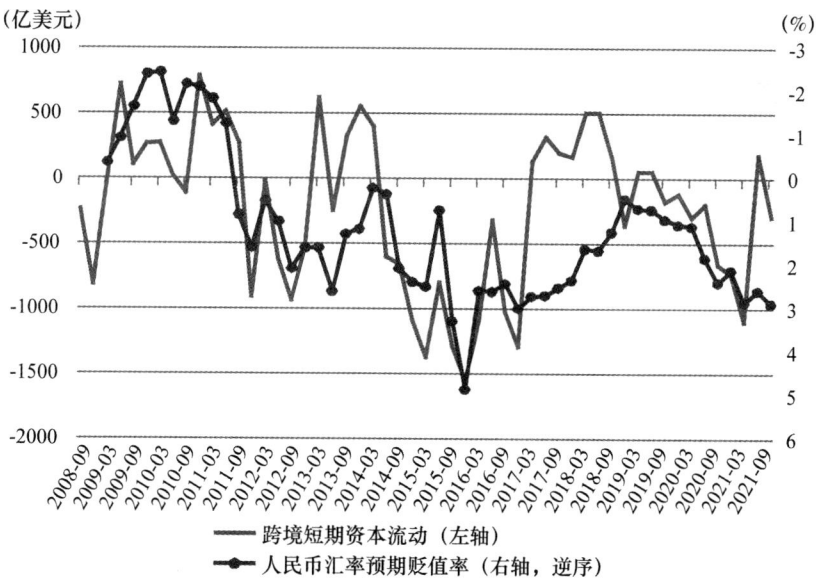

图 8-12 人民币汇率预期贬值率与跨境短期资本流动

资料来源：Wind 和笔者计算绘制。

汇率传递和国际市场风险外溢传导。

二 汇率的基本面与预期因素情景分析

全球疫情变化主导经济条件下，人民币（兑美元双边）汇率动态是国内外（抗疫效果、中美经济）差异下汇率动态调整的表现，人民币（参考篮子）汇率指数是国内外疫情发展、经济复苏相对表现所决定的。第一，从国际大循环看，链接国内国际双循环的"外贸"和"外资"，构成了国际收支基础项目，直接决定了人民币汇率动态；第二，从国内大循环看，人民币实际汇率是经济"稳增长"趋势发展的重要指示器；第三，对于汇率预期变化和金融市场可能受到的外部冲击，需密切关注跨境短期资本流动和美元指数，在金融开放度不断提升下，伴随金融活跃，名义汇率也活跃；反之，金融稳定，名义汇率也趋于稳定。

（一）需求收缩下人民币实际有效汇率走势情景分析

疫情冲击下，对于内外失衡再平衡调整，由开放经济宏观经济恒等关系 $S-I=CA$ 可知，一方面，贸易差额变化是经济转型下国内储蓄和投资变化在国际收支经常账户上的"映射"；另一方面，作为国际收支基础账户的另一重要组成，直接投资是国内外实体经济相对回报率综合外部体现。全球疫情冲击导致的全球供应链问题远超预期，人民币汇率动态与国际收支呈现较强韧性，也面临新的挑战。

1. 外贸韧性"超预期"下未来若外需收缩，人民币汇率将在区间内双向波动动态趋稳。从国际大循环来看，面对全球疫情冲击引起的需求缺口，中国企业表现出超强劲的增长韧性，2021年中国外贸进出口总和金额大幅提升、同比增长率逆势上扬，而后出现回落迹象（见图8-13）。从人民币REER与中国贸易差额当月值关系看（见图8-14），2021年以来呈现较强正相关性。基于此，进一步结合总需求对应本外币资金综合视角，情景一：未来若外需收缩、内需扩张（总需求平稳），人民币REER

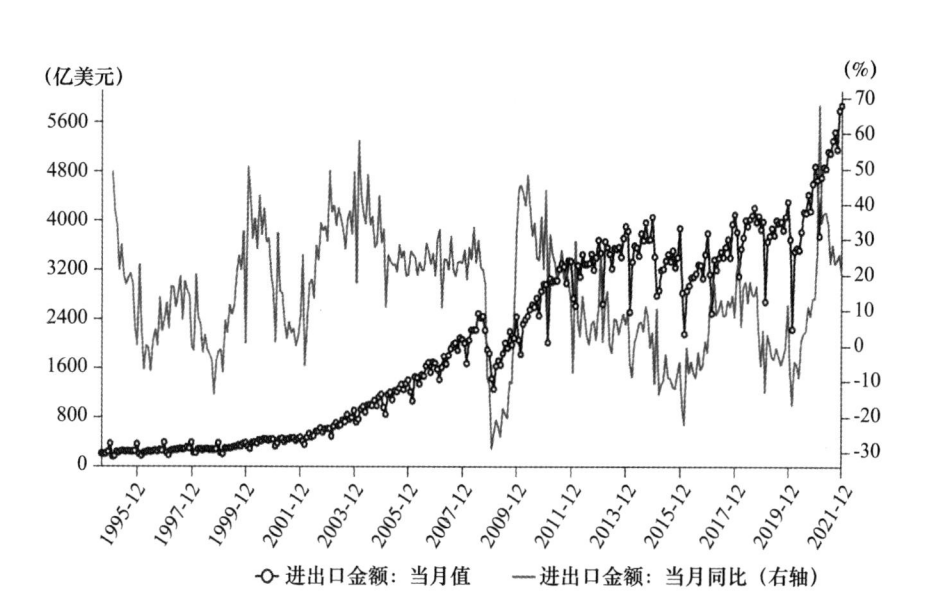

图 8-13 中国进出口总和金额与同比变化

资料来源：Wind 和笔者计算绘制。

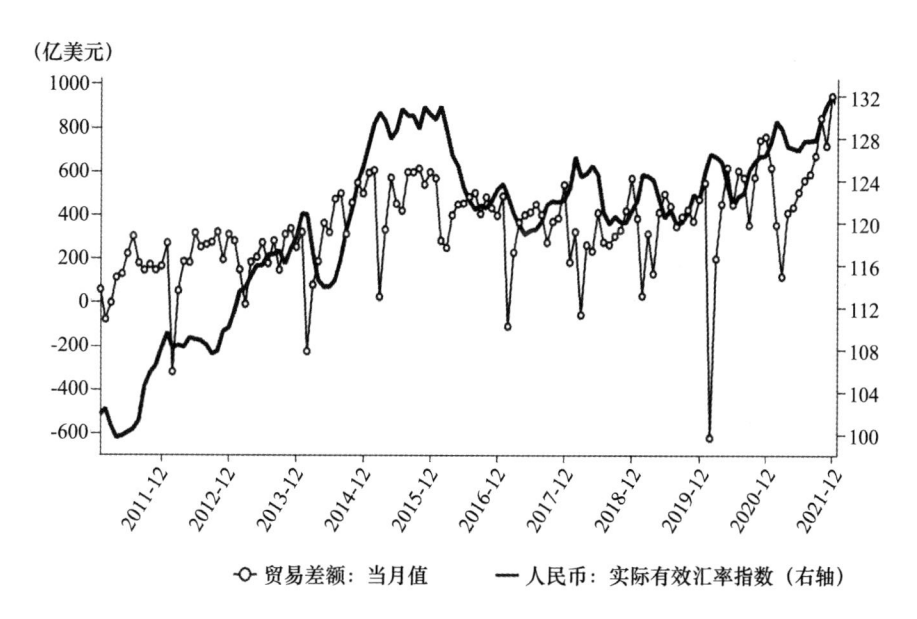

图 8-14 人民币 REER 与中国贸易差额当月值

资料来源：Wind 和笔者计算绘制。

大概率在原有趋势性升值和周期性贬值的双重作用下呈现区间内"动态趋稳"态势（见图 8-14）。这意味着，从需求侧看，能够通过"内外对冲"，实现有效需求所对应的本外币资金供求作用下人民币汇率升贬值压力相调和。情景二：未来若外需收缩、内需也收缩（总需求收缩），人民币 REER 在多重均衡下可能出现区间内的升值贬值不确定。

2. 内需变化下投资消费与汇率的长期趋势关联。从长期趋势看（见图 8-15），一方面，工业增加值变化与人民币 REER 相关联（工业增加值趋势下行，人民币 REER 趋势升值，反之亦然）；另一方面，国内社会消费零售总额变化滞后于中国工业增加值变化且两者走势基本同步，从而社会消费零售总额变化与人民币 REER 走势也有一定相关性。从历史数据看两次国际金融危机（1997 年、2008 年），值得注意的是：一方面，危机前，工业增加值和社会消费零售总额都曾出现"交叉"且伴随人民币 REER 升值；另一方面，危机后，伴随工业增加值和社会消费零售总额的同时上升，人民币 REER 贬值。疫情冲击下，需求收缩，情景一：若投资扩张但内需收缩（即消费收缩、外需扩张），则人民币 REER 动态趋稳。情景二：若消费扩张但内需收缩（即投资收缩、外需收缩），人民币 REER 可能稳中有降。

3. "稳投资"内需提振下人民币实际汇率贬值可能性。疫情冲击下，"供给侧结构性改革"与"内需提振"同时发力，工业增加值和消费同步逆势上扬，REER 稳中有升（见图 8-15）。疫情冲击对于国内实体经济运行造成突发超常扰动（见图 8-15），人民币 REER 区间内波动。整体上看，伴随实体经济趋稳，特别是投资趋稳，未来若内需实现进一步提振（但外需收缩），人民币 REER 也可能出现贬值，但进入贬值通道的概率较小。与之相应，如何在保持银行间外汇市场流动性平稳的同时，降低市场主体的汇兑成本，进而促进对外贸易投资高质量发展，值得关注。

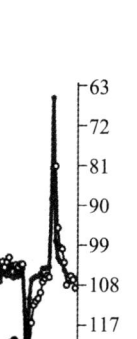

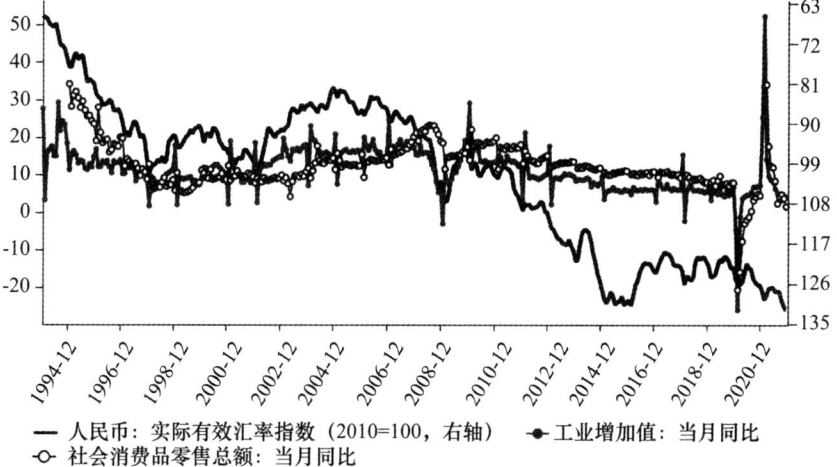

图 8-15 人民币 REER、工业增加值及社会消费品总额

资料来源：Wind 和笔者计算绘制。

（二）供给冲击下人民币汇率升值与稳增长相互协调

1. 人民币实际汇率升值与稳增长之间是否存在悖论。强势人民币既是中国经济走强的结果，也是对外信心的重要体现。但是，人民币汇率升值同时又与中国工业增长持续下滑、实体经济收缩相并行，是否意味着汇率持续升值与稳增长之间存在难以同时兼顾的悖论？从供给侧看，汇率高位运行透过低迷的经济，使"可贸易程度"越高的行业的资产负债率越高，工业企业不得不加杠杆。国际清算银行对货币升值的风险承担渠道及汇率和杠杆率间联系的研究报告表明，一旦货币升值会导致借款人资产负债表的估值发生变化，风险承担的渠道作用就会发生。对此，如何实现人民币升值而中国工业企业盈利能力不被削弱需要更为深入的思考。

2. 经济增长冲高回落与中美实际经济增速之差达到历史最低位下的汇率升值动力问题。从历史经验看，人民币实际有效汇率稳中有升，并与中国实际经济增长呈现明显的相关关系（见图 8-16）。2021 年是

"十四五"时期的开局之年,全球经济在经历新冠肺炎疫情冲击的深度衰退后逐步摆脱疫情困扰,各大经济体名义增长相继出现了反弹,但下行压力仍然较大(见图8-17)。综合2020年的基数效应、全球疫情变化等,中国经济增长的冲高回落可能与欧美财政刺激下经济复苏相重叠,国内外的经济增长增速差可能会降至历史最低,在此情况下,人民币汇率动态何去何从值得关注。从基本的情景分析看,中美经济增速差缩小,人民币实际汇率趋势性升值可能会放缓。

3. 供给冲击下人民币汇率应成为外部失衡的自动稳定器、外部冲击阻尼器(减震器)。此外,从人民币汇率升值/经济降速的宏观组合看,特别是结合增长回落过程中的金融风险,关键在于对内能否实现国内经济降速过程中的结构转型和高质量发展,对外能调节国际收支失衡,成为外部失衡和外部冲击的调节器和稳定器,阻隔国际市场资产价格大幅波动困扰,实现内部均衡和外部均衡的相互平衡。

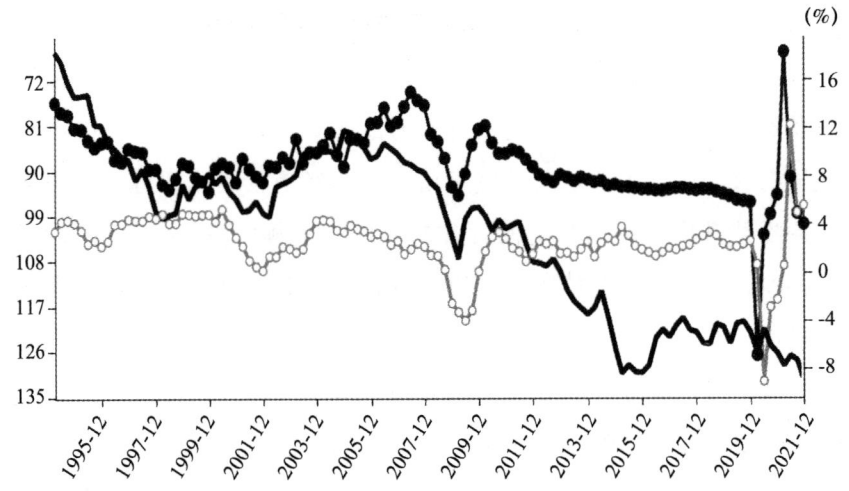

图8-16 中美实际GDP增速与人民币REER

资料来源:Wind和笔者计算绘制。

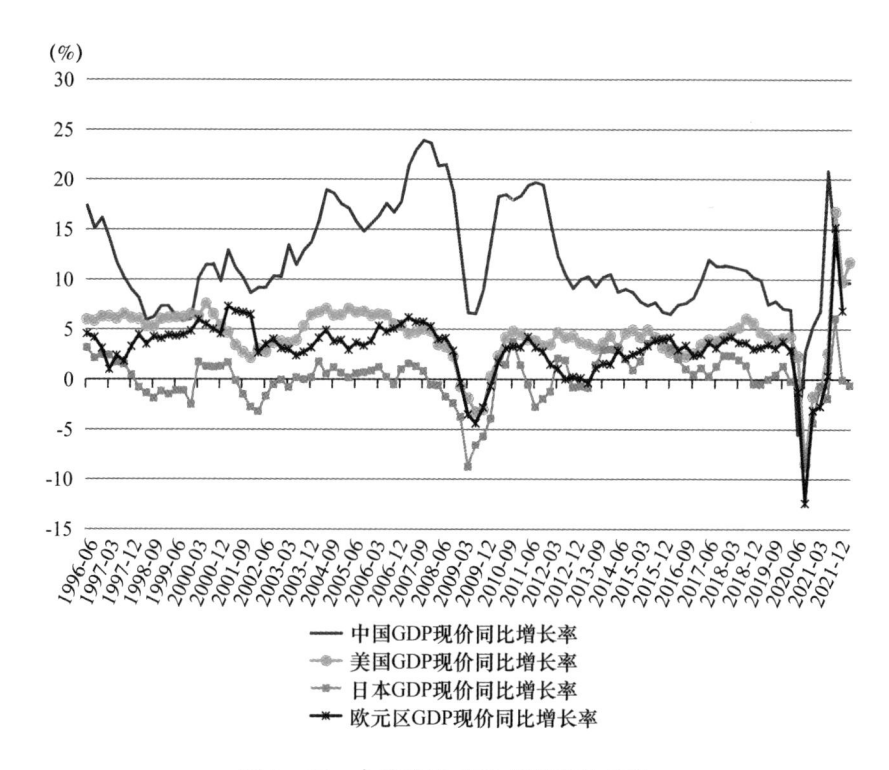

图 8-17 中美欧日 GDP 名义增长走势

资料来源：Wind 和笔者计算绘制。

（三）预期转弱下金融市场人民币汇率风险溢价变化

1. 金融开放下"稳预期"和"稳金融"挑战。全球疫情冲击金融开放下现代金融体系对风险的一般性评估如何回归正常？从金融市场与宏观经济看，疫情前后中国跨境短期资本流动与国内名义经济增长率以及中美名义经济增速之差不仅有一定的相关性（见图 8-18），而且中国跨境短期资本流动与国内名义经济增长率两者变化率也基本同步（见图 8-19）。2021 年人民币汇率升值压力不断积聚，在人民币汇率升值压力以及跨境短期资本流动顺周期下，如何把握汇率弹性，积极应对宏观经济预期转弱带来的金融市场变化，进而实现疫情冲击后及经济复苏过程中压力释放，对于中国外部冲击风险管控而言，值得高度关注。

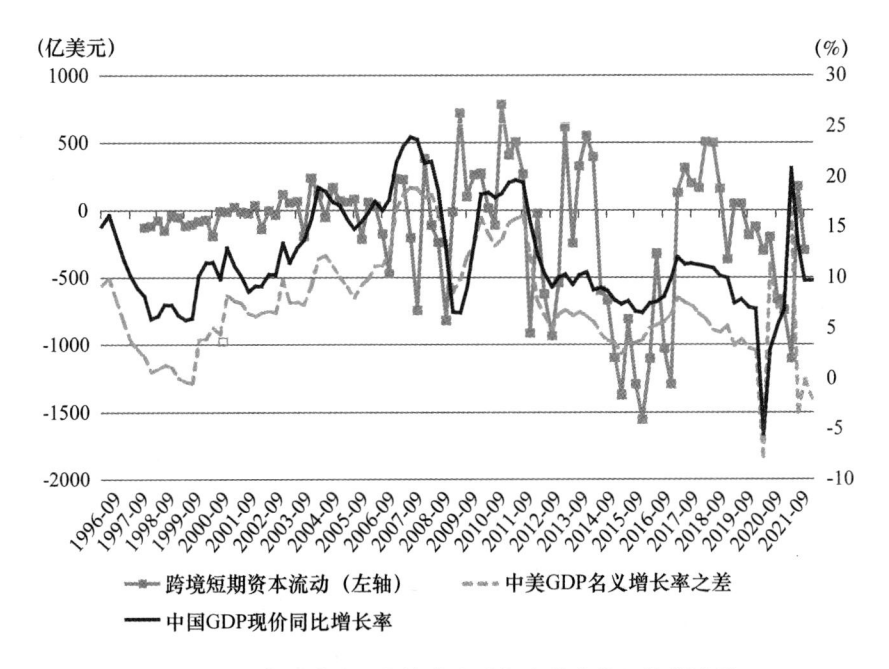

图 8-18 中国跨境短期资本流动与中美名义经济增速差

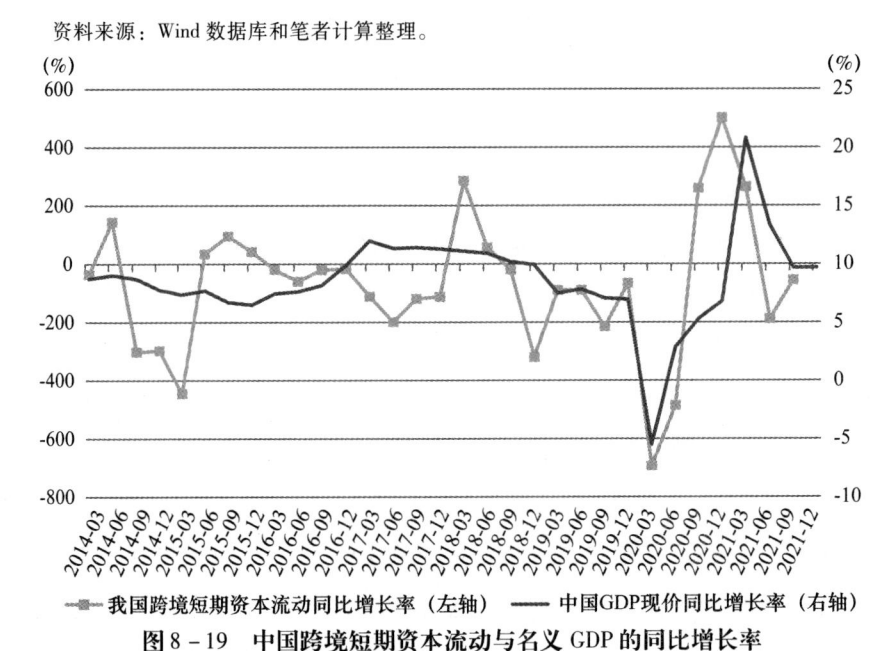

资料来源：Wind 数据库和笔者计算整理。

图 8-19 中国跨境短期资本流动与名义 GDP 的同比增长率

资料来源：Wind 数据库和笔者计算整理。

2. 中美汇率联动下人民币汇率风险溢价动态收敛。结合人民币汇率风险溢价新动态,从"离岸市场"角度看人民币兑美元汇率中间价(E)[①],对于金融开放下汇率预期与汇率动态,考量基于中美利差的人民币汇率风险溢价rp[②]:一方面,rp与美元指数有明显相关性(见图8-20);另一方面,人民币汇率风险溢价rp近于零线,这印证了中国金融开放的事实。综合来看,中国金融开放与美元指数所体现的国际金融因素密切相关,美元指数、人民币兑美元汇率中间价以及体现中美利差的人民币汇率风险溢价的系统关联下,人民币汇率明显受到反映市场情绪及利率政策等金融市场因素影响。

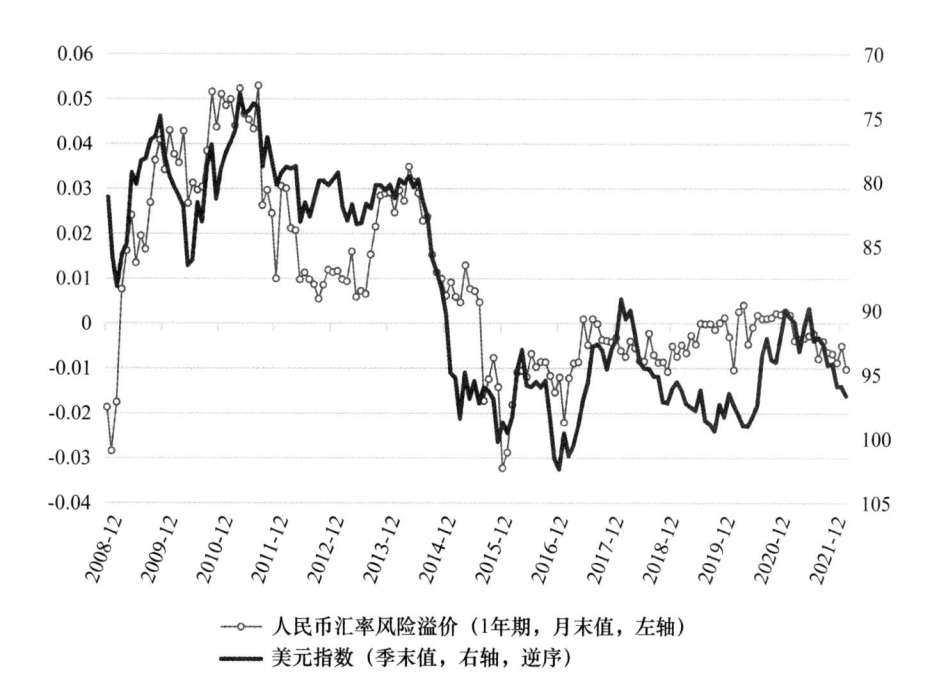

图8-20 人民币汇率风险溢价与美元指数

资料来源:Wind和笔者计算绘制。

---

① 1年期人民币无本金交割远期汇率(NDF)可反映汇率预期。在此基础上,可以计算人民币汇率预期贬值率 dE = (NDF − E)/E,并且进一步综合考量中美利差以及汇率预期贬值率可得到人民币汇率风险溢价 rp = ($i_{cn} - i_{us}$) − (NDF − E)/E。

② 其中,rp为中美1年期国债收益率利差减去1年期NDF对人民币兑美元即期汇率变化率。

3. 需综合判断人民币汇率所受到来自实体经济和金融运行的作用和影响。若实体经济的周期性影响人民币汇率作用渐弱，而内外金融压力影响人民币汇率作用渐强，那么人民币汇率动态可能因跨境短期资本异动的影响"相互叠加"而更强，对此应高度警惕。综合来看，在金融开放度提升下，对于汇率预期变化和金融市场可能受到的外部冲击，需要密切关注跨境短期资本流动和美元指数，从影响短期走势的"活跃性"因素来看，伴随金融活跃，名义汇率也活跃；反之，金融稳定，名义汇率也趋于稳定。

三　未来发展与政策建议

全球疫情冲击下中美汇率联动是人民币汇率动态的重要外部影响因素。自2021年以来，伴随美元指数重新站稳90水平并出现不断上扬（升值），人民币兑美元汇率再次贬值承压。与过去不同的是，人民币兑美元汇率中间价与美元指数之间的紧密相关性有变化，伴随美元指数小幅贬值调整后不断升值，人民币兑美元汇率中间价在经历升值调整后逐步维持在6.4上下，两者之间"分叉"增大（见图8-2）。从人民币汇率自身走势看，就汇率改革取得的重要进展而言，人民币汇率机制改革，既是核心，也是难点所在。从人民币汇率形成机制改革的成果看（谢伏瞻等，2018[①]）：一是有效配合和推动了中国经济的对外开放，二是对实体经济发挥积极作用，促进宏观经济内外平衡，三是完善了国内资本市场，抵御外部金融危机冲击，四是人民币国际化提升；总结人民币汇率形成机制改革经验，主要是，坚持市场化的改革方向，坚持改革的自主性，坚持改革的渐进性，坚持改革的可控性，与中国改革开放的总体进程相匹配。此外，还有以下问题值得关注：

---

① 谢伏瞻等：《改革开放40年汇率改革理论与实践探索》，《经济学动态》2018年第9期。

（一）汇率动态促进国际收支平衡可持续

进一步实现国内外资源优化配置，微观上，进一步实现在人民币汇率逐步趋于均衡下，企业技术水平和核心竞争力提升，切实增强实体经济应对外部冲击的韧性。宏观上，人民币汇率动态在符合自身国民利益、参与全球资源配置理想状态下，对国际收支基础平衡进一步发挥积极能动作用。

（二）防范外部冲击汇率非理性波动风险

从守住底线来看，汇率非理性波动成为宏观审慎管理的系统性风险来源之一。伴随当前资本金融账户已成为影响中国国际收支状况的主导因素，而其中的其他投资项下资本流动是跨境短期资本流动最主要部分，值得注意的是外部冲击可能会增加跨境短期资本流动异动。在"顺周期"和"正反馈"作用下市场变化会降低市场参与者对人民币资产信心，必须警惕汇率动态与跨境短期资本流动形成共振，甚至构成国际收支风险。

（三）促进外汇市场对外开放度稳步提升

国家外汇交易中心的外汇交易价格，集中反映的仍然是境内符合条件的金融机构等的交易意向。境内外汇市场的相对"封闭性"与人民币国际使用跨境循环"开放性"之间的反差，制约了境内市场供求的全面性、充分性和多样性，也影响了金融开放下人民币汇率的形成。伴随外汇市场流动性不断优化、对外开放进一步稳步提升，市场上的预期得以分化和分散，人民币汇率弹性也将会进一步提升，外汇市场价格发现功能进一步被挖掘和实现，从而最终促进中国外汇市场平稳健康有序高质量发展。

2021年金融科技领域风险分析[*]

近年来,中国的金融科技行业迅速发展,推动金融服务效率和质量大幅提高,但同时也出现了不少新的风险挑战。一是,部分金融科技企业无牌或超范围从事金融业务。二是,支付机构渗透进入金融领域,提供多种金融产品,提高了金融风险跨产品、跨市场传染的可能性。三是,大型金融科技公司不断推陈出新的产品,以及快速增长的业务规模,增加了市场复杂性。四是,部分科技公司未经允许收集并不当使用客户信息,个人信息保护亟待加强。五是,围绕各类私人数字货币或虚拟货币的交易炒作活动不断,扰乱经济金融正常秩序,滋生非法跨境转移资产、洗钱等违法犯罪活动风险,严重侵害人民群众财产安全。

一 2021年金融科技风险总体态势

2021年是"十四五"规划的开局之年。按照《"十四五"规划纲要》当中提出的"稳妥发展金融科技"主基调,监管部门统筹发展与安全,出台一系列旨在防风险、促发展的政策举措,打造审慎包容的监管环境,在守住不发生系统性风险底线的前提下提升金融科技水平,助力实体经济发展。新的政策措施集中于以下六个方面。

---

[*] 执笔人:尹振涛,中国社会科学院金融研究所金融科技研究室主任、副研究员;董昀,中国社会科学院金融研究所金融科技研究室副主任、副研究员;汪勇,中国社会科学院金融研究所金融科技研究室助理研究员。

一是,坚持金融活动全部纳入金融监管,金融业务必须持牌经营,要求科技公司、互联网公司在参与金融业务和活动时必须获得相应牌照或通过与持牌公司合作,从而纳入监管视野。二是,要求支付回归本源,断开支付工具和其他金融产品的不当连接,同时加大对支付领域违法行为的打击力度。三是,强化反垄断监管、维护公平竞争秩序,出台了平台经济领域的反垄断指南,推动大型互联网平台公司开放封闭场景,防止"数据—网络效应—金融业务"的闭环效应产生垄断。四是,强化数据保护,保障消费者权益,出台了《数据安全法》和《个人信息保护法》以及《征信业务管理办法》,初步建立了个人信息保护的法律制度体系和金融数据保护框架。五是,坚决打击虚拟货币"挖矿"行为,发布了《关于整治虚拟货币"挖矿"活动的通知》和《市场准入负面清单》(2021年版),将虚拟货币"挖矿"活动列为淘汰类产业,严禁以任何名义新增虚拟货币"挖矿"项目,加快存量项目有序退出。六是,在互联网保险、互联网存款和跨境互联网券商领域出台新的监管规则,从制度上规范企业行为,打击违法违规活动,防范化解风险隐患。

这一系列政策组合拳有效地发挥了遏制风险蔓延和维护金融稳定的作用。2021年,中国金融科技领域市场运行总体平稳,大型金融科技企业的经营活动逐渐步入规范化、法治化轨道,各类风险趋于收敛。同时也要看到,在数字经济大发展的背景下,一些新兴的风险点仍然存在,防范金融风险和治理工作依然艰巨。

二 2021年金融科技领域主要风险问题

本报告将集中分析梳理2021年度大型金融科技平台、第三方支付、互联网存款、互联网保险、跨境互联网券商和虚拟货币六个领域的风险。

(一)大型金融科技平台风险逐渐缓释

2021年,中国大型金融科技平台风险事件总体呈减少态势,但仍存在一定的违规经营或垄断行为。为促进平台企业规范健康发展，监管部门出台了一系列新举措新办法。例如，针对不少借贷机构在展业过程中以日利率、月利率等标准不一方式模糊借贷成本问题，央行于3月31日发布公告要求所有贷款产品均应明示贷款年化利率；4月29日，腾讯、度小满金融、京东金融、字节跳动、美团金融、滴滴金融、陆金所、天星数科、360数科、新浪金融、苏宁金融、国美金融、携程金融等13家网络平台企业被监管部门约谈；7月7日，市场监管总局对互联网领域22起违法实施经营者集中案开出罚单，其中涉及滴滴8起、阿里巴巴6起、腾讯5起、苏宁2起和美团1起。

中国大力加强对大型金融科技平台相关领域的监管，以促进其规范发展。2020年12月，中央经济工作会议提出，"要完善平台企业垄断认定、数据收集使用管理、消费者权益保护等方面的法律规范。要加强规制，提升监管能力，坚决反对垄断和不正当竞争行为"。同时，此次会议将"强化反垄断和防止资本无序扩张"确定为2021年八大重点任务之一。2021年2月，国务院反垄断委员会印发了《关于平台经济领域的反垄断指南》，强调《反垄断法》及配套法规规章适用于所有行业，对各类市场主体一视同仁、公平公正对待，以预防和制止平台经济领域的垄断行为。2021年8月，十三届全国人大常委会第三十次会议表决通过了《中华人民共和国个人信息保护法》，明确确立了大型金融科技平台等机构对个人信息的处理规则，为保护个人信息权益提供了重要的法律依据。

与互联网平台相比，大型金融科技公司的风险隐患重点表现在以下几个方面。第一，存在一定的系统性风险隐患。一方面，大型金融科技平台主要服务长尾客户，尽管市场占比不高，但用户规模巨大，具有系统重要性特性，比如针对个人用户的消费信贷和面向小微企业的贷款。大型金融科技平台面临的风险不同于银行等传统金融机构，具有厚尾特性。另一方面，部分大型金融科技平台已成长为具有系统重要性的金融机构。此类平台的经营业务严重依赖数据和算法，尚未经过经济周期检验，一旦数据安全或算法错误，可能引发系统性风险。第二，可能诱发过度消费，加大居民杠杆压力。由于长尾用户人群实际收入水平低、风险承担能力弱，但未满足的消费需求大，消费意愿强烈。尽管大型金融科技平台提高了长尾用户的信贷可及性，但前者基于商业可持续性会产生高额的信贷利率。同时，由于平台长期模糊年化利率的标识，弱化了用户的风险意识，导致用户过度负债消费，造成一系列社会问题。第三，存在数字鸿沟问题。移动支付、线上贷款等数字技术创新性金融产品与服务在便利小微商户、个人消费者的同时，部分人群却被阻隔在数字金融之外。大型金融科技平台的部分金融产品没有充分考虑老年用户人群对信息、技术掌握速度慢的特点，导致部分老年人无法享受智能化服务带来的便利，被排除在数字金融之外，从而加深老年人群与现代社会之间的数字鸿沟。第四，存在数据安全和隐私保护问题。大型金融科技平台广泛收集个人消费者数据，包括用户身份信息、社交网络、行为偏好、生活习惯、生物特征等。部分大型金融科技平台利用技术优势抢占市场并将用户数据在不同产品条线混用的行为，极大地增加了客户隐私的保护难度。大型金融科技平台通过人工智能、大数据分析技术，使得脱敏处理的数据依然可能精准识别到特定个人，一旦出现运营故障或网络攻击，个人隐私、财产安全等可能面临威胁。

（二）第三方支付领域风险趋于收敛

伴随着支付服务市场竞争日趋激烈，第三方支付机构[①]无序竞争、恶性竞争、不公平竞争现象频频发生，偏离了提供支付服务的本源，严重扰乱了正常的支付服务市场秩序。不过，近年来在中国人民银行等金

[①] 2010年6月，中国人民银行发布的《非金融机构支付服务管理办法》对第三方支付概念作出了界定，认为第三方支付是非金融机构在收付款人之间作为中介机构提供网络支付、预付卡的发行与受理、银行卡收单等部分或全部货币资金转移服务。2021年1月，中国人民银行在《非银行支付机构条例（征求意见稿）》中对第三方支付业务作了简化，将原有四类（网络支付、预付卡发行与受理、银行卡收单和其他）重新划分为两类（储值账户运营和支付交易处理）。

融管理部门的强力监管下，第三方支付领域相关违规行为得到有力整治。通过支付业务许可证续展等手段，监管部门加大了第三方支付机构退出力度。就支付牌照数量来看，截至2021年底，中国人民银行累计注销支付牌照43张，支付牌照剩余数量为228张。

图9-1显示，2015—2021年，中国支付牌照注销数量呈现倒"U"形变化趋势。源于2016年国务院互联网金融风险专项整治工作的深入开展，2017年支付牌照注销量最多（19张），此后被注销的支付牌照数量明显下降，2021年为5张。值得注意的是，2020年以来，支付牌照注销类型出现明显变化，由原先合并注销、续展失败为主转变为主动注销。这背后的主要原因是，在央行加大对第三方支付机构的监管，尤其是对备付金实施集中缴存之后，原本主要依赖于备付金利息的预付卡机构受到巨大冲击，失去了最为稳定的收入渠道，加之线上业务比重上升进一步挤压了预付卡机构的盈利空间，未能转型的预付卡机构面临着严峻的生存压力。

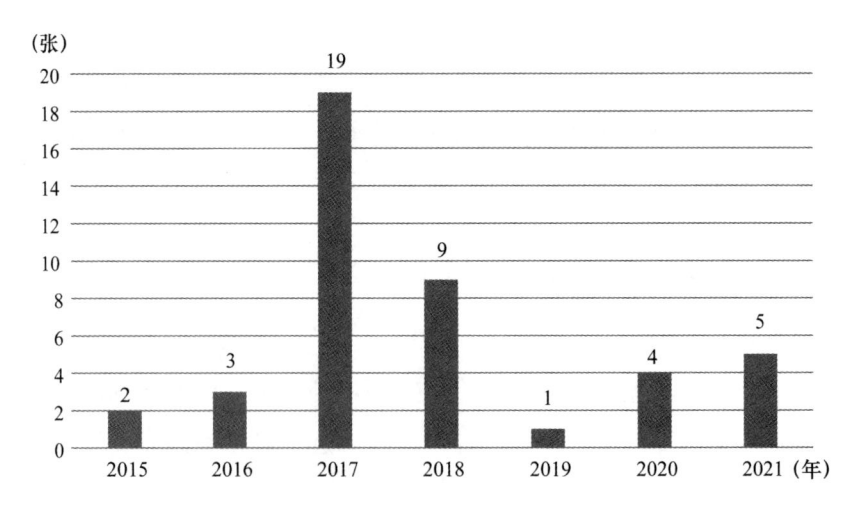

图9-1 2015—2021年支付牌照注销数量

注：2021年统计周期为2021年1月至11月。

资料来源：中国人民银行、笔者整理。

支付机构罚单是体现第三方支付"严监管"力度的重要方式。据中国人民银行行政处罚统计数据，2015—2020年，中国支付机构罚单金额呈现出波动上升的变化趋势（图9-2）。伴随着中国对第三方支付机构监管的深入，支付机构罚单金额从2015年的117万元大幅快速上升至2018年的19457万元，至2020年达到最高值40243万元。2021年1—10月，中国支付机构罚单金额出现了明显下降，达到9607万元。不过，2021年中国第三方支付领域仍收到多项千万元罚单。表9-1显示，2021年7月26日，中金支付因11项业务违规，被处以合计1526.59万元罚款；继中金支付之后，8月30日，瀚银支付被罚1406万元；9月27日，中汇支付被罚1399万元。这表明，总体而言中国第三方支付市场经营活动的规范性呈现出明显改善。这段时期第三方支付机构的罚单数量呈现倒"U"形变化走势。2015年支付机构罚单数量仅为13张，2016年快速升至160张，此后逐步降低至2020年的72张。2021年，中国支付机构罚单数量继续下降。2021年支付机构罚单数量为40张。这

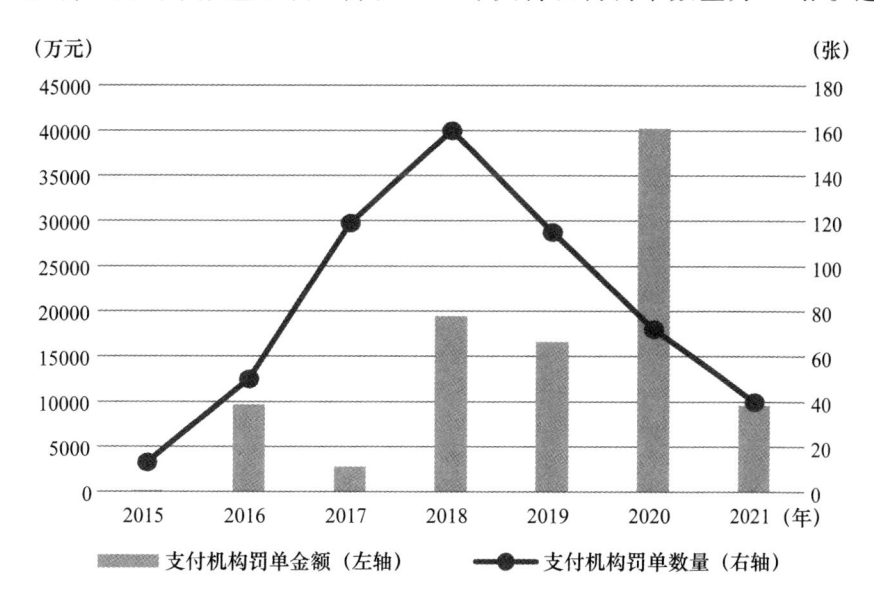

图9-2 2015—2021年支付机构罚单金额与罚单数量

资料来源：中国人民银行、移动支付网、笔者整理。

反映出，中国支付领域经营规范程度有所提升。

表9-1　　　　第三方支付罚单一览表（百万元级以上）

序号	处罚对象	违法行为类型	行政处罚内容
1	中金支付有限公司	商户结算账户设置不规范，未按规定审核、管理特约商户档案资料，未及时更新商户信息；未建立落实商户培训制度；未按规定落实商户巡检义务；未能有效落实特约商户管理责任，未能有效发现客户异常情况；将外包商作为特约商户并受理其发起的银行卡交易；支付交易信息不符合真实性、完整性、可追溯性的要求；未遵循"了解你的客户"原则，建立健全客户身份识别机制，为非法交易直接提供支付结算服务；未规范建立代收业务制度；未按照规定履行客户身份识别义务；未按照规定报送可疑交易报告。	7月23日，罚没合计1526.59万元
2	上海瀚银信息技术有限公司	违反商户管理规定、违反清算管理规定、未按照规定履行客户身份识别义务、与身份不明的客户进行交易。	8月26日，责令限期改正，罚款1406万元
3	中汇电子支付有限公司	违反银行卡收单业务相关法律制度规定。	9月16日，罚款1399万元
4	钱宝科技服务有限公司	未落实加强特约商户管理的相关规定；未按规定进行收单银行结算账户管理；未按规定办理相关备案手续；未按规定公开披露相关事项；未确保交易信息在支付全流程中的一致性；未按规定办理相关变更事项；未按规定履行客户身份识别义务；未按规定保存客户身份资料；未按规定报送可疑交易报告；开立假名匿名账户。	2月19日，给予警告，罚没合计868万元
5	新生支付有限公司	与身份不明的客户进行交易或者为客户开立匿名账户、假名账户。	7月28日，罚款864万元
6	联动优势电子商务有限公司	未按照规定履行客户身份识别义务；未按照规定报送可疑交易报告；未按规定履行客户身份资料及交易记录保存义务；为身份不明的客户提供服务或与其进行交易。	7月13日，罚款761万元

续表

序号	处罚对象	违法行为类型	行政处罚内容
7	北京畅捷通支付技术有限公司	支付交易信息不符合真实性、完整性、可追溯性的要求；违规开展代收业务；未落实特约商户检查责任；交易结算管理不规范；交易限额管理不规范；未按规定管理特约商户档案资料，未及时更新商户信息；未建立落实商户培训制度；为金融企业或从事金融业务的企业开立支付账户。	7月14日，给予警告，罚没合计389.5万元
8	联动优势电子商务有限公司	未按规定真实、完整地发送交易信息；未按规定履行客户身份识别义务；与身份不明的客户进行交易。	3月1日，给予警告，罚没合计384.88万元
9	北京恒信通电信服务有限公司	未按规定签订银行卡受理协议；未按规定留存特约商户入网材料；未落实特约商户检查责任；未建立落实商户培训制度；交易结算管理不规范、存在超范围经营状况。	7月13日，给予警告，并处罚款302万元
10	易宝支付有限公司	未按照规定履行客户身份识别义务；未按照规定报送可疑交易报告。	7月14日，罚款291.1万元
11	开店宝支付服务有限公司	未按规定建立并落实特约商户资质审核制度。	5月21日，罚款291万元
12	乐刷科技有限公司	违反有关清算管理规定。	1月13日，给予警告，罚没合计290.34万元
13	易联支付有限公司	未按照规定履行客户身份识别义务；未按规定报送可疑交易报告。	7月5日，罚款257万元
14	银盛支付服务股份有限公司	违反清算管理相关规定；与身份不明的客户进行交易。	10月26日，给予警告，罚没合计189.24万元
15	银联商务股份有限公司	未按规定履行客户身份识别义务；未按规定报送可疑交易报告。	9月8日，罚款170万元

续表

序号	处罚对象	违法行为类型	行政处罚内容
16	中付支付科技有限公司	未按规定建立并落实特约商户资质审核制度。	5月21日，罚款144万元
17	双乾网络支付有限公司	未按规定对支付账户采取风险管控措施；违规为金融机构或从事金融业务的其他机构开户；未对特约商户异常交易开展交易背景调查并采取相关措施。	7月22日，给予警告，罚没合计127.45万元

资料来源：中国人民银行、笔者整理。

第三方支付领域的规范发展与相关监管政策的逐步完善密切相关。2010年6月，中国人民银行制定了《非金融机构支付服务管理办法》，奠定了非银支付机构监管基础。自2016年国务院开展互联网金融风险专项整治工作以来，中国人民银行通过注销牌照、支付业务许可不予续展、机构自行申请注销牌照以及提高违法违规行为罚款等方式，持续加强支付服务行业监管。2021年1月20日，中国人民银行发布的《非银行支付机构条例（征求意见稿）》在支付机构不得开展不正当竞争、妨害市场公平竞争秩序的原则下，在非银行支付领域建立了市场支配地位预警、市场支配地位认定、违反公平竞争监管以及实施垄断行为处罚等多层级的反垄断监管体系。2021年1月22日，中国人民银行发布《非银行支付机构客户备付金存管办法》，进一步细化了备付金存放、使用、划转规定，并设定了客户备付金违规行为处罚标准，以强化客户备付金监管。

第三方支付领域仍存在一些潜在风险。其一，网络安全风险。第三方支付机构多数在互联网平台上展业，支付业务交易的达成、数据的读取、信息的组合依赖于网络和系统。第三方支付机构面临遭受恶意网络攻击、病毒侵入导致客户信息泄露的风险较大，尤其是在大数据、云计算等前沿技术应用于第三方支付服务后，客户信息数据可能在不知情的情况下被用于商业或者一些不正当的用途。其二，资金交易风险。支付机构日常结算中由于资金头寸不足、支付和安全保障方面的技术没有及时更新换代，或者出现系统漏洞，容易导致客户资金结算延迟，影响客户日常结算需求。其三，恶性竞争风险。目前，第三方支付已形成支付宝、财付通的巨头效应，两者在中国第三方移动支付的市场份额之和长期超过80%。支付机构主要靠向商户收取服务费、向客户收取手续费以及与企业用户利润分成赚取收入的盈利模式，因此多数支付机构盈利能力较弱。支付市场过度集中可能会加剧支付机构间恶性价格战、亏本运营、虚假广告、超越权限经营等问题。其四，用户违法风险。由于网络支付具有匿名、快捷、跨境等特点，加之多数第三方支付机构没有建立功能强大的可疑交易监测系统，监测分析范围未能覆盖全部客户和业务领域，没有贯穿业务办理各个环节，不法分子可能利用第三方支付平台，采取虚拟交易等手段进行信用卡套现，甚至是"洗钱"、转移非法资金等犯罪活动，扰乱金融市场秩序。

（三）互联网存款业务进入整改期

随着金融科技的快速发展，商业银行吸收存款的方式也从传统的线下网点、网上银行、手机银行等逐步拓宽到第三方互联网平台，以及基于互联网开发平台的自营 APP、小程序或公众号等数字渠道，逐步产生了新型的"互联网存款产品"（表9-2）。从具体的产品形态看，在第三方互联网平台上，银行主要开展定期存款，其中以个人的3年、5年定期存款为主，产品起存金额普遍为50元，且均可随时支取，收益率接近或达到存款利率自律上限。由于中小银行缺乏物理网点和客户基础，利用各类互联网平台揽存获客的动力很足，互联网平台成为部分中小银行扩大存款的主要甚至唯一渠道（图9-3）。根据央行发布的《中国金融稳定报告2021》，截至2020年末，约89家银行（其中84家为中小银行）通过第三方互联网平台吸收的存款余额约5500亿元，较2019年末增长127%，其中，央行评级8级以上的高风险银行吸收存款余额占比近50%，甚至有的中小银行通过类平台吸收异地个人存款的规模占其各项存款的比例超过70%。

在互联网存款业务发展过程中，部分银行高息揽储、突破了地域经营限制、增加流动性错配等行为，扰乱了监管规定和市场利率定价机制，增加了金融市场风险隐患。第一，作为消费渠道的互联网平台不仅集中展示存款产品信息，还为客户提供了购买接口，强势平台甚至限制客户在银行自有线上渠道查询和管理相关账户和存款。这种模式事实上使平台未经批准开展了代办储蓄业务，违反《储蓄管理条例》第八条、第十二条的规定，属违法违规开展金融业务。第二，互联网存款产品的定价达到或冲破存款利率自律机制的上限，加剧了银行存款争夺的不正当竞争，扰乱了利率市场定价机制。第三，部分中小银行通过第三方互联网平台高息揽储，同时需要向互联网平台支付"导流"等手续费，这些因素无疑增加了机构的负债端成本。为了覆盖成本，这些银行必然要追求高收益资产，匹配高风险项目，导致资产端经营风险加大。第四，城商行、农商行通过互联网平台将存款业务扩展到了全国范围，成为"全国性银行"，已偏离了立足于本地、服务中小微企业的定位，违反了中小银行"区域经营"的监管规定，增加了风险外溢和监管成本。第五，互联网存款产品客户黏度低、灵活支取、门槛低等特性，增加了银行流动性管理难度，容易引发挤兑风险。此外，在互联网业务开展中，部分银行还暴露了对消费者保护不到位的问题，比如有意突出存款保险保障的宣传，暗示"零风险、高收益"，没有充分披露产品基本信息、风险等情况。

2020年11月和12月央行金融稳定局多次"发声"提及互联网平台存款业务的相关问题及风险隐患，支付宝迅速反应，主动率先下架互联网存款产品，随后度小满金融、京东金融、腾讯理财通、滴滴金融等多家互联网平台接连对新用户下架相关存款产品。2021年1月15日，中国人民银行、银保监会联合发布《关于规范商业银行通过互联网开展个人存款业务有关事项的通知》（下称《通知》），从规范互联网存款业务经营、强化风险管理、加强消费者保护、严格监督管理等四个方面明确了《通知》的主要内容，旨在助力商业银行合规稳健经营，防范系统性金融风险。一是，银行不得通过非自营网络平台开展定期存款和定活两便存款业务，这意味着部分银行依赖互联网平台揽储面临整改，其吸储渠道被限。二是，银行可通过自营网络平台销售存款，但要遵守利率定价自律机制，通过直销渠道或自营APP渠道销售存款，有利率上限约束。三是，区域性商业银行互联网存款业务主要服务所在区域客户，不得在全国范围内吸收存款。同时，《通知》也明确，商业银行与非自营网络平台合作，通过开立Ⅱ类账户充值，为社会公众购买服务、消费等提供便利业务不受影响。

虽然《通知》给予了"一行一策"和"平稳过渡"的整改原则，但对互联网存款业务而言将受到更加严格的监管，其中在第三方互联网平台销售的银行存款产品被正式叫停。首先，对区域性中小银行和非互联网民营银行的存款业务的压力最大。这些银行由于开展区域性经营，物理网点相对有限，线上自营平台建设能力不足，客户资源不够，且资本补充渠道不如大中型银行，对存款的依赖程度更高，因此《通知》对其影响最大。未来，这些中小银行要加强自营渠道创新和拓展，推进负债端管理精细化，加强存款产品创新力度。在自营渠道方面，中小银行需要开发手机银行APP、微信小程序、直销银行等线上渠道功能，提升线上引流，同时优化网点布局，推进智慧网点改造。在负债端精细化管理方面，深化存款利率差异化定价机制改革，同时，通过优化同业负债、增资扩股、资本补充债券等多种方式丰富多样化的资金来源，提升流动性管理能力。在存款产品和服务创新方面，立足本地区域的发展特色，借助校园、政务、产业园区等金融场景建设，加强产品创新，提升用户体验。

其次，对大型银行及股份制银行利好较多。一方面，《通知》加强对市场利率引导，银行存款利率将整体趋于平稳，大中型银行负债端成本得到控制，特别是要求地方性法人银行立足本地的客户，有效缓解了中小银行、头部互联网平台对大中型银行存款业务的分流压力。另一方面，国有大型银行和股份制银行线下网点、直销银行及手机银行APP等渠道铺设更为完善，客户资源丰富。《通知》的出台，大中型银行可以充分发挥"线上+线下"渠道优势，加强存款类产品和服务创新，加强客户存款业务的经营力度。

最后，互联网平台将面临"持牌经营"和监管规范。针对互联网存款业务的风险，监管机构已多次发声。自2020年12月以来，支付宝、腾讯理财通、京东金融、陆金所、360金融等互联网金融平台纷纷下架了银行存款类产品。从短期来看，这些互联网平台目前主要以联合贷款/助贷、代销理财及平台服务费用等收入为主，《通知》对互联网平台的影响有限。但从长期来看，银行存款类产品的下架将削弱平台产品种类和客户的活跃度，特别是随着监管机构近年来对金融科技公司的监管趋严，互联网平台从事金融业务要面临"经营资格"和监管规范的双重挑战。

表9-2　　　　　　　　　　互联网存款主要类型及特点

存款类型	特点
定期存款	主要有3月期、半年期、1年期、3年期、5年期，利率维持在3.2%—4.5%，到期自动回收本息，提前支取按活期计息
靠档计息型存款（又称"智能存款"）	期限1月至5年不等，如果提前支取定期存款，银行会根据实际存期，按最近一档利率计算利息（即"靠档计息"），剩余部分按活期计息
定期派息存款	最长存款期限为3年或5年，但会按固定周期派息（派息周期从7天到360天不等），未满派息周期提前支付按活期计息，已派利息归属历史收益，不会追讨
支持转让类存款（大额存单）	此类型存款产品主要包括一些城商行发行的3年期/5年期存单以及早期产品的转让标的。通常成交确认后即可发起转让，但市场流动性差时，未必能顺利转出或需要折价转让，也有一些银行收取一定比例的服务费

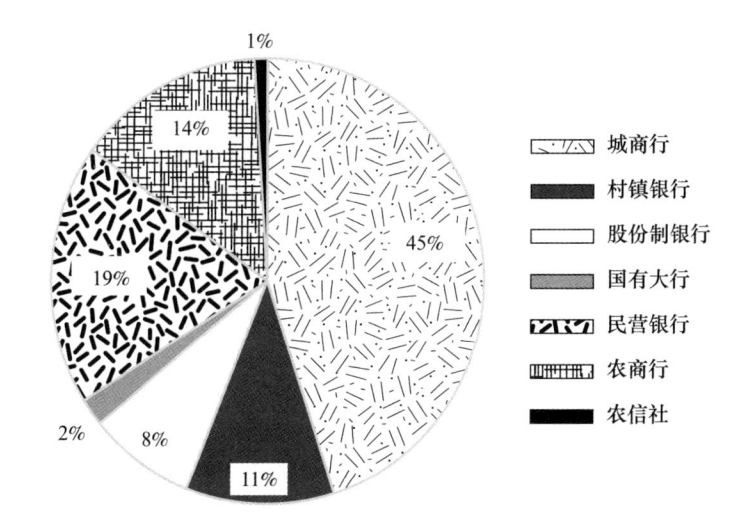

图9-3 互联网存款产品涉及银行性质

资料来源：9家头部互联网平台、南方都市报。

（四）多项互联网保险业务关停

互联网保险是指保险机构依托互联网订立保险合同、提供保险服务的保险经营活动。2012年2月，原保监会公布第一批包括中民保险网等19家企业在内的获得网上保险销售资格的网站，互联网保险公司中介网销由此发展起来。迄今为止，互联网保险主要效仿电商平台的比价、场景、货架等模式，实现险企—产品—客户的透明化连接，保险科技的应用也主要集中于销售环节。其中，人身保险是互联网保险的主要领域，保费收入占全部互联网保险业务的八成左右。

2021年，中国互联网保险行业经过前期的高速发展之后，步入调整期。针对高速发展阶段出现的强制搭销、诱导式销售、销售误导、违规套利、大数据杀熟以及由此导致的损害消费者权益、扰乱市场秩序等风险和问题，监管部门出台新规加以治理。10月22日，中国银保监会发布《关于进一步规范保险机构互联网人身保险业务有关事项的通知》，对互联网人身险产品的经营门槛、产品范围及费用控制都有了更为严格的界定，不符合要求的保险产品将于2021年12月31日前进行整改或停售。

从产品类型上看，根据《通知》要求，互联网人身保险产品范围限于意外险、健康险（除护理险）、定期寿险、保险期间10年以上的普通型人寿保险（除定期寿险）和保险期间10年以上的普通型年金保险。类似万能险、分红型、投连型年金险等人身险产品将无法在互联网上继续购买。从经营门槛上看，开展互联网人身保险业务的险企需连续4个季度综合偿付能力充足率达到120%，核心偿付能力不低于75%；连续4个季度风险综合评级在B类及以上；连续4个季度责任准备金覆盖率高于100%；保险公司公司治理评估为C级（合格）及以上。由于这些规定较以往明显提高了标准，《通知》也被业内称为互联网人身险"最严"新规。由于不符合有关条件的主体和产品自2022年1月1日起不得通过互联网渠道经营，在2021年11月至12月，一波互联网保险产品的"下架潮"已经掀起。据不完全统计，至少有五六十款互联网保险产品陆续下架，产品基本覆盖所有险种，以年金保险、普通终身寿险、增额终身寿险为主。

进一步分析，本轮新规的出台旨在打破互联网保险产品供需双方的信息不对称，通过规范互联网保险企业销售，实现"线上产品简单化、复杂产品线下走"，从而强化互联网人身保险业务监管，减少投机、欺诈和炒作行为，保护消费者权益。至此，围绕互联网保险，监管部门构建了以保险法为依据，以互联网保险监管办法为核心，以《关于进一步规范保险机构互联网人身保险业务有关事项的通知》《关于加强自媒体保险营销宣传行为管理的通知》等一系列规范性文件为配套的"一个规章制度+N个规范性文件"互联网保险监管制度体系。

新规的出台和规则体系的完善对于中小保险企业产生了较大冲击，但门槛的提高和监管的强化有利于规范市场行为，促进市场平稳发展，降低风险事件发生概率。可以预见，保险企业也将在更有力的监管约束下确保网络平台、产品网页与保险条款的一致性，建立互联网保险的销售行为可以追溯机制，定期收集、整理互联网保险业相关的监管规定，加强内部教育，增强内部人员的合规意识。

特别值得关注的是，在严格意义上不属于保险业的网络互助行业也在2021年掀起了关停浪潮。网络互助计划是一种互助性经济组织。早在互联网时代到来之前，互助组织在民间就已经广泛存在，为没有能力或不愿意购买商业保险的人们，提供了保障。互联网的发展，打破了地域限制，为原先无数个小的互助组织相互连通提供了条件。平台组织利用互联网的信息撮合功能，使得会员之间能够通过协议承诺承担彼此的风险损失。因为网络互助不是保险，就意味着它不适用于《保险法》，不在银保监会的监管范围内，法律上也处于不受保护的尴尬境地。

2021年全年，有不少于10家网络互助平台先后发布关停公告，其中绝大部分运营尚不足3年（表9-3）。特别是蚂蚁金服旗下的相互宝也于2021年12月28日宣布，将于2022年1月28日24时停止运行，标志着网络互助行业出现根本性转折。

表9-3　　　　　2021年发布关停公告的主要网络互助平台

平台名称	上线时间	发布关停公告时间
轻松互助	2016年4月	2021年3月
相互宝	2018年10月	2021年12月
点滴守护	2018年12月	2021年10月
宁互宝	2019年3月	2021年9月
悟空互助	2019年5月	2021年3月
美团互助	2019年6月	2021年1月
360互助	2019年6月	2021年5月
百度灯火互助	2019年11月	2020年8月
新浪互助	2020年1月	2021年7月
小米互助	2020年6月	2021年4月

2021年的关闭潮，与网络互助行业机制设计缺陷导致的风险隐患直接相关。一是在平台对客户资金和信息的管理有缺陷时，造成挪用客户

资金和侵犯客户个人信息的风险。二是在运营流程设计有明显缺陷或平台的科技能力弱时，助长客户的欺诈行为和逆向选择行为，违背社会良好风尚，也损害客户的公平交易权。三是在平台设计和操作不够透明时，阻碍客户行使知悉真情权。四是在出现重大不利事件时，基于互联网信息传播和操作的特点，可能出现短时间内大量会员退出的情况，威胁平台的履约能力。

受上述因素制约，网络互助平台出现两类问题，一是运营可持续性出现问题，靠低廉的管理费较难维持盈亏平衡；二是运营的规范性不足，部分前置收费模式平台形成沉淀资金，存在跑路风险。针对网络互助行业关闭潮背后的潜在风险隐患，一要出台部门规章，厘清网络互助产品的法律属性；二要完善监管政策和监管技术，提高网络互助经营主体的准入门槛，确保其具备相应的风险管控能力；三要完善网络平台的资金互助机制，防止平台挪用资金；四要针对已经出现的资金沉淀、合同内容变更不合规、格式条款提示不到位等问题，制定相应的经营规则。

（五）跨境互联网券商面临合规挑战

2021年10月14日，人民网刊文指出富途控股和老虎证券，以及与其类似的互联网券商，尤其是提供跨境金融服务的机构，在加强金融监管以及《个人信息保护法》落地实施背景下可能出现的隐患。富途控股和老虎证券作为新兴的互联网券商头部平台，其客户群增长十分迅速，其业务主要是向高速成长的中国成熟股权投资人群体提供服务。富途、老虎等互联网券商面临的主要问题一是牌照资质问题；二是信息安全问题；三是消费者保护问题。

首先，按照所有金融活动均应全面纳入监管的要求，金融作为特许行业，必须持牌经营。上述两家机构属于注册地在境外，持有境外金融牌照，在中国境内不持牌的跨境互联网券商（表9-4）。因此，上述两家机构在未获得许可的情况下，不得面向境内投资者开展证券交易服务，包括与证券业务相关的营销、开户等活动，否则属于非法金融活动。中国境内投资者合法参与境外市场的渠道目前仅包括合格境内投资者（QDII）和"沪港通"机制。

表9-4　　　　　　老虎证券与富途证券多地区牌照对比

老虎证券	富途证券
美国地区	
美国金融业监管局（FINRA）成员	
美国证券投资者保护公司（SIPC）成员	美国金融业监管局（FINRA）成员
美国证监会（SEC）注册投资顾问（RIA）	美国证券投资者保护公司（SIPC）成员
美国全国期货协会（NFA）会员	美国存管信托公司（DTC）认证会员
美国存管信托公司（DTC）认证会员	美股期权清算公司（OCC）会员
美国证券清算公司（NSCC）认证会员	
中国香港地区	
	1号牌照：证券交易服务
1号牌照：证券交易服务	2号牌照：期货合约交易
2号牌照：期货合约交易	3号牌照：杠杆外汇交易服务
信托和公司服务牌照	4号牌照：提供证券交易意见
保险经纪牌照	5号牌照：提供期货合约意见
	7号牌照：提供自动化交易服务
	9号牌照：资产管理牌照
新加坡地区牌照	
新加坡资本市场服务牌照、CDP清算会员	新加坡资本市场服务牌照
新加坡交易所证券及衍生品交易会员资格	新加坡交易所证券及衍生品交易会员资格
其他地区牌照	
新西兰注册金融服务商	
新西兰交易所认证成员和证券经纪商	伦敦证券交易所会员资格
澳大利亚金融服务牌照	绿宝石交易平台会员资格

资料来源：公司官网、公司年报、东吴证券研究所。

其次，今年相继实施的《数据安全法》与《个人信息保护法》同属中国数据安全法律体系的重要组成部分，二者共同确立了数据保护与利用的基本规则。《个人信息保护法》明确了个人信息的保护范围，对个人信息的利用规则、跨境规则和法律责任等进行了规定。由于信息跨境流动的风险逐步增强，《个人信息保护法》加强了信息跨境提供的监管力度，以保障个人信息安全，维护国家安全和发展利益。富途、老虎等互联网券商可能出现的危害信息安全的隐患包括：一是信息收集、使用不合规，例如过度收集用户信息，未公开有效联系方式等；二是作为在境外注册，境外上市的公司，受到境外监管规则要求，需提供必要的经营信息，因此不可避免将产生信息跨境问题。

最后，境内投资者通过上述跨境互联网机构参与境外市场交易，因其账户资金均在境外，难以获得有效的法律保障，或维权成本较高，一旦发生纠纷，投资者可能面临为了追回芝麻却丢了西瓜的窘境。以富途为例，曾出现交易系统卡顿导致投资者受到损失的问题，事后富途并未对此提出可行的责任承担方案。

除上述问题外，部分跨境互联网券商还涉及虚假宣传、成为洗钱通道、进行不当关联交易等问题。以老虎证券为例，其从事证券业务时并不持有其宣称的相关业务牌照。2020年3月，新西兰金融市场监管局曾向老虎证券子公司TBNZ发布警告，称其未能提供适当的反洗钱保护措施。此外，国内部分金融服务机构，也存在利用互联网经营手段，实质性地突破地域限制规定的现象，可能导致金融过度投机，造成不合理地加剧金融机构风险、扰乱金融市场秩序、危害实体经济发展等问题。

互联网券商及其他类似的金融科技公司，应摒弃"无证驾驶"的发展模式，在从事证券、保险等金融业务前应获得相应的牌照和资质。监管机构应进行功能监管、统一监管，进一步完善监管细则，加大对违法金融行为的监督、处罚力度。此外，对在经营过程中获得的客户个人信息和经营过程中获得的其他数据信息，互联网金融机构应当严格按照《数据安全法》与《个人信息保护法》等法律法规的规定对客户信息进行合法、合理的收集和使用。《个人信息保护法》在加强个人信息的保护力度之外，还彰显了鼓励个人信息合理利用的宗旨和目标。2021年10月29日，国家互联网信息办公室发布了《数据出境安全评估办法（征求意见稿）》，进一步完善数据跨境的制度建设，增强数据信息监管规则的适用性，在保障信息安全的同时，促进数据信息资源的有序开发利用。

（六）虚拟货币违法交易活动有所抬头

虚拟货币是指一种无法律约束、由开发者发行和管控，以数字化形式存储于电子设备，通过网络传输方式能够在不同所有者之间转移的数字资产。按照是否采用新型数字技术，虚拟货币可分为传统虚拟货币和新型加密虚拟货币。前者一般不采用加密技术，如网络游戏代币，可用于购买游戏点卡、影片及软件的下载服务等。后者依托网络加密算法和分布式账本技术发行，如比特币、以太坊、莱特币等，为本文分析的对象。

虚拟货币相关活动虽属于非金融活动，但仍屡禁不止。2021年，比特币等虚拟货币价格大幅波动，国内炒币活动有所抬头，滋生了赌博、洗钱、非法集资、诈骗、传销等违法犯罪活动，扰乱了经济金融秩序，严重侵害了人民群众财产安全。归结起来，今年中国虚拟货币相关活动主要呈现出三个方面特征：一是利用虚拟货币跨境转移非法资金涉案金额高。虚拟货币的匿名性使之易成为违法犯罪行为的交易工具。2021年上半年，河南省侦破一起利用虚拟货币跨境转移赌博资金的案件，涉案金额高达51亿元人民币。二是大型企业参与炒币。2021年8月25日，美图公司在公告中表示，上半年净亏损1.29亿元，主要原因是购买的比特币和以太坊等加密货币的公允价值下降。三是"挖矿"活动频繁。2021年10月，江苏省通信管理局发布公告称，省内开展虚拟货币活动的矿池出口流量达到136.77Mbps，参与"挖矿"的互联网IP地址总数为4502个，耗能高达26万度/天。

2021年以来，中国多部门加强了对虚拟货币活动的整治力度。5月

18日，中国互联网金融协会等3家协会发布《关于防范虚拟货币交易炒作风险的公告》，就虚拟货币交易炒作风险进行提示。6月21日，人民银行有关部门就银行和支付机构为虚拟货币交易炒作提供服务问题，约谈了工商银行、农业银行、建设银行、邮储银行、兴业银行和支付宝等部分银行和支付机构。9月24日，人民银行等10部门发布《关于进一步防范和处置虚拟货币交易炒作风险的通知》，明确虚拟货币兑换、作为中央对手方买卖虚拟货币等虚拟货币相关业务全部属于非法金融活动，一律严格禁止，坚决依法取缔。同日，国家发展改革委等多部门发布《关于整治虚拟货币"挖矿"活动的通知》，严禁以任何名义新增虚拟货币"挖矿"项目，加快存量项目有序退出。10月8日，国家发展改革委、商务部就《市场准入负面清单（2021年版）》向社会公开征求意见，将虚拟货币"挖矿"活动列为淘汰类产业。

虚拟货币交易与监管会产生多方面的风险。第一，合规风险。网络用户无须由网络运营商审查和注册，虚拟货币为非法活动提供了一个相对隐蔽的平台，加之具有高度匿名性、去中心化、不受地域限制等特点，其资金流向难以监测，容易成为赌博、洗钱、逃税与非法集资等违法犯罪活动的载体。例如，2021年5月，网络黑客攻击美国科洛尼尔石油管道公司勒索赎金，就要求后者以虚拟货币支付。第二，市场风险。虚拟货币不由货币当局发行，不具有法偿性、强制性等货币属性，不属于真正货币，极易受到各国政策取向、有影响力个人的言论、投资炒作等因素影响，价格泡沫化现象明显。图9-4显示，2021年比特币价格最高超过67000美元，最低价格不到30000美元，价格大幅波动，给盲目跟风的投资者造成大量损失。第三，技术风险。虚拟货币的技术风险涉及虚拟货币交易平台运营稳定性能否支撑交易量的急剧上升、区块链技术能否经受安全性的考验。多数虚拟货币的交易市场处于自发状态，网络黑客一旦攻击窃取到虚拟货币的公钥、私钥信息，投资者权益难以得到有效保障。第四，监管风险。虚拟货币应用了分布式账本、哈希加密、共识算法等区块链技术，对虚拟货币的强监管，可能对区块链等数字技术的创新与应用产生不利影响，遏制技术创新和金融创新，这需要监管政策在打击违法犯罪维护金融安全与包容金融科技创新之间取得审慎平衡。

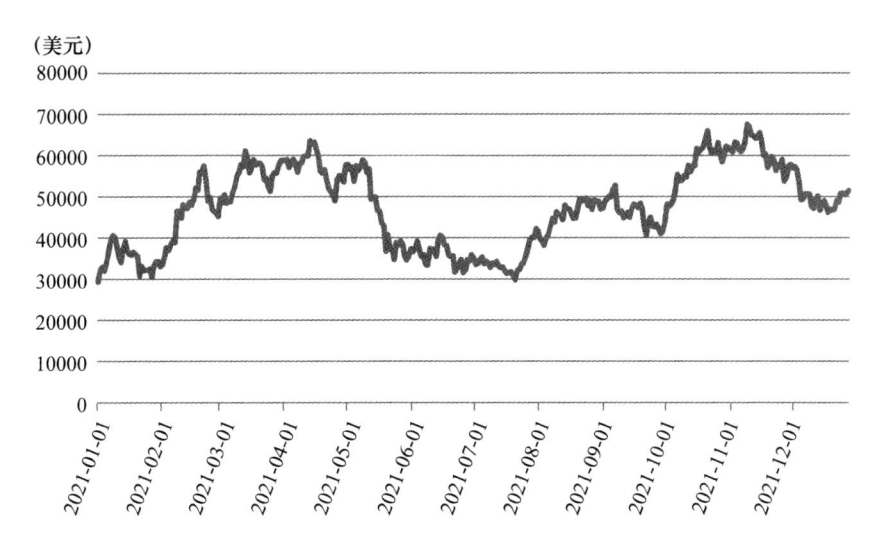

图9-4 比特币收盘价格

资料来源：英为财情。

三 未来展望与监管建议

在后疫情时代，数字经济发展已成星火燎原之势，而金融与科技的融合发展也已成为全球性趋势。如何在发挥好金融科技在提升金融业效率和质量方面的积极作用的同时，有效防范其带来的风险挑战，缩小"数字鸿沟"，真正实现"科技向善"，是世界各国将要共同面对的重大挑战。

对中国而言，中国金融科技领域的中长期风险主要存在以下几个方面：一是，世界各国在金融科技领域的研发投入力度不断加大，规则重构持续深化，对中国的金融科技国际竞争力提升和数据安全维护构成严峻挑战。二是，平台经济治理和反垄断工作仍在进行中，如何在防风险与促发展、鼓励创新与维护公平之间寻求平衡，仍需持续探索。三是，金融科技被许多地区和部门视为新兴产业和增长新动能，大量资源投入到金融科技产业中，容易导致供给过剩、风险集聚和经济波动。四是，第三方支付、互联网资产管理、虚拟货币投机炒作等领域的风险事件不断，构成影响金融体系平稳运行的"不稳定因素"。五是，互联网存贷款、保险、基金、券商等业务的合规经营和审慎监管有待进一步夯实，互联网金融平台的转型尚未完成，制度缺陷导致的风险隐患仍需高度警惕。

下一步，我们仍需要坚持稳中求进总基调，坚持发展与规范并重，继续落实"稳妥发展金融科技"总方针，多管齐下，促进中国金融科技平稳发展。

第一，要以理性看待金融科技作用为前提，客观分析本地比较优势，因地制宜制定本地区金融业和金融科技发展规划，从覆盖面、渗透率、用户体验等不同维度考察信息技术设施建设的经济社会效应，避免出现金融科技领域的低水平重复建设。

第二，要以统筹发展与安全、有效防范重大风险为基础，密切跟踪国内外经济金融形势，加强金融科技风险点的监测，防止死灰复燃，精准防范各类金融科技领域风险。

第三，要以实现关键技术的高水平自立自强为核心，用好科技创新领域的"揭榜挂帅"等新机制，在底层技术方面支持中国金融科技企业的研发，鼓励科技与金融的深度融合。统筹金融科技发展与金融安全的关系，致力于实现金融科技发展的自立自强，通过科技硬实力的提升来增强中国金融基础设施和金融科技领域的国际话语权。

第四，要以完善市场机制和优化监管制度为保障，贯彻落实"依法将金融活动全面纳入监管"的总体要求，继续探索建立审慎包容型金融科技监管长效机制。重点是要通过法律法规的完善，明确平台企业垄断认定、消费者权益保护等领域的基本规则，坚决破除垄断，为企业家精神的涌流和"创造性破坏"的实现提供制度保障。

第五，要加强对数据要素产权的界定和保护，以加强立法和执法为根本举措，准确界定数据财产权益的归属，为数据共享和使用创造健康环境。重点是加强涉及国家利益、商业秘密、个人隐私的数据保护，加快推进数据安全、个人信息保护等领域基础性立法，强化数据资源全生命周期安全保护；同时统筹数据开发利用、隐私保护和公共安全，加快建立数据资源产权、交易流通、跨境传输和安全保护等基础制度和标准规范。

参考文献

《2021年第二季度中国货币政策执行报告》，2021年8月9日，中国人民银行官网。

《2021年第三季度中国货币政策执行报告》，2021年11月19日，中国人民银行官网。

《2021年第四季度中国货币政策执行报告》，2022年2月11日，中国人民银行官网。

陈国进、郭珺莹、赵向琴：《气候金融研究进展》，《经济学动态》2021年第8期。

陈建、康诗汇：《从"疯牛"到"股灾"的反思》，《上海金融报》2015年第7期。

崔文官：《股灾反思：谁是真凶》，《中国经营报》2016年第1期。

方意、和文佳、荆中博：《中国实体经济与金融市场的风险溢出研究》，《世界经济》2021年第8期。

方意、黄丽灵：《系统性风险、抛售博弈与宏观审慎政策》，《经济研究》2019年第9期。

费兆奇：《传染，还是相依？——对资本市场传染现象的文献述评》，《金融评论》2020年第2期。

宫晓莉、熊熊：《波动溢出网络视角的金融风险传染研究》，《金融研究》2020年第5期。

胡滨等：《金融风险报告（2021）》，中国金融出版社2021年版。

胡滨主编：《金融监管蓝皮书：中国金融监管报告（2021）》，社会科学文献出版社 2021 年版。

胡滨主编，程炼、郑联盛副主编：《金融风险报告 2020》，中国金融出版社 2021 年版。

李政、梁琪、方意：《中国金融部门间系统性风险溢出的监测预警研究——基于下行 ΔCoES 和上行 ΔCoES 指标的实现与优化》，《金融研究》2019 年第 2 期。

刘超、钱存、罗春燕：《基于复杂网络的行业动态演化与证券市场风险相关性研究——来自 2007—2019 年 28 个行业数据的证据》，《管理评论》2021 年第 3 期。

马亚明、胡春阳：《金融强监管与非银行金融机构极端风险的演化》，《管理科学学报》2021 年第 2 期。

谭智佳、詹子良、朱婧雯、朱武祥：《业务活动层次的资源能力互补：基于某混改模式创新案例研究》，2021 年工作论文。

谭智佳、张启路、朱武祥、李浩然：《从金融向实体：流动性风险的微观传染机制与防范手段——基于中小企业融资担保行业的多案例研究》，2020 年工作论文。

王向楠等：《保险系统性风险的形成、外溢和监管》，中国社会科学出版社 2021 年版。

谢伏瞻等：《改革开放 40 年汇率改革理论与实践探索》，《经济学动态》2018 年第 9 期。

杨子晖：《金融市场与宏观经济的风险传染关系——基于混合频率的实证研究》，《中国社会科学》2020 年第 12 期。

杨子晖、陈雨恬、谢锐楷：《我国金融机构系统性金融风险度量与跨部门风险溢出效应研究》，《金融研究》2018 年第 10 期。

杨子晖、陈雨恬、张平淼：《重大突发公共事件下的宏观经济冲击、金融风险传导与治理应对》，《管理世界》2020 年第 5 期。

杨子晖、王姝黛：《行业间下行风险的非对称传染：来自区间转换模型的新证据》,《世界经济》2020年第6期。

张嘉明、张丽平:《发挥好企业破产重整成功三支柱作用,有效化解头部企业爆雷风险》,《国务院发展研究中心金融研究所调查研究报告》,2021年第118号(总第6183号)。

张晓晶等:《中国金融报告(2020)》,中国社会科学出版社2021年版。

赵庆明、郭孟:《做空机制对资本市场意味着什么》,《上海证券报》2015年第7期。

郑步春:《走势极度分化,注意个股风险》,《每日经济新闻》2021年第3期。

中国人民银行金融稳定分析小组:《中国金融稳定报告2021》,中国金融出版社2021年版。

周开国、邢子煜、彭诗渊:《中国股市行业风险与宏观经济之间的风险传导机制》,《金融研究》2020年第12期。

朱武祥、江雪颖、张启路、谭智佳:《解码数字实体金融中介的价值创造——基于网商银行农村普惠金融业务的调研分析》,2021年工作论文。

Agenor, P., and Aizenman, J., "Contagion and Volatility with Imperfect Credit Markets", *IMF Staff Papers*, Vol. 45, 1998.

Allen, F., and Gale, D., "Bubbles and Crisis", *The Economic Journal*, Vol. 11, No. 1, 2000.

Bernanke, B. S., Gertler, M., and Gilchrist, S., "The Financial Accelerator in a Quantitative Business Cycle Framework", In Handbook of Macroeconomics, Vol. 1, 1999, North-Holland, Amsterdam.

Corsetti, G., Pesenti, P., Roubini, N., and Till, C., 1999, "Competitive Devaluations: A Welfare-Based Approach", *NBER Working Paper*, No. 6889.

Horvath, R., Lyocsa, S., and Vaumohl, E., "Stock Market Contagion in Central and Eastern Europe: Unexpected Volatility and extreme Co-exceedance", *European Journal of Finance*, Vol. 24, 2018.

International Association of Insurance Supervisors (IAIS) (2021), Application paper on macroprudential supervision, August, 27.

Lee, I. H., "Market Crashes and Informational Avalanches", *Review of Economic Studies*, Vol. 65, No. 4, 1998.

Reimers, I., and Shiller, B. R., "The Impacts of Telematics on Competition and Consumer Behavior in Insurance", *Journal of Law and Economics*, Vol. 62, No. 4, 2019.

Yuan, K., "Asymmetric Price Movements and Borrowing Constraints: A Rational Expectations Equilibrium Model of Crises, Contagion, and Confusion", *Journal of Finance*, Vol. 60, 2005.

后　　记

近年来，中国金融系统持续巩固拓展防范化解重大金融风险，重点领域的风险治理取得积极成效，金融风险总体收敛，系统性金融风险威胁有所弱化。同时，在全球经济复苏疲软叠加疫情冲击背景下，中国经济发展面临需求收缩、供给冲击、预期转弱三重压力，给防范金融风险带来压力。《中国金融风险报告（2021）》以稳中求进为总基调，深入分析当前重大金融风险隐患，着力强化系统性金融风险防控阶段性成果，为金融高质量发展和经济平稳健康发展提供参考。

《中国金融风险报告（2021）》是中国社会科学院重大研究项目"未来十五年中国重大风险研究"子课题——"未来十五年中国重大金融风险研究"的阶段性研究成果，是中国社会科学院金融研究所集全所之力重点打造的标志性成果。报告由中国社会科学院金融研究所党委书记、副所长胡滨研究员主持，主要章节由金融所各个研究室主任、副主任或研究骨干撰写，是金融研究所集体智慧的结晶。

长期以来，金融研究所承担了中央融办、国务院办公厅、外交部和财政部等机构多项关于金融风险的委托或交办课题。以金融所党委书记、副所长胡滨研究员牵头的研究团队，承担了中国社会科学院创新工程 A 类项目——"系统性金融风险与中国金融监管体系改革"。研究团队对金融风险各个领域及全面动态保持着长期、稳定的跟踪研究，每季度召开一次课题讨论会，形成 8 份分报告和 1 份总报告，在此基础上研究团队召开多次会议研讨和专家论证，最终形成本书稿。

后　　记

本书的研究计划、框架设计由胡滨研究员承担。"金融风险主报告"由胡滨、郑联盛和李俊成撰写，"宏观金融风险分析"由费兆奇和陆洪撰写，"全球金融市场风险分析"由胡志浩、李晓花、叶骋和李重阳撰写，"银行业金融风险分析"由李广子撰写，"资本市场风险分析"由张跃文和谭智佳撰写，"保险业风险分析"由王向楠撰写，"房地产金融风险分析"由蔡真撰写，"人民币汇率与国际收支稳定性"由林楠撰写，"金融科技领域风险分析"由尹振涛、董昀和汪勇撰写。本书的统稿由胡滨、程炼、郑联盛等完成，李俊成等对本书的文字进行了审核。

本书的出版得益于中国社会科学出版社王茵老师、党旺旺老师等的大力支持和辛苦付出，在此我们一并表示感谢。

本书聚焦于中国金融风险问题，涉及各个重要的金融子市场或重要风险领域，同时还包括诸多的政策问题，由于时间和水平有限，我们团队对风险的跟踪、观察和分析可能存在诸多的不足和疏漏，恳请广大读者批评指正。